陆逊　周瑜　鲁肃　张昭　诸葛亮　庞统　法正　司马懿　郭嘉　荀彧　贾诩　程昱

三国谋士

历史绝对不简单

曹金洪◎编著

陕西新华出版传媒集团

三秦出版社

图书在版编目（CIP）数据

三国十二谋士 / 曹金洪编著. -- 西安：三秦出版
社，2014.5（2022.3 重印）
　（历史绝对不简单）
　ISBN 978-7-5518-0781-4

Ⅰ.①三… Ⅱ.①曹… Ⅲ.①历史人物—生平事迹—
中国—三国时代—通俗读物 Ⅳ.①K820.36-49

中国版本图书馆 CIP 数据核字(2014)第 097530 号

三国十二谋士

曹金洪　编著

出版发行	陕西新华出版传媒集团　三秦出版社
社　　址	西安市雁塔区曲江新区登高路 1388 号
电　　话	（029）81205236
邮政编码	710061
印　　刷	河北浩润印刷有限公司
开　　本	710mm×1000mm　1/16
印　　张	16
字　　数	200 千字
版　　次	2014 年 5 月第 1 版
	2022 年 3 月第 3 次印刷
印　　数	6001-11000
标准书号	ISBN 978-7-5518-0781-4
定　　价	48.00 元
网　　址	http://www.sqcbs.cn

前 言

从古至今，中华民族历经数千年的风云变化，刀光剑影早已暗淡，鼓角争鸣业已远去，秦皇汉武的霸业亦归入尘土，银台金阙的浮华也日渐沉寂。轻轻地将岁月的尘埃拭去，五千年的历史才会清晰地显现出来。

然而，如果想要了解中国历史，尤其是各个朝代的历史脉络，并不是一件简单的事情。不过，人是历史的主宰，若能了解具有代表性的君王、后妃、名将、谋士等重要人物，那么就能轻松地理清各朝代的历史发展。

春秋战国时期，群雄争霸，百家争鸣，史书翻开了新的一页。不管是春秋霸主齐桓公，还是卧薪尝胆的越王勾践，为了各自的霸业都在不懈地努力着……

两汉时期虽已成为历史，但其对后代的影响，却随着车轮的滚动越发清晰。品读两汉时期十八位杰出帝王的丰功伟绩，体会他们的治国才略与经典人生。

自古以来，帝王需要名将辅佐、谋士的相助，方能成就霸业；而名将与谋士，也需要帝王的慧眼识珠，才能发挥所长，功成名就。在三国这个纷乱的时代，这十二位名将与十二位谋士具有怎样的传奇经历？

三国两晋时期的美女都带有当时战乱割据的特点，貂蝉成了连环计的主角，西施成就了夫差的美名。似乎每个美女都有一段可歌可泣的传奇故事，似乎每一段传奇都由一位美女所铸成。且看这十二美女的人生经历与内心的悲欢离合。

唐朝是我国历史的巅峰时期，开创了中国历史的新纪元。在唐朝三百年的统治时期，出现了多位杰出的帝王，让我们穿越时光，走进斑斓的岁月，去品味帝王的传奇经历。

宋朝是一个经济富饶、文化繁荣的时代。回首两宋十六帝的传奇人生，感受宋朝皇宫中的雄浑质朴之风、智谋天下之术……

有人说明朝是最为黑暗的时代，也有人说它是捉摸不定的时代。不妨将明朝皇帝请出来，让他们为你"讲述"当时的历史剧目……

清朝十二帝与清朝十二后妃的人生经历，展现了作为皇帝的治国经略，作为后妃的悲欢离合，同时也显示了清朝荣华兴衰的发展。从他们的身上，你可以看到人生的辉煌，也能够看到人性的阴暗……

本丛书共分为《春秋战国十君王》《两汉十八帝》《三国十二名将》《三国十二谋士》《三国两晋十二美女》《大唐二十帝》《两宋十六帝》《明朝十二帝》与《清朝十二后妃》九册，详细地讲述了发生在那个年代的故事……

目 录

第一章

智勇双全的世之奇士——程昱

谋士档案

☆姓名：程昱

☆别名：程立、程仲德

☆出生地：兖州东郡东阿

☆出生日期：公元 141 年

☆逝世日期：公元 220 年

☆主要成就：魏朝开国元勋

☆爵位：安国亭侯、安乡侯

☆谥号：肃侯

☆追赠：安国亭侯、安乡侯

☆生平简历：

公元 141 年，程昱出生在兖州东郡东阿。

公元 192 年，兖州刺史刘岱表奏程昱为骑都尉，程昱却以身疾请辞。

公元 194 年，曹操与吕布交战，数度失利，想要联合袁绍，程昱劝之，方才放弃这个想法。

公元 200 年，程昱担任振威将军。

公元 211 年，曹操征讨韩遂、马超时，曹丕留守，程昱担任参知军事。

公元 213 年，魏国建立的时候，程昱担任卫尉，因与中尉邢贞争威仪，遭到罢免。

公元 220 年，曹丕代汉称帝，程昱复为卫尉，进封安乡侯，增邑三百户，并前共有八百户。不久，程昱逝世，追赠车骑将军，谥肃侯。

人物点评

程昱是早期加入曹氏（曹操）集团的重要谋士之一。他不仅在曹氏（曹操）集团创立与发展的过程中发挥了相当重要的作用，而且也为曹氏（曹操）集团的壮大作出了非常突出的贡献，可以说是曹氏（曹操）集团智囊团中不可缺少的人物之一。然而，虽然程昱功勋卓著，但是在其晚年却曾经突然遭遇不幸，不但被人诬告谋反，而且还受到了撤职的羞辱。纵观程昱的一生，他不单单是曹魏集团谋士群体的一个缩影，也是曹魏集团政治斗争的一个真实写照。

生平故事

入仕之前

程昱身高八尺有余，长得一表人才。汉代人都喜欢留须，程昱也是一样，他总是把胡须打理得十分漂亮，西晋史学家陈寿在《三国志·魏书·程郭董刘蒋刘传》中也专门写下了程昱"美须髯"之类的赞誉。在史料当中，几乎找不到程昱的家族情况。但是，从他后来在兖州地区的事迹来判断，他的家族在兖州地区也应该是一个十分著名的豪族，有着非常广泛的社会影响力与知名度。

兖州地区位于中原的腹心，中原地区政治、经济形势的变幻都会对兖州产生很大的影响。汉末黄巾起义爆发的时候，兖州就成了起义的重灾区，很多兖州百姓都参加了黄巾起义，兖州地区也曾经数次爆发非常激烈的战斗，很快，战火就波及到了程昱所居住的东郡东阿地区。

那个时候，东阿县的县丞王度就受到了声势十分浩大的黄巾起义严重影响，积极主动响应了黄巾军。他放火将仓库烧毁，并且发起叛乱，在东阿地区造成了相当严重的混乱，吓得当地县令翻墙逃跑，谁也不知道县令逃到哪里去了。县令的失踪使得民众们变得更加恐慌，县中很多官吏与百姓都逃到了城东的渠丘山上，程昱一家人也跟着人流来到了渠丘山。因为事情发生得太突然了，大多数逃难的民众都没有来得及准备足够的生活必需品，所以，没过多久，大家陷入了物资匮乏的困境。这个时候，程昱主动站了出来，派人返回城中进行探察。发现王度已经从县城中撤了出去，驻扎在城西五六里的地方。他就与县中的豪族薛房等人商量："王度占领县城之后却不敢据守，这说明他的实力并不是很可怕，他只不过是想要掠夺一些财物罢了。倘若我们能够将县令找出来，利用东阿县城高墙厚粮食多的有利条件，一起坚守，打败王度一定指日可待。"然而，官吏与百姓们都担心城里不够安全而拒绝回城。

在这样的情况下，程昱想出了一个好办法。他悄悄地派遣数骑在东山上高举着旗帜，专门让官吏与百姓们看到，并且谎称王度的军队前来攻击。程昱这个计谋果然奏效了，官吏与百姓立即一同下山进城了，没用多久，就找到了县令一起守城。后来，王度再次攻城的时候，程昱率领官吏与百姓一起与之对抗，最终击败了他，从此，东阿保住了。

东阿保卫战结束后，程昱的名声就迅速在兖州地区传扬开来。中平六年（189），刚刚担任兖州刺史的刘岱就征召程昱担任州吏，但是却被程昱拒绝了，不过，刘岱不仅没有对程昱的这种举动反感，反而加深了对程昱的印象。

东汉末年，中原地区的局势变得更加混乱。先是董卓趁着外戚和宦官之间争斗的时候，悄悄地进入洛阳，并且成功地控制了朝政。接着是以袁绍、袁术为首的关东军阀组成联军讨伐董卓。

关东联军内部矛盾重重，不仅没有办法形成合力对抗董卓，反而因为争夺各自的利益而自行瓦解了。不仅这样，关东军阀之间还发生了混战。关东联军盟主袁绍对冀州牧韩馥进行威逼，让其让出冀州，从而占领了有着"天下重资"之称的冀州。幽州地区的刘虞与公孙瓒之间也爆发了战争。

与此同时，为了争夺中原地区，公孙瓒又与袁绍展开了一场非常激烈的战争。兖州地区也是一样的，兖州刺史刘岱也因为与东郡太守桥瑁关系不好，而发兵进行征讨，并且委任心腹王肱为东郡太守，继续巩固自己在兖州的地位。

随着局势逐渐变得更加混乱，中原地区慢慢地形成了以袁绍、曹操为一方，以袁术、公孙瓒为另一方的相互敌对的政治军事同盟。双方相互征讨，各不相让，局势也就更加错综复杂了。因为兖州位于中原地区的腹地，自然就成为了各大割据势力相互争夺的焦点。不管是袁绍、曹操集团还是袁术、公孙瓒集团都想要将兖州掌控在自己的手中。袁绍令自己的妻子儿女在兖州居住，而公孙瓒则派从事范方率领部队进驻兖州境内。与此同时，他还命令范方使用武力要挟刘岱把袁绍的家眷赶出兖州，并且与袁绍断绝关系。对于这两大军事集团的威胁，刘岱采用了在夹缝中求生存、两边谁也不得罪的对策，与袁绍与公孙瓒都进行了通婚。

不过，刘岱的策略很快就被袁绍和公孙瓒识破了，随着两方战事的展开，双方都想要将兖州占为己有，都在对刘岱进行威逼。刘岱一时间吓得六神无主，不知道该怎么办。这个时候，兖州别驾王彧提醒刘岱说："程昱有谋，能断大事。"于是，刘岱立即召见程昱，请求程昱帮他出谋划策。程昱建议刘岱应当站在袁绍那一边，并且准确地预料到"夫公孙瓒，非袁绍之敌也。今虽坏（袁）绍军，然终为绍所禽"的正确结局。

就这样，刘岱选择了袁绍而拒绝了公孙瓒。事态的发展也正像程昱事先所预测的那样，范方要挟刘岱没有成功，被迫灰溜溜地回去复命了，还没有等到范方赶回幽州，袁绍就已经将公孙瓒打得落花流水，兖州自然而然地就失去了来自公孙瓒的强大威胁，刘岱心中感到非常庆幸。为此，刘岱表奏程昱担任骑都尉，但是，程昱再一次拒绝了。

为什么程昱要连续两次拒绝了兖州刺史的征召呢？史料上并没有给出一个明确的答案。然而，从汉末三国时期曾经广泛出现的"臣亦择君"

的现象来推断，原因很可能就是程昱不满意刘岱这个人的表现，认为依靠刘岱的能力根本不能够保证兖州的太平，所以，他宁可选择隐居也不愿意为这个一定会失败的刺史效命。

不过，程昱的隐居生活并没有维持很长的时间，没过多久，兖州出现了一位在当时并不被众人看好的人物，但是，这个人却引起了程昱十分浓厚的兴趣，并且毅然决然地加入他那个力量并不算强大的集团。这个人就是后来成为中原霸主的曹操。

兖州争夺战

初平三年（192）4月，黄巾军东山再起，以百万之众成功地攻入了兖州。兖州所属任城国成为黄巾军的第一个攻击目标。任城国相郑遂战死，任城也随之失陷了，很快，黄巾军又开始进攻东平。兖州刺史刘岱没有听取济北相鲍信的劝告，贸然率领部众与黄巾军进行对战，不久之后，就兵败身亡了。刘岱的身亡导致兖州政局出现了一片混乱。这个时候，以兖州实力派、陈留太守张邈和济北相鲍信为首的兖州官吏在兖州名士陈宫的劝说之下将曹操迎入兖州，准备利用曹操的兵力以及曹操和袁绍的同盟关系将兖州的黄巾军击败，使兖州恢复其正常的秩序。

而曹操没有辜负众人的期望，进入兖州后，只用了短短几个月就将黄巾军击败了，并且在张邈、陈宫等人的拥立下担任兖州牧之职，从此之后，曹氏（曹操）集团拥有了第一块完全属于自己的地盘，也可以说是根据地。

曹操入主兖州没多久，就开始积极主动地在兖州地区广泛地网罗人才，以便使自己的力量得以壮大。在这个时期，满宠、吕虔、毛玠、典韦、乐进、于禁以及李典等兖州人士都相继加入了曹氏（曹操）集团。早已经在兖州有着很大名气的程昱自然而然地出现在了曹操招贤纳士的名单上，曹操非常热情地向程昱表达了自己的爱才的意思，而程昱也没有像对待刘岱那样一口回绝，而是立即答应了。程昱这个举动让很多乡人都感到不理解。程昱也没有多作解释，只是笑而不答。也许，这个时候的程昱在潜意识中感觉已经找到了自己心仪已久的明主，自己的人生就要掀开崭新的一页。而曹操在与程昱交谈的过程中，立即意识到自己这次找到了一位一流的人才，随后就任命程昱为寿张县县令，从此之后，程昱也成为早年曹氏（曹操）集团发展过程中非常重要的主要谋士之一。

不过，程昱怎么也想不到，不久之后，他将要开始面临自己最艰辛也是最辉煌的兖州保卫战了。

兴平元年（194），因为曹操不停地挑起和兖州部分士人的矛盾，终于致使以张邈、陈宫为首的兖州士人联合吕布、豫州刺史郭贡发动叛乱。那个时候，曹操方面的形势十分危急，因为张邈、陈宫发动的这次叛乱是经过周密计划的，并且有很大的针对性。兖州本地反叛势力主要的任务就是鼓动各郡起来叛乱，从而制造混乱，并且效果也是非常明显的。兖州境内的大多数地方官吏与将领都与张邈和陈宫同谋，一同参加了这次规模巨大的叛乱。

为了保证这次叛乱能够取得成功，张邈、陈宫等人还分别向占据颍川的吕布与占据豫州的郭贡求援，从兖州西、南两个方向同时对曹操的兖州留守兵力发起进攻。

这一系列的行动可以说是有组织、有准备，不仅有围点，而且还有打援，成效也是十分明显的。一方面曹操的主力部队远在徐州正与陶谦进行作战，很难在短时间内回援；另一方面由于张邈等人不断煽动，兖州基本上已经落入了敌人的手中，只有鄄城、范县、东阿三地尚且还在曹操的手中，而那个时候，程昱和荀彧都留守在鄄城。面对这个从未遇到过的危局，程昱显得十分沉着镇定，在荀彧的指挥下快速地赶回东阿对抗叛军。

在经过范县的时候，程昱了解到吕布俘获了范县县令靳允的母亲、弟弟、妻子等人，叛将氾嶷已经在范县开始劝降了，为了坚定靳允的信念，程昱不顾自己的安危，进城极力劝阻靳允。程昱说："现在天下大乱，英雄并起，其中一定会有一位平定战乱、安定天下的人，这个时候，任何一个智者都应当认真对比、仔细选择。得明主者昌，失明主者亡。陈宫背叛曹操，迎接吕布，而诸城响应，似乎能够有所作为。但是，根据您的观察，吕布是一个怎样的人呢？吕布这个人十分粗暴，极少与人亲近，而且还刚愎无礼，只是仰仗匹夫之勇罢了。陈宫等人和他联合起来，只不过是互相利用，不会奉吕布为主的，所以，尽管他们兵士很多，但是终究成不了什么大事。而曹操智谋超群，天命所归。您必须要坚守范县，我守东阿，就能够立下田单恢复齐国那样的大功劳了。这样一来，肯定比你违背忠义去跟随恶人，结果母子都被杀死要好得多。请您认真考虑一下！"程昱的这番话坚定了靳允守城的信念。靳允用伏兵刺杀了氾嶷，使范县的安全得以保障。

在稳定范县的局势之后，程昱又快速派了一支骑兵将仓亭津渡口守住，挡住了陈宫军队的进攻。在布置好这些地区的防务后，程昱最终赶回了东阿。这个时候，东阿县令枣祗早已经率领军民据城坚守。此外，程昱又与兖州从事薛悌共同谋划，同心协力，终于将叛军猛烈的进攻挡住，守住了三城。

在程昱等人的努力下，曹操有了充裕的回援时间，终于解除了兖州之围，使得曹魏集团的第一块根据地得以保全。

曹操归来后见到程昱，非常激动地拉起程昱的手说道："如果不是你的努力。我将无家可归了！"并且举荐程昱为东平相，驻守范县。

可以说，倘若没有程昱为曹操守住了这块根据她，那么曹操集团极有可能会遭受灭顶之灾。从此之后，程昱也成为了曹操的心腹。在此期间还曾经发生了一小段插曲，曹操竟然给程昱改了名字。程昱原名程立。小的时候，程昱常常梦到自己登上泰山，双手捧着太阳。程昱自己感觉非常怪异，曾经与荀彧谈到过这件事情。程昱保全三城后，荀彧把程昱的梦告诉了曹操。曹操说："程昱一定会是我的心腹。"接着，将他的名字由"程立"改成了"程昱"，而程昱对此也表示欣然接受，这就足够证明这个时候的曹操和程昱间的关系已经相当融洽与密切了。

　　这一年，曹操与吕布为了争夺兖州多次交战，曹操一方显得有些筋疲力尽，军中的粮食也开始十分匮乏。程昱强行取得县中粮食，并且夹杂了不少人肉脯，作为军粮供应给曹军，使其支持了三天，缓解了曹军粮食紧缺的艰难处境。

　　在这个万分危急的时刻，中原最大的割据势力袁绍想要趁这个机会将曹操这支新生的力量彻底地控制起来，一面派出援军对曹操进行支援，一面要求曹操把家眷迁到袁绍的大本营——邺城。从表面上来看，袁绍这么做是为了保护曹操家眷的安全，实际上就是想要将他们作为人质。

　　曹操自然知道袁绍的图谋，但是这个时候，曹操眼看着兖州新失，军粮匮乏，处境十分艰难，在万般无奈的情况下，曹操准备答应袁绍的要求。程昱得知这件事情之后，立即为曹操进行了一番非常透彻的分析与建议：

　　"我感觉将军可能是遇到事情就感到畏惧，否则，为什么考虑这么不周全呢？袁绍占有燕、赵地区，想要吞并天下，但是他的能力却没有达到这种水平。将军自己认为能够在他手下做事吗？将军以龙虎之威，可以做他的韩信、彭越吗？现在兖州虽然已经残破，但是，还有三座城控制在您的手中，能够作战的兵士不下万人，凭借将军的神武，再加上荀彧与我这些谋士齐心协力，必定能够帮助将军成就霸王之业，请将军慎重考虑！"

　　于是，曹操放弃了原来的计划，完全依靠自己的力量与吕布进行战斗，最终取得了胜利。

　　兴平二年（195），曹操终于再一次占领了兖州全境，张邈被杀，吕布、陈宫残部仓皇逃向徐州。程昱也因为在这场对曹操集团的生死存亡具有决定性作用的兖州保卫战中立功，被任命为东中郎将，领济阴太守，都督兖州事宜。

　　在兖州的这场争夺战中，程昱的表现可以说是十分出色的。几十年之后，曹操想起当初兖州的战事，仍然记忆犹新，非常有感触地对程昱说道："当年倘若没有接受你的意见，我怎么可能有今天啊！"在曹氏

（曹操）集团发展的初期，程昱的出色表现保证了曹操取得并且巩固了兖州这块来之不易的根据地，这也为曹氏（曹操）集团以后的发展与壮大奠定了非常坚实的基础。

明于军计　善于处事

建安元年（196），曹操将士将汉献帝迎接到了许县，实现了"奉天子以令诸侯"的战略目标，这个时候的程昱被任命为尚书，与曹氏（曹操）集团的另外一名谋士荀彧共同掌管朝廷行政事务。没有过多久，一位在中原非常有名的政治人物的到来，引起了程昱的警觉。这个人就是刚被吕布击败的徐州牧刘备。

刘备自奉幽州军阀公孙瓒的命令进入徐州后，没用多长时间就获得了徐州牧陶谦的信任。陶谦不仅推荐刘备做了豫州牧，而且后来在临终的时候还把徐州拱手让给了刘备。刘备就任后，很快就与袁绍结成了同盟。如此一来，曹操想要占领徐州，进一步扩大自己势力范围的计划就不能实行了。不仅这样，刘备还将在兖州被曹操打败的吕布、陈宫收留了，准备利用吕布、陈宫的力量帮助维持自己在徐州的统治。但是，没多久，刘备就自尝苦果。吕布进入徐州后，在背地里悄悄地与袁绍集团结盟，并且趁着刘备亲自率兵与袁术交战的时候对徐州进行偷袭，控制了徐州，而刘备进退失据，无奈之下只能向吕布投降。后来双方之间又发生了火并，刘备不得已投靠了曹操。

程昱对于刘备进行了一番非常深入的了解之后，他认为这个时候的刘备尽管力量比较薄弱，但是却有着十分远大的政治野心与百折不挠的精神。与此同时，他在中原地区有着非常高的名望，这样的人物根本不可能长期屈居曹操之下，终有一日会成为一个强劲的对手。程昱立刻建议曹操，杀掉刘备以绝后患。

不过，曹操并没有采纳程昱的建议，曹操认为刘备前来投奔自己，

对于自己招揽天下英雄非常有利。所以，他不仅拒绝了程昱的建议，而且还十分热情地厚待刘备，为了笼络他而对其加官晋爵。

到了建安四年（199），曹操派遣刘备前去迎击袁术。这个时候，程昱与郭嘉再一次向曹操表明了自己的意见。程昱认为，之前不杀刘备反而重用他的目的已经达到了，现在刘备又担任了朝廷任命的官职，进一步提高了他在中原地区的知名度与政治地位。这一次又给了刘备一支军队去征讨袁术，这就等于养虎为患，刘备这一去一定会变心的。在程昱和郭嘉的极力劝说之下，曹操也终于意识到自己可能犯下了一个很大的错误，但是追击刘备已经来不及了。

后来事态的发展也证明了程昱意见是正确的，刘备来到徐州之后，就将刺史车胄斩杀，背叛了曹操。从此之后，曹操多了一个强劲的对手，也正是由于这个对手，曹操终其一生也没有能够完成统一大业，留下了很大的遗憾。可能是因为对拒绝程昱正确建议感到后悔，不久之后，曹操就提拔程昱担任振威将军。

建安五年（200），袁绍集团与曹氏（曹操）集团之间发生了较大的冲突，展开了规模较大的"官渡之战"。这个时候的程昱正率领七百士兵在鄄城镇守。也就是靠着这七百士兵上演了一场精彩绝伦的"空城计"，这也许是三国时代出现最早的也是最真实的"空城计"记载了。事情具体过程是这样的：

那个时候，程昱在鄄城镇守，处在袁绍进攻曹操的必经之地。曹操见程昱的兵力比较薄弱，而袁绍的进攻又非常急迫，就想派两千士兵对鄄城进行支援。

面对自己人生中的第二次危急的局面，程昱十分淡定地拒绝了曹操增兵的好意。程昱说："袁绍拥有十万兵马，自以为所向披靡。如果他看到鄄城的兵力非常少，肯定会由于藐视而不会进攻。但是倘若增加了士兵，袁绍就一定会进攻的，其结果肯定是攻之必克，与其这样，还不如保持现状呢。"

曹操接受了程昱的建议。其结果没有出乎程昱的预料，袁绍得知程昱兵力非常少，真的没有对其发动攻击。事后，曹操在贾诩面前夸奖赞程昱："程昱的胆量，简直超过了古代勇士孟贲与夏育。"

建安七年（202），袁绍因病去世。程昱立刻跟随曹操投入到了讨伐袁绍残余势力，也就是袁谭、袁尚集团的战争中。程昱将一群隐藏的亡命之徒网罗起来，得到了数千的精良士兵，与曹操在黎阳会师，一同讨伐袁谭、袁尚。后来，曹操派程昱与李典一同负责运输军粮。那个时候袁尚任命的魏郡太守高蕃带兵驻扎在黄河上游，当时水路交通都被斩断了。曹操命令这两个人改由陆路进行运输，程昱与李典都觉得曹操的命令与实际情况不相符。

他们认为高蕃的军队仰仗的只是黄河天险，他的军队不仅缺少甲胄而且还有懈怠之心，倘若这个时候主动发起进攻，肯定能够将其打败。所以，程昱与李典毅然率领部众北渡黄河，将高蕃的军队打败，使军粮供应的通道得以打通。

在整个官渡之战中，尽管程昱出现的次数不是很多，但是他每次出现，都能够为曹氏（曹操）集团出色地完成任务。所以，官渡之战结束后，曹操提升程昱为奋武将军，封其为安国亭侯。

建安十三年（208），曹操夺得荆州，大败刘备大军，刘备逃跑并投奔了孙权。当时曹操手下的大多数都认为孙权不会与刘备进行联合，而会将刘备杀掉，屈服于曹操，只有程昱独具慧眼，认为孙权一定会与刘备联合起来。

他认为："孙权在位的时间不算太长，还没有树立足够的威望，而主公早年成名于天下，又刚刚夺得荆州，威震江表，孙权尽管小有谋略，但是却不足以单独抵御主公。刘备的情况就不同了。刘备向来享有英名，手下的关羽、张飞都是熊虎之将。孙权必定会利用刘备的这些有利条件来与我们进行对抗。然而，等到刘备羽翼丰满的时候，孙权即便想要将刘备杀掉，恐怕也不可能了。"

历史的发展与程昱的预测有着非常惊人的相似。孙权真的与刘备进行联盟，在赤壁之战中将曹操打败，导致曹操统一天下的梦想从此成为了泡影。不仅这样，刘备的实力也因此得到了极大的提升，慢慢地成为了除了曹操、孙权外的另一支举足轻重的政治集团，并且最终夺得益州，为三国鼎立局面的形成奠定了基础。

建安十六年（211），马超、韩遂等西北军阀拥兵十多万背叛曹操，曹操亲自率领大军前去征讨。这个时候的程昱已经是71岁高龄，曹操就将程昱留下了参与军事，辅佐曹丕。同年，田银、苏伯等人在河间地区造反，曹丕派遣将军贾信率领军队前去征讨。没用多长时间，叛军有一千多人请求投降。

贾信派人询问曹丕的意见。依据以前"围而后降者不赦"的规定，不少人认为应当处死这些叛军，但是程昱却反对这样的做法。程昱对众人说："围而后降者不赦，是在以前战乱时期所采用的一种临时应变策略。现在天下已经大致平定，而且又在国境范围内，不能随意大肆杀戮；即便要杀，也应当首先向曹公报告。"

随后，程昱又特意建议曹丕立刻派人将这件事报告给曹操，果然，曹操下令将这批叛军赦免了。后来，曹操当面夸奖程昱："你不但十分精通军事策略，而且还非常善于处理别人父子间的关系。"从此之后，程昱的征战岁月告一段落，这一年，他已经是72岁的高龄了。

蹊跷事件

年纪已经很大的程昱离开了自己钟爱一生的疆场，积极投身到了曹魏的政权建设，为了曹魏集团的发展壮大继续奉献着自己的力量。建安十八年（213），已经73岁高龄的程昱还与曹魏的很多手下一同规劝曹操担任魏公。

不过，这个时候的程昱已经显得老态龙钟，没能深入地了解与掌握曹魏政坛变化莫测的内部争斗，在他身上发生的几件十分蹊跷的事情，让程昱最后的人生路上或多或少地留下了一些阴影。

首先是在程昱晚年，出现了令人瞠目的事情：有人向曹操诬告程昱谋反。尽管曹操并未听信诬告者的谎言，反而给了程昱更优厚的赏赐与待遇，然而这件事情本身却有着一些耐人寻味的意思。

要知道，程昱可是从曹氏（曹操）集团草创开始就跟着曹操一同南征北战的，有着大功劳的臣子，谁会没有事去找他的麻烦，冒着如此大的风险来诬告他呢？这可是夷三族的不赦之罪啊！尽管程昱性格十分刚毅暴戾，也得罪过很多同僚，但这也不足以让同僚用谋反的罪名来对他进行打击啊！更何况这让诬告者也要承担非常大的风险。或许诬告者想要利用建安末年曹魏内部爆发的一系列叛乱事件，嫁祸给程昱，这至少可以表明程昱在曹魏政坛的地位并不是十分稳固的。

经过此事的教训之后，程昱似乎有些明白了，目睹自己当年的同僚要么被杀，要么被废，要么被迫整天闭门不出以便躲避内部争斗之后，程昱也想了一个避免遭到曹操猜疑的方法。在一次族人宴会之上，程昱忽然对众人说："知足不辱，吾可以退矣！"于是，程昱上表辞官并且归还兵权，从此之后，闭门不出。

虽然程昱已经辞官交兵，似乎不再愿意理世事，打算安度晚年了，然而，事情还没有结束。曹操称王后，又任命程昱为卫尉，这已经是建安二十一年（216）之后的事情了。距离程昱离去世也只有五年时间了。令人感到意外的是，这个时候在程昱身上又发生了一件前所未有的怪事：程昱与朝廷新贵、当时担任中尉的邢贞为了争威仪而在言语上发生冲突，结果直接闹到了魏王曹操那里去。

或许是由于程昱的性格过于刚毅暴戾，他对这件事情一直耿耿于怀，不依不饶。据说程昱在曹操面前仪态尽失，"（程）昱于魏武（曹操）前忿争，声气忿高，边人掎之乃止"。这一次，曹操没有给这个忠心耿耿的老部下一点儿面子，直接将程昱免职了，导致程昱颜面尽失。这对于这位已经75高龄的老人来说，必定倍感耻辱，相当羞愤的。程昱就是怀着这种非常郁闷的心情度过了人生最后五年的时光。

直到文帝黄初元年（220）曹丕称帝，程昱这位为曹魏集团立下过巨大功劳的老将才再一次被记了起来，恢复了其卫尉之职，晋封其为安乡侯，增加食邑三百户，连同以前的共八百户。曹丕准备封程昱为三公，非常可惜的是，程昱没多久就因为疾病去世了，享年 80 岁。得知程昱去世的消息之后，曹丕"为（之）流涕"，追封程昱为车骑将军，谥号"肃侯"，他的儿子程武继承爵位。

尽管曹丕在程昱生命的最后阶段为他平反昭雪，复官晋爵，但是对于这位将不久于人世的老者而言，很显然，这份荣耀来得有点太晚了。不过，程昱最后总算是看见了自己为之奋斗一生的曹魏帝国的诞生，心中或多或少也会感到些许安慰吧。

第二章

奇谋百出的凉州谋士——贾诩

谋士档案

☆姓名：贾诩

☆别名：文和

☆出生地：武威郡姑臧县（今甘肃省武威市）

☆出生日期：公元 147 年

☆逝世日期：公元 223 年 8 月 11 日

☆主要成就：奇谋百出，算无遗策

☆代表作品：《钞孙子兵法》、《吴起兵法注》

☆爵位：寿乡侯

☆谥号：肃侯

☆生平简历：

公元 147 年，贾诩出生在武威郡姑臧（今甘肃省武威市）。

公元 189 年，贾诩担任平津都尉，后来升为讨虏校尉。

公元 197 年，贾诩说服张绣屯兵宛城与荆州牧刘表联合。

公元 198 年，曹操南征张绣，贾诩向张绣献计，大败曹操。

公元 200 年，贾诩辅佐曹操在官渡之战中取胜。河北平定后，曹操领冀州牧，改任贾诩为太中大夫。

公元 211 年，贾诩为曹操献上离间计，使其大败韩遂与马超联军。

公元 220 年，曹丕即位，封贾诩为太尉，进爵魏寿乡侯，增食邑三百，前后共八百户。

公元 223 年，贾诩去世，终年 77 岁，谥肃侯。

人物点评

汉末三国时期著名的谋士贾诩。他曾多次易主，人生的道路可以说是非常坎坷。

但是，贾诩却能依靠自己杰出的才能出谋划策，并且取得了非常好的效果。他不但机警善变，而且神机妙算，可谓是当时最出色的谋士之一。但是，他的政治名节以及个人品行却是争议不断。

因为贾诩是出生在乱世，所以他不得不仰仗权术以济身。他鄙视名节，重视策略却忽视了品德，不仅仅是因为他出身凉州武威染上胡风的原因，更是因为这也是汉魏时期儒学衰落、名教废弛，"慕通达"社会思潮和风尚变化的反应。总之，清者自清，我们不必用今天的价值标准来衡量一个千年前的古人。

生平故事

一次支招　哀鸿遍野

外戚梁冀在贾诩出生的前一年，将汉质帝刘缵毒死，然后扶持刘志继位，历史上称作"汉桓帝"。

这时，东汉朝廷的统治开始慢慢衰落，外戚、宦官以及士大夫之间的矛盾和冲突变得越来越激烈。在这样特殊的历史背景下，作为东汉边陲的凉州地区也变得十分混乱，以羌族为首的少数民族叛乱接连不断，不仅仅对东汉政权的稳定产生了很大的影响，还大大消弱了东汉政权已经十分脆弱的综合国力，也为后来中原地区军阀的角逐埋下了伏笔。

贾诩的家族在东汉中期也算是一个大家族了。他的祖父贾衍曾经做过兖州刺史，父亲贾龚曾担任轻骑将军，在贾龚任职的时候，他们全家就搬到了凉州的武威，是个典型的宦官之家。贾龚有两个儿子，还有一个叫贾彩，但是史料上并无贾彩的记载。

青少年时期的贾诩没有什么名气，但是却十分幸运，他是个与众不同的孩子，至少凉州名士阎忠这么认为。而且他还公开评价贾诩，说他具备陈平和张良的才能。从那时候开始，贾诩的名气慢慢树立了起来。同时凭借着他的家族背景，很快，贾诩就顺利地被推举为孝廉，后又进入洛阳做了郎官。但贾诩在此期间的作为，史料中却没有提到，只是说在公元 179 年时担任郎官之职，他因为水土不服而生病了，被迫回凉州，那一年他 33 岁。这个记载非常耐人寻味，究竟是贾诩表现不好，还是借此回家躲避战乱呢？这个就很难说了。

在洛阳为官时，正赶上羌族和氐族为首的叛乱，凉州的局势非常混乱，呈现出危在旦夕的形势。在返回武威的途中贾诩就遭到了氐族叛军的刺杀，叛军抓获了包括贾诩在内的一行数十人。除了贾诩，其他人全部被叛军杀害，贾诩不但平安地返回了武威，而且还和叛军的首领成了好朋友。贾诩并不是武功很高，而是他用智慧的大脑，加上出色的口才唬住了叛军。贾诩说："段颎是我外祖，他是大汉太尉，如果你们不杀我，然后派人去通知我的家人，他们就会备豪礼来赎我，我的家中有很多金银珠宝。"

其实段颎和贾诩是同乡，也是汉末著名将领之一，曾和皇甫规、张奂合称"凉州三明"，段颎在凉州地区的地位也是非常高的，甚至叛军都害怕他。但是，事实是贾诩和段颎除了同乡，再没有任何关系了。只是贾诩胡编乱造得逼真了一点。叛军因为怕杀了段颎的外孙会遭到报复，于是便放了他。这个记载让我们很清楚地看到贾诩自保的功夫可谓一流。但他的机智也仅仅保住了自己，其他同行数十人的生命就这样结束了。

贾诩的病在回到凉州之后慢慢地好了，之后他加入了凉州军阀董卓的军队。公元 188 年，他们进入了京城洛阳。董卓擅自做主将少帝刘辩废除，将刘协立为皇帝，即汉献帝。他这样做目的就是更方便地掌控东汉朝廷。同时，董卓先后又自封为太尉、相国等要职，独霸朝纲。这给他后来和士大夫及各路军阀之间公开决裂打下了很深的埋伏。

公元 190 年，以袁绍为首的关东军组成联军对董卓进行讨伐。为了抵御联军的攻击，一方面董卓迁都长安，另一方面在洛阳周边地区进行军事部署。贾诩这时候已经被升为讨虏校尉，他被安排和董卓的女婿中郎将牛辅一起在陕县一带驻扎。

一年之后，董卓在关东联军因内讧解散的情况下，继续控制东汉朝廷。但是，他在长安的为所欲为并没有持续太长的时间。公元 192 年，担任司徒之职的王允，联合吕布一同将董卓诛杀了，这个祸害东汉朝廷达数年之久的凉州首脑人物走到了尽头。

董卓被杀后，他的残余势力一时间惊慌失措，其中董卓的女婿牛辅更是害怕陕县失守，一天到晚都拿着象征权力的辟兵符，并在旁边摆放各种刑具，以此来壮胆。每次会见客人之前都会让相士看一看吉凶，而且用占卜来推断这个人是否有反叛心。有一次，牛辅的手下董越来见，但牛辅竟听从占卜者的蛊惑，认为董越意图谋反，于是他不管青红皂白，就将董越斩杀了。牛辅这样变化莫测的情绪对手下的士兵产生了非常大的影响。牛辅随后又和吕布派来征讨的部将李肃发生了争斗，虽说勉强获得了胜利，但是军营中却出现了一片慌乱，不少士兵都连夜出逃。这时，神经错乱的牛辅以为所有的士兵都背叛了他，就连忙带着金银细软和自己的好友胡赤儿等人逃跑了。只是不曾想到，胡赤儿起了谋财之心，他斩下牛辅的头颅送去长安邀功。

牛辅一死让董卓残余势力群龙无首，这时，长安又传出消息，说朝廷要彻底将这股残余势力消灭掉，这让所有人都惊慌了，李催校尉派人到长安请求赦免。但是，主持大局的王允却犯下了大错，就是他拒绝了李催等人的要求。李催等人在惊恐下，准备将军队解散，从小路返回凉州，以躲过王允的追杀。

这时候，贾诩在群龙无首，一盘散沙的情况下站了出来，他冷静地给李傕等人作出了判断和分析。贾诩说："现在诸位都是因为害怕朝廷不准备实行赦免才想着遣散队伍回乡，如果在归途中遇到一个小小的亭长，那么诸位都有可能被抓获，下场也就会更加悲惨。与其坐以待毙，倒不如带领所有的士卒西进，路上招募兵马，然后攻打长安为董卓报仇，这样的话还会有一线生机。假如获得了战争的胜利，诸位就能够效仿董卓利用天子的名义来征服天下；就算战争失利，那个时候大家再各自逃走也不晚。"

李傕等人听完贾诩的意见如获至宝，在校尉李傕等人的号召下，董卓的这股残余势力就开始沿途招兵买马向长安前进，在路上还收拢了不少董卓的旧部，军队数目也从几千人增加到十余万人。同时，他们还获得了胡轸、杨整修等凉州一些豪族的大力支持，战事进展得十分顺利，同年六月就已经逼近长安城下。

这时候，董卓原来的旧部下樊稠、李蒙、王方也率部加入，长安城下形成以李傕和郭汜为首的凉州军事集团与吕布、王允为首的并州势力和朝臣的决战。战争持续十天，吕布兵败逃走，王允及家室十余人被杀。短短两个月，以李傕和郭汜为首的凉州军事集团就取得了战争的胜利，继董卓之后又一次控制东汉的朝政，东汉的皇权也随着陷入了万劫不复的深渊。李傕和郭汜等人占领长安之后，放任士兵在城内烧杀掠抢，一时间，长安城变成了人间地狱，尸体遍野。

作为攻打长安这个军事计划的始作者贾诩也在深刻地反思着，也许他根本就没想到事情会如此出乎意料，从一次单纯的自保变成了一场波及全国的浩劫。他并不像李傕他们那样忘乎所以，他陷入了更大的矛盾中。

竭力弥补过失

长安攻陷之后，为了保障集团的安全，李傕、郭汜就立刻将注意力转移到对自己威胁很大的关东军阀身上。关东联军这时候虽然已经名存实亡，但依旧有一些将领对李傕和郭汜集团的行为十分不满，准备着随时起兵。这群将领中，最为代表的一位人物就是朱俊。他在汉末时期已经是闻名天下的一代名将，曾经在关东军阀讨伐董卓失败后和部分官吏联合发动了新一轮的讨伐董卓之战。在董卓被杀之后，徐州牧陶谦推举朱俊担任太师职务，打算对李傕等人进行征讨。面对朱俊这样的名将，李傕的心里十分害怕，担心自己打不过朱俊。这时，贾诩和周忠一同给李傕献出了妙计：利用皇帝的名义将朱俊征召入朝，将朱俊陷入进退两难的境地，使他被迫放弃军事进攻，只身入朝担任太仆，以这样的方式化解潜在的军事威胁。

随着长安的局势慢慢稳定，李傕和郭汜等人开始大封功臣。李傕成为车骑将军、池阳侯，领司隶校尉，假节。郭汜成为后将军和美阳侯。另一位凉州主要将领樊稠成了右将军和万年侯。三个人联手把持着朝政。李傕和郭汜等人对在绝境中挽救整个凉州集团的贾诩也非常重视，先命他为左冯翊，后准备晋封侯爵的时候被贾诩婉拒了。贾诩的理由非常含糊，他觉得自己当初提出西进长安的计策只是为了用来保命，谈不上功劳，也用不着奖赏。贾诩一再坚持，李傕等人也只好作罢。过了没多久，李傕又推荐贾诩做尚书仆射，但是贾诩又拒绝了。这一次他给出了非常明确的理由。贾诩认为尚书仆射在百官中地位重要，也可以说是百官师长，被天下的人所仰慕，自己向来都没有名望，没办法服众，即便自己贪图名利出任了这个职务，对于朝廷来说也不会起到任何的作用。

其实，贾诩对李傕、郭汜等人在长安地区的残暴统治非常不满意，从他这两次的表现就能够看出。所以他并不是真心实意地为李傕、郭汜等人效命。但是，贾诩的拒绝也并没有打消李傕和郭汜等人要重用他的念头。没过多久，李傕还是将贾诩任命为尚书，无奈，贾诩只得接受了这个强加自身的任命。

就任尚书后，贾诩做的第一件事，就是暗中逼迫李傕放弃娶唐姬的念头。唐姬本是太守唐瑁的女儿，后来嫁给少帝刘辩做了皇妃。刘辩在被董卓毒杀之后，唐瑁打算将女儿重新许配给别人，但是唐姬一直都在拒绝。李傕又垂涎于她的美貌，准备将她娶为妻，但是遭到了婉拒，李傕对此非常地恼怒，他打算强抢。贾诩在知道以后，对李傕的强盗行径十分不满，但是他也没有和李傕进行理论，而是利用朝会的时候，公开向皇帝和群臣表示，为了哀悼少帝刘辩，建议给唐姬册封爵位，并且专门安排住处妥善地照顾。这个建议非常合乎情理，很快就得到了众人的认可。因此，唐姬被拜为弘农王妃，同时也摆脱了李傕的魔爪。

如果说贾诩在李傕强娶唐姬这件事上的举动是为了维护汉室仅存的一点颜面的话，那么他出任尚书并负责人才选拔的做法，就能体现出他同李傕和郭汜为首的凉州集团人士本质的区别。李傕和郭汜主持了政治之后，为了一己私欲大肆封赏自己的亲信，从来就没有考虑过怎样才能使朝廷正常运转。但是贾诩的做法就恰恰相反，他根据汉代的人才制度选拔任用了很多人才，贾诩的举动虽然得到了朝中大臣的称赞，但是却引起了李傕等人的疑虑和不安。虽然两个人还是像平常一样亲近贾诩，但是内心都非常的担心。此时李傕和郭汜两个人之间争权夺利也慢慢激烈了，贾诩在其中经常扮演和事佬的角色，他多次开导二人。这两个人也都知道贾诩足智多谋，都想将他纳到自己的麾下，所以对于贾诩各种行为他们都表示默认，没有做过多的干涉。由此不难看出贾诩在凉州军事集团当中的影响力和地位。即便后来贾诩因为母亲去世而辞官守孝，李傕和郭汜还是没有等贾诩的守孝期结束就急忙将他召回长安，又将他任命为光禄大夫，让他继续为自己效命。

这个时候，李、郭二人之间的矛盾已经走向的公开化，双方从前在贾诩的劝导下形成了面和心不和的局面。甚至郭汜还经常跑到李傕的家里喝酒，以维持这种表面上的和平共处。但是郭汜的妻子十分担心他会喜欢上李傕的婢妾，这样自己就会失宠。在李傕命人送来美食的时候，就故意在食物当中混入豆豉，然后再当郭汜的面挑出来，说是毒药。并告诫郭汜一山容不得二虎，应当对李傕多加提防。因为之前和李傕争权而发生了很多不愉快，加上妻子不断的念叨，这使他对李傕的不满和怀疑越来越重。

某天，李催邀请郭汜到他府中饮酒，不醉不归。但是郭汜却怀疑李催在酒中下了毒，于是就喝下粪汁来解毒。没过多久，双方在长安城中就开始兵戎相见了。李催挟持献帝刘协到自己营中作人质，并且烧了城门和宫殿，抢掠了官府衙门，把献帝所用的车辆以及服饰用品都拿到自己的家里。郭汜这里则是直接将朝廷中各个大臣都扣押了，经过双方数月的斗争，长安城中死伤上万人。

对于李、郭二人的行为，贾诩已经到了忍无可忍的地步。在李催准备挟持献帝，和贾诩商量的时候，贾诩十分不客气地告诉他不能这样做，胁迫天子就是不义之举。但是，李催拒绝了贾诩的意见，最终还是将献帝弄到自己的手中。这时，以前在牛辅手下效力的张济的侄子张绣悄悄地告诉贾诩："在这群人手下做事是没有任何前途的，倒不如我们一起离开这里吧！"但是，贾诩的回答令张绣十分意外。贾诩说："我留在这里是因为深受国恩不能违背道义，你若想走，就自己走吧，我是不会走的！"

这些话听起来似乎是大义凛然，但仔细回顾贾诩这四十多年官场的经历就会发现，大汉朝廷对于贾诩并没有大恩惠，除了之前的孝廉和郎官外，贾诩的其他官职都是董卓和李催给的，这和大汉朝廷似乎没有太大的关系。若是朝廷真的对贾诩有厚恩，他也就不会献出攻占京城长安的计谋，让原本就已经非常脆弱的朝廷蒙受到更大的灾难。所以说，贾诩的这番说辞背后，隐藏着非常大的苦衷。贾诩省悟到，汉末朝廷的衰败是自己造成的，他继续留在朝廷不过是良心发现，准备用实际行动来弥补自己的过失，这点可以从他前后的各种举动中看出来。

在挟持了献帝之后，李催曾经召集了羌、胡等上千名少数民族将士来到自己的军营，将献帝的物品赏赐于他们，并且承诺将宫人和妇女一并送给他们，目的就是引诱他们去攻击郭汜。这些少数民族的士兵将领一天到晚都在献帝的住处偷窥，想要将李催说的宫人和美女带回到自己的营寨去。对此献帝非常担忧，只好将贾诩找来。贾诩正好趁此机会献出一条妙计：贾诩以献帝的名义秘密邀请这些少数民族的首领参加宴会，在酒席宴间贾诩又承诺了比李傕更加丰富的高官俸禄及金银珠宝，这些首领们自然也心满意足了，畅快的饮一番酒，然后扬长而去，没有人再去理会李傕提出的联合进攻郭汜的主意。贾诩又一次把李傕企图的萌芽扼杀了，就连他的军事实力都受到很严重的削弱，在和郭汜集团的战争中也渐渐落了下风。李傕只好无奈地同郭汜达成和解，结束了这场不小的内讧。贾诩又一次以他聪明的智慧挽救了汉末皇室以及众多的百姓。只是这场内讧给长安以及三辅地区造成了非常严重的破坏，使得这些地区满目疮痍，物价疯涨，还出现了人吃人的惨状，到处都能看到堆积着的白骨，老百姓的生活也更加的贫困。

公元 195 年七月，献帝离开长安向洛阳前进，由杨奉和安集将军董承护卫着，史上称"献帝东归"。眼看献帝就要落入以杨奉等人的控制当中，李、郭二人自然不甘心，他们召集所有的力量，竭力地阻止献帝东归。同年八月，郭汜夺取控制权失败，被迫弃兵而逃，奔向了终南山里。郭汜的部将夏育以及高硕同杨奉等人又展开了激战，结果再次大败而归。这年年底，李、郭等人和杨奉在弘农东涧的附近展开了一场规模巨大的战斗，司徒赵温等人被俘获。原本李傕还很怨恨这些人，准备把他们一并斩首示众，幸好，贾诩站出来及时阻止了这场杀戮。

公元 196 年，献帝经过数个月的艰苦跋涉以后，终于平安到达洛阳，算是从凶残的凉州集团控制中摆脱出来，但是贾诩却并没有一同来到洛阳，他只是把自己的官印交还，并离开了李傕与郭汜，悄悄地从这个漩涡当中抽身离去。

辗转投奔张绣

但是，贾诩的这次离开并不是他政治生涯的结束，恰恰相反，这是一个新的开始。在他离开李傕和郭汜之后，并没有回自己的家乡，而是留在华阴地区，投靠了当时的宁辑将军段煨。

　　说起段煨，他和早年贾诩说的段颎还有亲属关系。当初他也是董卓凉州势力的重要将领之一，在董卓时期做过中郎将，但是到了李傕和郭汜时期却并没有得到重用，而是被打发到华阴地区。但是，段煨明显和其他凉州势力的代表不一样，他不但没有抢夺百姓，也没有滥杀无辜，他做的只是安静地在华阴地区治理农田，全心全意种庄稼，维持着所率领的一支数量不多的军队。在献帝东归的时候，段煨还在必经路上专门迎接献帝，而且提供美味的食物，并且迎接献帝进自己的军营休息。后来他被朝廷授予光禄大夫等职位，但是公元198年，被曹操杀害了。

　　按常理来说，贾诩不仅足智多谋，而且在众人士中具有很高知名度，就连段煨的部下也都很敬重贾诩，贾诩前来投奔，段煨应该高兴才对，但是实际上段煨却十分担心。段煨知道贾诩的厉害，害怕他会利用此次前来投靠的机会夺走自己的权利，所以，表面上，段煨对贾诩毕恭毕敬，但暗地里却非常忌惮。久而久之，贾诩也就察觉出来了。他投奔段煨并非想从此急流勇退、安静地过日子，而是暂时寄寓在华阴静观时局的变化，然后再决定自己下一步怎么走。段煨对于自己的提防也使贾诩十分担心自己的处境。这个时候，他突然想起来另外一位与自己关系很好的凉州军事集团的代表人物——在荆州北部的张绣。在几次私下接触之后，张绣立刻公开派人前往华阴将贾诩接到了自己的地盘。

　　在贾诩将要启程离开时，有人问贾诩："既然段煨对待你十分友善，为什么你却要离开呢？"贾诩的回答也相当坦白："段煨将军性格多疑，尽管待我很好，但是总是不太放心我，时间久了，对他肯定会做出对我不利的事情的，所以，我也就不能仰仗他了。现在我离开了他，他的这块心病也就放下了，并且还会指望我能够继续与他保持同盟的关系，互帮互助。因此他会非常高兴地看着我离开的，也一定会对我留在华阴的家眷加以照顾的，这样一来，我们全家就都保全了。张绣孤身中原，身边没有为他出谋划策的人，我这次前去，他肯定十分欢迎，也就不可能害我了。"事情果然没有出贾诩所料，当贾诩独自来到张绣的军营时候，张绣依据晚辈的礼仪对贾诩的到来进行了隆重的欢迎，而段煨也非常照顾贾诩留在华阴的家眷。

此时这个占据荆州北部地区的张绣集团，原来是由张绣的叔叔张济建立的。张济原本是董卓手下的一名将领，在李傕、郭汜时代也曾参与过攻打长安、争夺权力的战争。当献帝东归洛阳后，张济所属部众由于缺粮而被迫放弃了经营数年的弘农地区，转而向富庶的荆州方向发展，并且与荆州割据势力刘表兵戎相见。张济在进攻穰城的时候，中流矢而亡，这支几乎已沦落为流寇的军事力量就落到了张绣的手里，并且慢慢演变成为一支不容忽视的地方割据势力。为了在荆州和中原间保持一个战略缓冲地带，张济死后，刘表就转变了对张绣的敌对态度，改为与他结成同盟，并且允许他占领荆州北部的宛城以及其他部分地区。与此同时，还给张绣提供了当时他们最为缺少的粮食与很多军用物资。刘表打的是什么如意算盘呢？原来，刘表想借助张绣的力量为自己看守荆州的北大门，以免与十分强大的袁氏（袁绍）集团以及日益崛起的曹氏（曹操）集团发生直接的对抗。正是在这个时候，贾诩来到了张绣所在的宛城地区。公元 196 年，贾诩当时已经 50 岁了。

贾诩的到来使张绣非常高兴，一来是因为贾诩是凉州地区有名的智士，具有"运筹帷幄之中、决胜于千里之外"的本事，有了贾诩在身边，自己就可以借助贾诩的声名招募更多流落中原的凉州残部，以便使自己的力量发展壮大。二来是因为尽管目前刘表暂时给了一块地方让自己栖身，但是张绣对刘表这位占据荆州八郡，手握十多万士兵的强大的荆州割据势力还是十分顾虑的，担心终有一天，刘表会兼并了自己的队伍。所以，贾诩的及时出现让张绣对自己的前途重新抱有非常大期望。

贾诩自然知道张绣所打的如意算盘。他到达宛城后，就立刻主动提出前往荆州拜会刘表的要求。回来后，贾诩告诉张绣，倘若在太平岁月，刘表是一个能够担任三公职位的人才，但是他生性多疑，做事犹豫不决，在现在这样纷乱的格局下，他是成不了什么大业的，也不会与张绣翻脸。通过贾诩的详细分析，张绣也终于放下了心中的那块大石头。

但是，张绣与贾诩在宛城的太平日子并没有维持很长时间，张绣集团的举动很快就引起了曹操的关注。那个时候的曹操正在中原地区快速扩张自己的势力，曹操第一个想到的就是攻占吕布盘踞的徐州。而保证自己没有后顾之忧，是攻占徐州的前提。当时，袁绍还没有与曹操彻底决裂，所以，屯兵宛城的凉州张绣集团才是他最大的隐忧。因此，曹操决定趁着张绣在宛城还没有站位脚跟的时候，迅速发兵征讨。

公元197年正月，曹操亲自率领大军攻打宛城。面对曹操十分强大的军事压力，张绣与贾诩直接选择了投降。也许，当时两人都认为跟了曹操这棵大树，也就结束了自己漂泊流离的日子。谁知，事情的发展完全出人所料，张绣和贾诩投降曹操没多久，双方之间就反目成仇，并且爆发了一场非常激烈的战争。而在这场战争中，贾诩将权变机警与神机妙算发挥得淋漓尽致。

多次激战终降曹

张绣投降之后，曹操很是志得意满，根本不将张绣放在眼里。在招降张绣后一次酒会上，曹操命令大将典韦手里拿着大斧站在自己的身后，每当曹操站起来敬酒的时候，典韦就举起斧头怒目相视，这给了张绣及其手下很大的心理压力，认为自己没有得到应有的礼遇。之后曹操又见色起意，看上了张绣叔叔的寡妻，想要强行纳过来，这让张绣非常恼火。不但这样，曹操刻意拉拢与引诱张绣手下那个勇冠三军的大将胡车儿，而胡车儿并没有被曹操的拉拢打动，反倒将曹操的企图如实告诉了张绣。这一切都让原来真心投降的张绣与贾诩相当恼火，所以，在贾诩的谋划下，一场出人意料的叛乱悄悄展开了。

贾诩谋划的张绣反戈一击的手段相当高明。张绣诈称要把自己的军队转到曹操军营后方的一块高地上，这样一来，就一定要从曹操的军营中穿过。与此同时，因为物资、武器都非常多，所以，就要求曹操允许士兵身上穿着铠甲，手中拿着武器经过。很显然，贾诩是看准了曹操这个时候的得意忘形，疏于防范的致命弱点，事先早已预料到曹操肯定会同意这个计策，因此才十分有把握地把这个计策通过张绣的嘴告诉曹操。果然不出所料，曹操一点儿也没有意识到危险的到来，十分爽快地就应允了张绣的请求。结果，当张绣的士兵穿越曹操军营时，突袭开始了。

很快，这场突袭就获得了很大的战功。曹操右臂受伤，没有办法，最后只能仓皇地逃跑了。在逃跑的过程中，曹操的大儿子曹昂被杀，侄子曹安民也死了，另一个儿子曹丕侥幸逃过一劫，曹操的爱将典韦也命丧黄泉。这一仗曹操可以说是一败涂地。幸亏曹操手下的大将于禁率领部众将张绣军队的进攻抵挡住了，曹操这才有了一个喘息的机会，带领残余部众撤回了许都。在与曹氏（曹操）集团的第一次较量中，贾诩大获全胜。

之后的两年内，曹操为了打败张绣先后共发动了三次进攻。双方的第二次对阵发生在同年，结果张绣胜。同年十一月，双方进行第三次较量。这个时候的张绣集团已经开始直接威胁着曹操的腹地，曹操不得不再次亲自率领大军进行讨伐。战争初期，曹军的进攻取得了一定的战果，将湖阳、舞阴等要地夺了回来，但是并没有对张绣集团造成致命的打击。双方的下一次较量也就在所难免了。公元198年，曹操与张绣之间开始了第四次较量。与张绣结成军事同盟的刘表对张绣进行增援，导致曹军作战失利。在曹操撤退的过程中，还发生了一个战例，在古代军事史上非常有名，谋划人仍然是贾诩。这个故事的过程基本上是这样的：

曹操在第四次进攻张绣的时候，忽然听说袁绍准备乘虚攻打许都，于是只得下令撤军。这个时候，刘表的援军已经进抵安众地区，张绣的大军也紧跟着到了。为了避免被分割包围，曹操命令把兵力集中起来，并且在黑夜的掩饰下，开凿出一条地下通道，以便能够连夜撤军。张绣听说后，立刻派兵追击，而贾诩认为此时不宜追击。否则必定会遭受失败。张绣拒绝了贾诩的建议，贸然率兵追击，结果中了曹操的计策，被伏兵所败，只得怏怏而归。这个时候，贾诩建议张绣立刻集合部队再一次追击曹操。张绣被贾诩的计策弄得有点摸不着头脑，连忙询问贾诩："上次就是由于未听先生的意见才遭遇失败，都到了这个时候，为什么先生说还要追击呢？这不相当于去送死吗？"贾诩把握十足地回答："形势已经发生巨大变化，现在再去追击必定能获胜！"张绣半信半疑地将部众召集起来，再次追赶曹操，结果果然获胜了。

战后，张绣向贾诩请教时问道："第一次追击时，我派出的都是我军精锐，先生却说我必定会失败，而第二次我召集的只是士气低落的士卒，而先生却说定能取胜。虽然结果已经证明了先生的料事如神，但是我还是不清楚其中的奥秘。"贾诩平静地回答："其实这很简单。尽管将军善于用兵，但还是比不过曹操。曹操发动的这次进攻，并没有发生什么战事，却忽然撤军了，这说明肯定是内部出现了重大变故，致使曹操被迫放弃这一次的征讨行动。以曹操的才能，在全军撤退的过程中，肯定会亲自率领精兵断后，以防遭遇突袭。因此将军的首次追击会失败。但是当曹操击败将军的追击后，一定会加快行军的速度，这时，肯会疏于防范全军后侧的安全，所以将军即使派出新败之军也能够取得胜利。"听了贾诩的这番分析，张绣佩服得五体投地。

对于张绣集团的生存与发展，贾诩立下了汗马功劳，如果没有他的出谋划策，张绣集团想要将曹操的数次进攻击退基本上是不可能的。特别是在第四次较量的两次追击战中，贾诩更是体现出他站在全局的角度判断敌我双方的态势，并制定出正确战术的出色能力。不过，随后几年汉末政治格局发生了翻天覆地的变化，又促使贾诩对张绣集团及自己的未来作了一个新的判断。

公元199年，曹氏（曹操）集团与袁氏（袁绍）集团之间的矛盾已经白热化。双方之间的战争已经不可避免了，后人称这场战争为"官渡之战"。在战争拉开序幕前，袁绍派人与张绣取得联系，并且亲笔写信给贾诩，希望张绣集团和自己结成战略同盟，从侧翼进攻曹氏（曹操）集团。张绣认为此时的袁氏（袁绍）集团占据着中原四州，实力雄厚，打算接受袁绍的建议，结成联盟。贾诩看出了袁绍的心中所想，还没等张绣开口，贾诩就对使者说道："你回去后代我们传达对袁绍将军的谢意，他的好意我们心领了，不过我们不能答应他的请求，因为一个连兄弟都容不得的人，断然容不下天下的豪杰！"

贾诩口中所说的兄弟，是指袁绍与袁术兄弟二人。两人虽然是堂兄弟，但是由于政治立场不同而兵戎相见。袁术集团的衰败与袁绍有着直接的关系，六月，袁术在寿春郁郁而终。贾诩的这番话，不仅挫败了袁绍想要与张绣结盟的企图，而且狠狠羞辱了袁绍，使得双方的关系变得水火不容。

看到贾诩如此表态，张绣十分惊慌，他根本想不到贾诩居然会这样拒绝袁绍的好意。事后他忧心忡忡地问贾诩："事情为什么会变成这样？先生拒绝了袁绍，那我们下一步该怎么办？"贾诩给出了一个让张绣再次感到十分意外的答案——归附曹操。张绣对此感到很是不解，问道："袁绍势力强大而曹操势力弱小，更何况我们与曹操征战数年，双方已经到了水火不相容的状态，曹操怎么可能接纳我们？"

相对于张绣的不知所措，贾诩较为平静，并随即作了一番透彻的分析。贾诩说："之所以要归顺曹操的原因有三个。第一，曹操奉天子以令天下，是皇权的代表，依附他也就相当于站到了正义的一方；第二，袁绍的实力相当雄厚，而我们的这点人马，即使投靠了袁绍，袁绍也不会放在眼里，自然就不会重用我们，但是曹操的情况则正好相反，他的实力原本就比不过袁绍，如果我们去依附他，就相当于给曹操增加了一支主力军，曹操必定会重用我们。第三，自古以来，想要成就大业的人，一定会放弃个人恩怨来向世人展示自己的胸襟与品德。现在属于非常时期，将军万万不可拿不定主意，以免错失了良机。"

同年十一月，张绣在贾诩的极力劝说下，率领部众归顺了曹操，而事态的发展也的确像贾诩所预料的那样。曹操对于归顺的张绣高度重视，不但亲自设宴款待，而且还与张绣结成了儿女亲家，与此同时，还任命张绣为扬威将军，后来又提升其为破羌将军。对于这件事的首功之臣贾诩，曹操也是高度赞扬。曹操拉着贾诩的手说："能够让我的信誉享誉天下的人，就是先生您了!"不久，曹操上表推荐贾诩做了执金吾，封都亭侯，后来又提升其为冀州牧，参司空军事。这一年，贾诩53岁。

张绣投降曹操，是官渡之战之前的一次非常重大的事件，从此之后，曹氏（曹操）集团在南部地区已经完全没有后顾之忧了，曹操可以将主要力量投入到与袁绍的对战之中，为官渡之战的胜利奠定了坚实的基础。在投降曹操这件事情上，贾诩是最大的受益者，而张绣后来的命运却发生了巨大的变化。虽然在战场上立下了很多战功，先后多次被曹操封赏，但是他曾将曹操亲属及将领杀死的阴影始终挥之不去，所以他曾经多次请求见见曹操的次子曹丕，希望得到这位曹操继承人的原谅。而曹操的次子曹丕却不打算放过这位杀人凶手。曹丕就当着张绣的面骂道："就是你将我的兄弟杀死的，你怎么还有脸来见我?"为此，张绣心中很是不安，没过多久，就自杀了。不管张绣之死是不是曹操授意的，总而言之，张绣最后是死于非命。与数十年前的经历一样，贾诩算是再次送了别人的性命而保全了自己的性命。

助曹在官渡、潼关战役中取胜

公元200年，官渡之战爆发，袁绍率领十万大军与曹操进行决战，尽管在战争初期曹操取得了几次胜利，但是因为袁绍实力雄厚，双方随即又在官渡地区展开拉锯战。很快，曹军就陷入苦战，没多久，粮草也消耗殆尽了。面对这样的危险局面，曹操动摇了，想要放弃与袁绍的决战撤回许都。为此，曹操一边写信向远在许都坐镇的谋士荀彧问计，一边亲自与那个时候已经随军出征的贾诩讨论当前的局势以及自己心中的打算。当时曹操手下有很多谋士，而曹操却单单询问了贾诩这位刚归顺不久的谋士，由此可见曹操对贾诩能力的认可。

贾诩并不赞同曹操放弃官渡之战，只是贾诩并没有站在具体战术的层面预测战争的前景，而是从曹操和袁绍这两位统帅的性格以及综合能力着手，提出了曹操必胜的四胜论。贾诩说："从果敢、用人、智慧和决断这四个方面来说，袁绍都无法和曹操相比。战争进行了半年，但从来都没有取得胜利的主要原因，就是主公的心里想的一直都是万无一失，不敢出其不意地采取行动。贾诩觉得，只要主公能够抓住时机，当机立断，很快就能够取得官渡之战的胜利。"贾诩的这一番分析和荀彧的看法不谋而合，这也很好地坚定了曹操继续作战的决心。没过多长时间，曹操就制定出相应的战略部署，抓住袁绍设在乌巢的粮草基地和兵力空虚的弱点，然后亲自带兵烧了乌巢。接着，利用张郃和高览等袁绍手下的将领主动投降的时机，果断地对袁绍发起总攻，最终打败袁绍，获得官渡之战最后的胜利。经过数年，曹操终于将强大的袁氏（袁绍）集团彻底消灭了，而且平定了中国北方地区，成为汉末群雄当中最强的一支。

贾诩以他的智力不但在战略的层面坚定了曹操作战的决心，而且在临阵的决策上也非常活跃地献计献策，获得了良好的效果。官渡之战的后期，袁绍的谋士许攸投降于曹操，并提出火烧乌巢这个扭转战局的方案，但遭到了曹军上下很多谋士和将领们的反对，他们并不相信许攸的话。这时候只有贾诩和荀彧一同反复规劝曹操同意许攸的建议，抓住这个难得的机会，向袁绍发动致命的一击。这也清楚地体现出贾诩当时对战场局势的准确判断。

公元204年，曹操将贾诩任命为太中大夫。依照汉代的官制，太中大夫主要掌管着"言议"，其实就是高级参谋，这个职务对于足智多谋的贾诩来说再合适不过。

曹操于公元208年发动荆州之战，最终成功地将荆州占为己有。荆州刘氏（刘备）集团仓皇而逃，占据江东的孙氏（孙权）集团强烈感受到了威胁。曹操当务之急就是该如何开展下一步的行动。曹操想要顺江而下，趁势平定江东地区，统一全国。贾诩对于曹操这个战略决策提出了自己不同的看法。贾诩说："主公只用了数年的时间就已经打败了袁绍，平定北方地区，拿下了荆州，足以威震天下。倘若利用这个有利的时机对内政加以巩固，对基础加以奠定，将来不管是孙氏（孙权）集团还是其他的割据势力都会不战而胜。"但是，曹操却拒绝了贾诩的意见，在赤壁之战当中大败而归，不但兵将损失惨重，还丧失了对荆州绝大部分地区的控制权。客观来说，曹操的失败并不是拒绝贾诩的劝告而造成的，主要还是因为战略战术的失误导致的。

在赤壁之战失败以后，曹操把注意力转移到了西北地区，准备通过征讨汉中转而向益州发展。公元211年，曹操命令司隶校尉钟繇以讨伐汉中的名义进入三辅地区，引起了以马超和韩遂为首的凉州割据势力的反对，马超等人集中了十多万人在潼关一带和曹操一决高下。这时候，作为太中大夫的贾诩奉命和曹操一起进入三辅地区，这个他阔别了十多年的地方。

同一年的八月，曹操的主力部队北渡黄河，开始实施大范围的迂回战术，运动到了潼关的侧后地区。马超知道以后，连忙率领部众赶往渭口，想阻止曹军前进。曹操则使用疑兵分散马超的注意力，暗中命令手下在渭水之上架设浮桥，抢占了渭水南岸。马超连夜偷袭，结果被曹操的伏兵击败。这时候集结在潼关的凉州叛军不但失去了潼关天险的优势，而且后路也受到了阻碍，形势开始变得不利。在万般无奈的情况下，马超只好派人前往曹营，准备割让河西并送去人质给曹操作为求和的条件。

马超其实是想利用和曹操讲和来保留自己的实力。保持自己在凉州的割据地位。曹操将十分熟悉凉州割据势力的贾诩找来商量对策。贾诩觉得可以假装答应马超提出的求和条件，曹操一时不理解贾诩真正的用意，贾诩说了四个字："离之而已。"曹操马上就心领神会了。"离"指的就是离间。贾诩非常清楚，尽管马超叛军的人数非常多，兵力也比较强悍，但是内部的矛盾却是不断，使用离间计能够轻而易举将叛军击败。

于是曹操就用贾诩的计策，利用和叛军谈判的机会，使叛军分化瓦解。离间之计首要的目标就是叛军头目之一的韩遂。曹操在和韩遂谈判的时候，故意只叙旧情而不谈论具体的事务。果然，离间取得非常好的效果，马超开始怀疑韩遂，叛军的内部也出现了裂痕。后来，曹操给韩遂写了封信，信中故意地涂改了很多文字。马超看到这封信之后，认为就是韩遂故意涂改信件中的关键内容，于是越发怀疑韩遂。

叛军的内部出现了相互猜忌，对整体的战斗力也产生了严重的影响。曹操抓住这个机会向马超等人发动总攻。这时候叛军基本上毫无斗志，处于一触即溃的状态，叛军的首领成宜和李堪等人也被杀，马超无奈之中逃往凉州，就这样，潼关之战以马超的惨败结束。

对于贾诩来说，长年在凉州的生活经历让他十分了解马超和韩遂等凉州叛军的战斗力及主要头目的特点，所以说，他才能够提出攻心之计，瓦解分化敌军，这对于曹操在潼关战役当中取得胜利起到了非常关键的作用。

继承人之争

曹操在朝中地位巩固之后，汉献帝就完全地丧失了权威，彻底地成为了曹操手中的傀儡。公元213年，曹操为继续扩大自己的权威，逼迫汉献帝将他加封为魏公。公元216年，曹操成为了魏王。接着曹操继承人的问题就摆上了议事的日程。当时，继承人之间的争夺主要是集中在曹植、曹丕身上，这两个兄弟各自都拥有支持自己的人。从公元212年起，二人就开始了明争暗斗。曹丕为在争嗣当中获取有利的形势，便悄悄派人问计贾诩。贾诩建议说："礼贤下士，将心思都放在事业上。同时恪守作为儿子的标准，孝顺父亲，这些就足够了。"其实贾诩的这个回答非常含糊，基本上没有实质性的建议。

曹操对于应该选择谁做继承人也是犹豫不决，为了最终确定自己的继承人选，公元217年，曹操采用谨慎的方式，秘密地征求部分大臣的意见。朝臣们众说纷纭，没能让曹操下定最后的决心。最后，曹操找到了年满七十的老臣贾诩，想要从他的口中得到答案。但是当曹操向贾诩询问时，贾诩却一声不吭。看着贾诩的神态，曹操也不禁面露愠色，曹操说道："我在和你讲话，你却不答，这是为什么？"贾诩平静地回答：

"大王，刚刚问我问题的时候，我正在思考另一件事情，脑子一时间没有转过弯来。所以没有办法来回答大王的问题。"曹操听后，心里十分不满。追问道："那你到底是在思考什么重要的事情呢？"贾诩回答："我是在想当年的袁绍和刘表父子。"听完贾诩的这一句没有任何关系的话，曹操便立刻领会到了贾诩的用意，不禁放声大笑。没过多久，曹操就将曹丕册立为太子，持续多年的继承人之争也就到此结束了。

贾诩所说的袁绍和刘表父子，都是在册立自己继承人的问题上废长立幼，导致内部局势动荡，使得自身的实力削弱，最终被曹操乘虚而入。曹操对此十分地熟悉了解，贾诩这样说其实是在暗示曹操不要重蹈袁绍和刘表的覆辙。

贾诩不管是在官场还是战场上，都曾为曹氏（曹操）集团做出了巨大的贡献，但贾诩平常的为人非常低调。贾诩觉得自己也并不是曹操的旧臣，所以非常担心曹操会猜疑他，平日就闭门自守，也不和别人来往，儿女婚嫁更不选什么高门大户，尽可能地避免卷进曹氏（曹操）集团的政治纷争中去。闲暇的时候，贾诩一心钻研兵法，先后抄写了一卷《孙子兵法》，同时还深入研究了吴起的用兵之道，撰写了一卷《吴起兵法注》，这部著作在唐朝初期仍然流传于世。

公元 220 年，曹丕继位魏王，为感谢贾诩在立嗣过程中对自己的帮助，将已经就任太中大夫一职长达 20 多年的贾诩提拔为三公之一的太尉，同时，还将其晋升为魏寿乡侯，又册封贾诩的幼子贾访为列侯，于此同时还将他的长子贾穆册封为驸马都尉。贾诩这时候已经是一位 74 岁高龄的耄耋老者了，但是壮心不已的他依然在为曹氏集团奉献自己最后一份力量。

曹丕在称帝以后，雄心万丈，准备利用曹氏集团的强大政治和军事实力来实现他父亲曹操没有实现的统一全国的事业。因此，他特意来找贾诩询问意见，贾诩一针见血地指出，统一全国并不是首要的任务，当前最重要的是在魏国实行仁政，增强魏国的综合国力。贾诩指出，虽然吴国和蜀国也只是两个小小的国家，不能和魏国直接抗衡，但是却能凭借山川险阻进行有效的防御。且蜀国的君主刘备具有英雄才能，属下的丞相诸葛亮是个善于治国者。东吴君主孙权擅长审时度势，手下的陆逊也精通军事。这两个国家都具备一定的实力，倘若是发动战争，短时间内不可能取得胜利的。所以说，一定要在有了必胜的把握之后再发动战争，并要以实际情况为依据调整战略部署，选择适当的将帅进行指挥。贾诩觉得现在魏国还没有出现能和刘备、孙权直接对抗的将帅，即便是曹丕亲自上阵，也未必能够获胜，因此，与其打一场没有把握的战争，不如现在搞好政务，等待合适的时机再开战。

曹丕统一全国的雄心并没有因为贾诩的规劝改变，公元 223 年三月，曹丕轻易率兵向东吴发动江陵之战，结果和贾诩事先预料的一样，曹丕的攻击遭到东吴孙氏集团强烈的抵抗，最终无功而返。

在江陵之战失利三个月以后，贾诩在洛阳病逝，享年 77 岁，谥号肃侯。

第三章

心存汉室的王佐之才——荀彧

谋士档案

☆姓名：荀彧

☆别名：荀文若、荀令君

☆出生地：颍川颍阴（今河南许昌）

☆出生日期：公元 163 年

☆逝世日期：公元 212 年

☆主要成就：为曹操规划战略方针

☆谥号：敬侯

☆追赠：太尉

☆生平简历：

公元 163 年，荀彧出生在颍川颍阴，也就是今天的河南许昌。

公元 189 年，荀彧举孝廉，担任守宫令。

公元 191 年，荀彧离开袁绍而投降曹操，担任司马。

公元 192 年，曹操领兖州牧，后为镇东将军。荀彧以司马身份随其征战。

公元 196 年，荀彧劝曹操迎奉天子。

公元 200 年，官渡之战中荀彧为曹操出谋划策，最终曹操大获全胜，荀彧也一战成名。

公元 203 年，曹操上表，封荀彧为万岁亭侯。

公元 207 年，荀彧增食邑千户，前后共计二千户。

公元 212 年，荀彧在寿春病死，终年 50 岁。

人物点评

东汉末年，皇室羸弱导致群雄逐鹿中原，无论是重臣良将还是草芥黎民，都在动荡不安的社会飘摇浮生，举国上下人心惶惶。这时，许多有志之士争相加入了不同的势力，期冀着有朝一日自己所依靠的势力能够一举拿下汉室江山，自己也能够平步青云。

当然，乱世中也不乏仁人志士，为了挽救摇摇欲坠的东汉皇朝不惜献出自己的生命，荀彧就是这一批人中的"杰出代表"，他不仅为东汉朝廷出谋划策，更是眼光独到地加入了当时并不被人们看好的曹操集团，这也为后来魏势力的崛起奠定了稳定扎实的基础。

虽然我们都知道，荀彧最终没能挽救东汉，甚至他一手扶持的魏主曹操也挟天子令诸侯，违背臣子道义，但这就是历史，一人之力永远也无法改变。

生平故事

投身曹营

荀彧的家族在当时是赫赫有名的。荀彧的祖父荀淑博学多才，因与东汉当时权倾一时的宦官集团进行了激烈的斗争而闻名于世，因此荀淑在当时的政坛与文坛也有着非常大的影响力。荀淑有八个儿子，有的在朝中担任职务，有的在家里钻研学问，都是闻名一时的风云人物。可以说，荀家是东汉末年名士大族之一，而这种名士大族的家庭背景对荀彧的人生道路产生了非常重要的影响。荀彧在青少年时期得到了南阳著名人物品藻专家——何颙的赏识。何颙觉得荀彧是个王佐之才，以后定能成就一番大事业。名士大族的家庭背景和何颙的赏识，为荀彧成为三国时期著名谋士奠定了坚实的基础。

永汉元年（189），二十六岁的荀彧被举为孝廉，担任守宫令——负责掌管皇帝的笔、墨、纸张等物品。在这个时期，东汉局势已经发生了非常大的变化，宦官与外戚为争夺朝政展开了殊死的斗争。当时，何进与何苗带领的外戚，企图消除宦官专权。宦官集团看外戚气势汹汹，于是苦苦哀求何进的妹妹——当时的何太后从中调停。在何太后的劝说下，何进没有将这些曾经帮助自己妹妹登上皇后宝座的宦官铲除。然而最终，这些宦官却杀害了何进。听说何进被杀，袁绍、袁术等人将京师洛阳城里的数千个宦官一一消灭，控制东汉朝政长达百年的外戚与宦官专权，自此以后彻底地退出了历史舞台。然而，没过多久，凉州军阀董卓就率领部众占领了洛阳，废掉了当时的皇帝刘辩，拥立刘协为皇帝，史称汉献帝。

董卓控制局势后，开始把持朝政。袁绍、袁术、曹操等人纷纷逃出洛阳，准备联合各地的地方势力和推翻董卓的专权。这个时期，荀彧还在担任守宫令，他察觉京师洛阳将成为一个混乱不堪的地方，于是向朝廷申请到外县担任县令。荀彧的请求得到了回复，被派到亢父做县令。没过多久，荀彧便将亢父县令的职务辞去，准备回乡隐居，以便躲避快要爆发的战乱。然而，东汉当时的局势已经到了一发不可收拾的地步，中原大地已经没有荀彧安心避世之地了。

袁绍将十多支各地的地方势力联合起来，组成关东联军，开始讨伐董卓。一时间，神州大地战火纷飞。这个时候，荀彧清醒地感觉到，颍阴地区是战略要地之一，将会成为争夺的重点对象。荀彧向家族提出建议，让他们尽快离开颍阴，以免于战乱中丧生。然而，家族中不少人难舍故土，不想离开，这让荀彧心急如焚。这个时候冀州牧韩馥，专门派

车马来请荀彧到冀州做官，于是荀彧立刻带家族成员迁居冀州。冀州人口较多，经济发展水平在当时算是数一数二的。正因这样，冀州成为一块战略要地。荀彧赶往冀州的路上，关东联军的盟主袁绍利用他人进攻冀州的时机，让韩馥把冀州让出来。就这样，冀州的新主人变成了袁绍。荀彧刚进入冀州的时候，就发现韩馥已经被迫离开了冀州，投奔陈留太守张邈去了。荀彧想要来此躲避战乱的梦想虽然破灭了，却得到了袁绍的欣赏与看重。虽然荀彧的弟弟荀谌以及一些手下都在为袁绍手下效力，可经过观察与了解后，荀彧发现袁绍很难成大事，于是荀彧作出了一件让人惊愕的事情：不留在袁营，要投身曹营。

这个时候的曹操人单势孤。虽然曹操刚刚打败了黑山军占据的东郡地区，可力量还是太弱小了，并且人才极度匮乏，很难在当时的乱世中有大作为。荀彧的忽然到来，让曹操看到了希望。对荀彧有了进一步的了解之后，曹操知道荀彧能帮助自己实现宏伟目标——平定天下，于是任命荀彧担任司马一职。自此以后，荀彧开始了自己的谋士生涯。

智保兖州

初步获得兖州的控制权后，为了扩充实力，曹操打算夺取徐州。公元 194 年，曹操东征盘踞徐州的陶谦。在向徐州进攻过程中，曹操的大本营兖州爆发了大规模的叛乱。在兖州有一定实力的张邈、陈宫背叛曹操，趁着曹军主力远在徐州的时机，发起叛变。同时，张邈、陈宫还与其他外地的割据势力——吕布联合起来。叛军计划周密、准备充分，叛军不久就迅速占领了兖州大部分地区。远在徐州战场的曹军主力，不能及时返回援助，以致曹操只剩下对鄄城、范、东阿三县的控制权，形势十分危急。留守在兖州的荀彧在这个时候，对曹操的生死存亡发挥了至关重要的作用。

　　叛军在突然间开始行动时，张邈利用曹军消息不及时的弱点，利用官吏刘翊假传消息给在鄄城留守的荀彧，说是吕布要帮助曹操攻打徐州的陶谦，希望荀彧立刻供给他们军备粮食。荀彧没有听信这些谎言，立即判断出张邈已经联合吕布发动了叛变。随之，荀彧立即召集留守的曹军，命令军队加强防范，做好应变措施，并急召东郡太守夏侯惇立刻赶到鄄城。兖州城内有些人与张邈、陈宫、吕布勾结，响应叛变，夏侯惇进城后乘夜斩杀了鄄城内十几个叛军奸细，稳定住了鄄城的局势。

　　就在这个时候，叛军的外地援军——豫州刺史郭贡，已经带领着数万人的军队来到了鄄城城下。郭贡让荀彧出城与他相见，荀彧准备前往，夏侯惇极力劝阻说："何知贡不与吕布同谋，而轻欲见之。今君为一州之镇，往必危也。"认为荀彧出城太危险了。荀彧准确洞察形势，认为郭贡的军队能迅速兵临城下，说明郭贡还没有决定是否攻打鄄城。这个时候如果能够劝说，即使不能为曹操所用，也能让郭贡保持中立，使他不会攻打鄄城。这个时候如果不予理睬，可能会触怒郭贡，致使郭贡与张邈联合起来，向鄄城发起进攻。于是，荀彧单枪匹马来到了郭贡的军营。荀彧非常镇定，表现得毫无惧意，这让郭贡以为荀彧、夏侯惇等人肯定做好了应战准备，攻打鄄城会非常难，于是便率领军队撤退了，鄄城也因此保住了。

　　鄄城安全后，荀彧派谋士程昱去劝说范、东阿两地县令继续对抗叛军，从而在兵微将寡的情况下保全范、东阿两地。最终使得鄄城、范、东阿三城完好无损地等到曹操带领主力部队回到兖州，为曹操保住了反攻的根基。

　　当荀彧、夏侯惇、程昱等人死守兖州剩余的三座城池的时候，曹操也收到了叛变的消息，火速率领军队往兖州撤。曹军与吕布的军队在濮阳地区大战，并将其击败。之后，曹操与荀彧、夏侯惇等人会合，与张邈、陈宫等叛军展开了争夺兖州的战争。在战争中，曹军一直占据着有利的态势，到第二年夏天的时候，曹操已将兖州大部分失地收复。

公元 195 年，陶谦病死，刘备继任徐州牧，曹操打算乘刘备根基未稳之机，夺取徐州，这遭到了荀彧竭力劝阻。荀彧为曹操分析了当前的形势："今若取徐州，多留兵则不足用，少留兵则吕布乘虚寇之，是无兖州也。若徐州不得，明公安所归乎？今陶谦虽死，已有刘备守之。徐州之民，既已服备，必助备死战。明公弃兖州而取徐州，是弃大而就小，去本而求末，以安而易危也。"让曹操不要因小失大，因为如果此时攻打徐州，兖州留守的兵力过少，叛军会乘虚来夺取兖州，会重蹈张邈、陈宫叛变的覆辙。曹操应该将叛军全部消灭，这样才能完全控制兖州。同时，荀彧进一步指出，此时攻打叛军陈宫，陈宫不敢进行反击，利用这些时机，曹军可以收割已经成熟的麦子，补充军队的粮草物资。曹操认为荀彧言之有理，采纳荀彧的意见和策略，放弃进攻徐州，储备了足够的粮食，全心全意积蓄实力。

之后曹操与吕布进行了两次战争，曹操以少胜多，大败吕布，吕布只得投奔刘备。曹操乘胜追击，攻陷定陶（今属山东），然后分别带兵平定各县。当曹操平定了兖州以后，被当时的朝廷任命为兖州牧。曹操在兖州建立起了稳固的根据地，进而为统一北方奠定了基础。

客观剖析时局

占据兖州全境后，曹氏（曹操）集团的发展开始慢慢地走向了正轨，不仅军事力量得到了很大的提高，而且经济建设也取得了较大的发展。这个时候，远在长安被凉州军阀李傕、郭汜挟持的献帝刘协与其他朝臣已开始迁都洛阳。怎样对待早已衰落的东汉朝廷，不同的政治集团有不同的答案。

袁氏（袁绍）集团的谋士沮授提出：挟天子以令诸侯，把皇帝控制在自己的手中。不过袁绍自我感觉羽翼已经丰满，不想将献帝迎接到自己身边，碍手碍脚的。关于这个问题，曹氏（曹操）集团内部也出现了两种截然不同的态度。有很多人认为：黄巾之乱目前还没有结束，白波军韩暹、杨奉又将皇帝挟持到洛阳，并且与河内割据势力张杨等人联合，中原局势十分混乱，更不用说还有强大的袁氏（袁绍）集团。所以，此时接来皇帝，极有可能是个很大的麻烦。

这个时候，又是荀彧竭力排除各种意见，建议曹操前往洛阳将献帝迎接回来。荀彧认为："以前晋文公将周襄王迎接回国都，天下诸侯就如影随形。楚汉战争时期，汉高祖刘邦也曾为楚怀王戴孝东征项羽，天下归附。现在，皇帝流亡在外，而将军第一个提倡举兵反对暴政、拥戴皇权，只是因为中原战事频繁而没有办法前往长安迎接皇帝。虽然这样，将军还是派遣了很多将领与谋臣突破重重困难与皇帝取得联系。这足以说明在将军的心中始终都关心着皇帝与皇室的安危，这是将军匡扶天下夙愿的一种体现。现在皇帝回到了京城洛阳，而洛阳早已经成为了一片废墟，这让天下的义士以及普通的老百姓都感到非常痛心。倘若将军趁着此时机迎接皇帝，那就会成为百姓拥护的对象，同时，也会成为天下英雄学习的楷模，这个道理是非常容易看清楚的。至于韩暹、杨奉等人，其实不足为虑，他们根本不敢在此时兴风作浪！"

由于荀彧的大力支持，曹操最终下定决心到洛阳将献帝迎接回来，并且在建安元年（196）八月把献帝与朝廷成功地迁到了许都。从此之后，献帝终生都掌控在曹操的手中。"挟天子以令诸侯"这个策略，对于汉末社会与曹氏（曹操）集团都产生了非常重大的影响，是曹操在政治上最成功的一步，也是曹氏（曹操）集团逐步强盛及后来统一中国北方地区的重要原因之一。不过，有一点需要郑重说明，荀彧所提出的这个迎接献帝的策略和曹操的想法在本质上是不一样的。荀彧是希望通过这个举措实现大汉朝廷统治的延续。也正是由于他与曹操之间的这种根本性差异，导致了荀彧最后的人生悲剧。

曹操把献帝从洛阳迁到许都后，袁绍才发现当初没有听从谋士沮授的建议是错误的，心中万分懊恼，与曹操之间的矛盾也越来越严重。这个时候的袁绍已经占领了黄河以北的大片地区，实力很雄厚，在各大割据势力中可以说是数一数二。曹操心中十分清楚，要想平定天下，首先要占领中原地区，而这个袁绍就是中原地区最强大的对手。然而对于打败这个对手，曹操心里很没底，于是，他找来荀彧，向他请教对策。

这个时候，荀彧作出了一个客观而且详细的形势分析。荀彧认为：自古以来，实力的强弱并不能决定成败，而才能的高低才是成败的关键因素。才能高明者即使在开始阶段十分弱小，但是最后也会强大起来，而开始很有实力但却才能不足者则刚好相反。当年，刘邦与项羽之间的楚汉相争就很好地证明了这一点。现在可以与曹操争夺中原地区霸权的，只有袁氏（袁绍）集团，虽然目前双方的强弱对比很明显，但是袁绍的才能是没有办法与曹操相比的。袁绍外表宽容，其实器量十分狭小，并且用人喜欢猜忌，而曹操则明智通达，不拘小节，唯才是举，这就在气度上远远超过了袁绍。袁绍处事优柔寡断，墨守成规，容易错失良机，而曹操却能够明智豁达，随机应变，不守成规，这在谋略上超过了袁绍。袁绍治军松弛，军法不严，虽然士兵不少，但是却很难做统一调度，而曹操则法令严明，奖惩必行，虽然士兵不多但是都能够奋勇争先，这在军事上远远超过了袁绍。袁绍只不过是依靠四世三公的家庭背景赢得了名誉与社会地位，而且他这个人喜欢沽名钓誉，华而不实，而曹操则不然，总是以诚待人、礼贤下士，天下忠义之士都倾心追随，这在德行上又比袁绍高出一大截。凭借着气度、谋略、军事以及德行这四个方面的优势，再加上一个正义的旗号——"辅佐天下"，天下还有哪个人不望风而从呢？

对于荀彧提出的这个"四胜论"，曹操相当高兴，因为这是站在战略的层面详细分析了曹氏（曹操）集团与袁氏（袁绍）集团之间的优劣势，为未来曹操和袁绍之间展开的战略决战做好了充分的思想准备。

然而，怎样从目前四面受敌的不利局面中摆脱出来呢？曹操的心中依然没有很大的把握。因为在曹操所占据的兖州、豫州四周，除了强大的袁绍集团之外，东面有徐州的吕布集团、南面有张绣集团与荆州的刘表集团，西面有马腾、韩遂集团。曹操很担心一旦袁绍与自己展开决战，这些军事集团又分别从不同的方向进攻自己，那么与袁绍开战就相当于自杀。

鉴于曹操的顾虑，荀彧进一步说出了自己的战略规划。荀彧认为，西面的三辅以及凉州地区的割据势力尽管人物众多，但是派系林立，难以形成一个统一的整体，这其中只有马腾与韩遂最强大，但他们却胸无大志，只在意自己的地盘而不会加入角逐天下的行列。如果他们发现中原地区激战正酣，他们肯定会尽力维护自己的地盘，以防被别人夺走。假如用朝廷的名义对其进行安抚并且派遣使臣游说，在这场战争中，他们至少会保持中立，绝对不会加入战争的。而东面徐州的吕布集团有很大的威胁，一定要在与袁绍展开决战前将吕布消灭，保证东部地区无后顾之忧。唯有如此，才可以一心一意与袁绍决战。荀彧建议曹操，任命钟繇为使者前往三辅及凉州地区进行安抚，并且乐观地表示，只要钟繇前往必定可以马到成功。

曹操听从了荀彧的建议，任命钟繇担任侍中兼司隶校尉，对盘踞三辅及凉州地区的马腾与韩遂等割据势力进行安抚。荀彧的预料没有错，马腾、韩遂等凉州割据势力不仅没有与袁绍同谋合击曹操，反而通过钟繇为曹操提供了曹军非常缺乏的战马两千匹，并且派出军队与曹操一同作战，为曹操获得官渡之战的胜利以及平定袁绍残余势力作出了一定的贡献。建安三年（198），曹军主力出征徐州，在数月征战之后，杀死了吕布，夺得了徐州。到这个时候，曹操的战略后方基本得到了稳定，这也为曹操和袁绍间即将进行的官渡之战准备了有利的条件。

到建安四年（199）曹操已经通过多次征战先后将吕布集团与袁术集团消灭，中原地区除袁氏（袁绍）集团之外，再也没有其他力量能威胁到曹操的安全，这时曹氏（曹操）集团与袁氏（袁绍）集团之间的战略决战已经到了难以避免的地步。

这个时候，很多朝中大臣对与袁氏（袁绍）集团对峙依然没有大多信心，在很多场合散布消极的悲观言论，其中，最典型的代表就是侍郎孔融。孔融觉得袁绍地广兵强，手下不仅田丰、许攸这样的智谋之士为他出谋划策，而且还有颜良、文丑这样勇冠三军的名将冲锋陷阵，曹操兵将不多，很难取得最终的胜利。

对于这种失败言论，荀彧提出了针对性的反驳。荀彧表示：尽管袁绍兵将众多，但法纪不严，很难形成较为强大的战斗力；谋士田丰等人虽然足智多谋，但是缺陷也十分明显。田丰性格刚直，容易犯上；许攸贪婪却从不知约束自己；审配专制却毫无谋略；逢纪果断但又刚愎自用。这些人彼此之间又有着重重矛盾。作为袁绍镇守后方的主要谋士的审配与逢纪，与许攸有着十分剧烈的矛盾，再加上许攸的家族成员犯了法，此二人必定会想尽一切办法用这件事来打击许攸，届时许攸肯定会背叛袁绍。而像颜良、文丑之流，只不过是匹夫之勇，一战就能够抓获，根本不足为虑。

荀彧的公开表态在曹操阵营中起到了统一思想的作用，极大地鼓舞了军心、民心以及士气，也为一年后的官渡之战做了一个战前动员。

灭袁绍除刘表

建安五年（200）二月，袁绍带领十万大军进驻黎阳地区，与曹操展开了一场争夺中原地区控制权的战斗，在历史上被称为官渡之战。曹操将曹氏（曹操）集团最重要的谋士——荀彧。留在了许都，让其全权负责曹氏（曹操）集团的内部稳定以及后方运输。

在战争初期，曹军连续在白马、延津南等地区将袁绍的进攻挫败，军心大振。袁绍震怒，用主力屯兵阳武与曹操对峙，并且在汝南地区联络黄巾军余部刘辟骚扰曹操的战略后方，后来又派出刘备等人进攻汝、颍地区，导致许都等地局势一片混乱。曹操则在打败刘备后，命令曹仁对袁绍将领韩荀进行偷袭，与此同时，又命令大将于禁率领部众镇守官渡，自己也在当年九月率主力赶到官渡，与袁绍大军展开了激烈的阵地战。

面对袁绍的兵力优势，曹操的处境变得非常艰难，不仅进攻受到阻碍，而且部分将士士气十分低落，甚至出现了一部分士兵逃往袁绍阵营的现象，同时，粮草供应也出现了严重短缺的现象。曹操对此很是担忧，准备放弃官渡之战，退兵返回许都，来年再与袁绍一决高低。如果曹操真的退兵，不仅官渡之战前期所取得的战略优势将会化为乌有，而且还会对双方的军心、民心产生很大的影响，将会严重地阻碍曹操统一北方的大业。所以，在收到曹操来信后，荀彧立即写了一封回信，在信中，荀彧借用楚汉相争的故事来坚定曹操继续作战的决心。

荀彧认为："目前，尽管军中军粮供应、将士士气以及战争进程等诸多方面都出了一些问题，但是这种情况却与当年刘邦和项羽在荥阳及成皋地区僵持的情形不同。那个时候，刘、项双方在荥阳、成皋地区交锋，刘邦倾尽全力都没有能够取得战争的胜利，而项羽也没有在久攻不下之下退兵。因为双方都清楚，先行退却的一方就意味着从此失去了战争的主动权。目前我们以寡敌众扼守住了前线的各个战略要地，并且抵御住了袁绍十万大军的进攻长达半年的时间，这就足以证明当初我们制定的战略战术是很有效果的。虽然袁绍仍然占有一定的优势，但是半年的坚守已经能够狠狠地打击他的锐气。根据判断，用不了多久，袁绍阵营就会出现混乱，到那个时候，我们抓住有利时机就能将袁绍的主力一举消灭，取得战争的最终胜利。"

愁眉不展的曹操被荀彧的坚定态度与乐观情绪感染了，最终打消了撤退的念头，咬紧牙关继续与袁绍进行周旋，最终在官渡之战中取得胜利。正像荀彧事先预料的那样，袁氏（袁绍）集团发生了内讧，谋士许攸主动归降曹操并且献上了偷袭乌巢、火烧袁军粮草这一扭转战争局势的妙策；谋士田丰也由于劝谏而遭到了袁绍的杀害。至于孔融口中所说的名将颜良、文丑，也是匹夫之勇，在官渡之战前期就已经被斩杀，并没有对曹军产生任何威胁。

官渡之战结束后，袁绍不甘心失败，屯兵仓亭，想要以仓亭作为据点来抵御曹操的进一步攻势。曹操对袁绍采取的大规模守势有所顾忌，准备转而南下进攻其政治盟友、荆州割据势力刘表。对于曹操的这个错误战略构想，荀彧坚决地持反对态度。他认为：目前的袁氏（袁绍）集团已经在官渡之战中元气大伤，其内部已经出现了分裂，此时就应该抓住时机彻底歼灭他。如果在这个时候忽然掉转枪口去对付刘表，不但给了袁绍喘息的机会，而且袁绍极有可能会利用曹军主力进攻刘表之际乘虚而入，这样一来，官渡之战所获得的胜利果实就将化为乌有。经过荀彧的大力劝阻，曹操终于放弃了南下的想法，继续对袁氏（袁绍）集团保持强大的政治与军事压力，并且在同年四月发兵北上，猛攻袁绍驻守的仓亭，将守军一举歼灭。袁绍遭此重创后，一病不起，最终在第二年病逝，袁氏（袁绍）集团的实力进一步削弱。对荀彧在曹氏（曹操）集团的发展壮大过程中所作出的突出贡献，曹操非常敬佩。在建安八年（203）上表献帝，建议册封荀彧为万岁亭侯。

曹操先后在两份表章中写道："侍中守尚书令彧自加入朝廷后就一直追随我南征北战，每次战争的胜利，都是他与我一起运筹帷幄的结果。在他做尚书令之后，虽然我们不能一起出征，但是他时常与我保持书信往来，共同制定大政方针。《诗经》中常常赞美心腹之人，古代的书籍中也十分推崇以谋略战胜对手，现在国家初步实现安定，这一切皆是荀彧的功劳……皇帝驾临许昌后，荀彧就在皇帝的身边担任要职，在很多政务处理上得心应手，功勋卓著。如此有功之臣应当享受更高的封爵和荣誉，唯有这样方能彰显荀彧为朝廷所作出的贡献。"曹操的这两份奏章不但对荀彧加入曹魏阵营后的数十年间运筹帷幄、决胜千里的军事谋略才能进行了极大的肯定，而且还高度赞赏了荀彧在皇帝身边处理政务的能力。

建安九年（204），曹操攻占袁氏（袁绍）集团的老巢邺城，并且兼任冀州牧一职。这时有大臣向曹操建议恢复古代九州制度，扩大冀州的领地范围，想要进一步增强曹氏（曹操）集团的实力，控制朝政，荀彧则表示出自己的担忧。荀彧认为：倘若按照古代的制度，那么河东、冯翊、扶风、西河、幽州，以及并州等地都将会被包括在冀州境内。这样以马腾、韩遂为首的关西割据势力肯定会产生非常大的疑虑并切出现不稳定的因素。假如这个时候袁谭、袁尚等人再加以挑拨、利用，中原地区很可能将会再一次陷入混乱当中。现在的核心任务是乘胜追击，彻底将袁氏（袁绍）集团的残余势力消灭，然后再挥兵南下对荆州的割据势力刘表进行讨伐，待这些核心任务完成、天下安定后，再来谈论恢复古代制度也不晚。曹操最终还是听从了荀彧建议，否决了这个让他怦然心动的恢复九州制度的提议。

在统一中国北方的战争结束后，曹操很快把注意力转移到盘踞在荆州的割据势力——刘表的身上。在结束统一中国北方战争后的一年时间中，曹操已经充分做好了攻打荆州的所有战前准备。曹操专门为怎样选择进攻路线问计于荀彧。荀彧认为，现在北方地区平定，刘表已经感受到了很大的压力，一旦发动全面进攻，刘表势必会殊死抵抗。还不如沿袭近年来与刘表间发生局部冲突的做法，公开进攻宛县与叶县等地，造成一种仅仅局限于边境地区局部战争的假象来麻痹刘表，与此同时，让主力从小道轻装急行秘密潜入荆州境内，从而达到出其不意、攻其不备的战略效果。

同年七月，曹操采纳了荀彧的这个建议，宣布发兵荆州的南阳地区，之后，快速以主力进入荆州，刘表势力被彻底瓦解。刘表病逝，其子刘琮率领荆州官民投降曹操。曹操只用了数月的时间，就基本上控制了荆州全境。荀彧的谋划再一次取得胜利。

从兖州之争到荆州之战，荀彧提出的所有谋略，都得到曹操的重视，并且最终采纳，荀彧在曹氏（曹操）集团中不仅拥有"谋主"的美誉，而且也成为了曹操集团中最重要的谋士。

与此同时，曹操也给了荀彧非常大的尊重与礼遇，不仅不断地给他加官晋爵，后来还让荀彧的儿子娶了自己的女儿。

曹操所作的这一切都表明，荀彧在曹操的身边混得如鱼得水，其政治前景可谓是一片光明。然而，后来的事实却大大出乎所有人的意料，荀彧不仅没能安享晚年，反而死得不明不白。他的死亡也成为了千百年来的一段疑案。

含恨而终

官渡之战之后，曹氏（曹操）集团日益巩固了其在政治舞台上的地位，东汉朝廷彻底沦为傀儡。

建安十三年（208）六月，曹操自己任命自己为丞相，将东汉以来一直沿用的三公辅政的官僚体制废黜，将朝政大权独揽一身。建安十七年（212），当时担任司空军祭酒的谋臣董昭上书汉献帝，建议恢复古代的五等爵制，与此同时，建言曹操进爵为魏公，加九锡，享受西汉丞相萧何当年在汉高祖刘邦时期的殊荣——上朝不趋、剑履上殿。为了争得荀彧的支持，董昭专门给荀彧写信，在信中，罗列了许多应当封赏曹操的理由，想要利用荀彧在朝廷的影响力为曹操晋爵进行造势。

不料，荀彧无情地驳斥了董昭的这个建议。荀彧认为：曹操当年举义兵的目的就是为了匡扶朝廷、平定战乱，而且怀着坚贞忠诚的诚心谨遵谦让的品格。像曹操这样的君子就应该用德义来爱人，不适合晋爵，以免让天下人产生疑虑。

很快，荀彧的这番言论就传到了曹操那里，曹操对此十分不满。这个时候的曹操心里早就有了废汉自立的野心，董昭的上表仅仅是秉承自己的旨意走个过场罢了，谁知，自己多年来的首席谋臣荀彧却对此强烈反对。荀彧不但在奄奄一息的汉末皇室中德高望重，而且在曹氏（曹操）集团中也是功勋卓著，一言一行都有着巨大的影响力。荀彧的反对对于一心想要实现自己政治野心的曹操来说，可谓是当头一棒，曹操被迫压下了董昭等人的奏章，随之而来的就是怀疑并压制荀彧。

同年十月，曹操向东征讨孙权，荀彧像往常一样留守朝中。曹操表奏朝廷派荀彧去谯县劳军，借这个机会将其留在军中。后来曹军进军至濡须口一线，荀彧因为疾病被留在了寿春，最终在寿春病死，终年只有50岁。然而他真的是因病而死吗？

无论怎样，荀彧的死，定然是带着无限愤恨与痛苦的。

作为一介大儒，荀彧一直希望通过自己的努力来挽救东汉的颓势，鞠躬尽瘁效忠大汉王朝。所以当群雄逐鹿之时，他审时度势选择了虽然弱小但是敢想敢干的曹操作为自己的领导，在他看来，曹操比起袁绍，还是有"良心"的，也是有良知的。

但世事难料，曹操在统一北方之后，尤其是在击溃了袁绍之后，野心极度膨胀起来，他想要实现更大的抱负。这时，荀彧终于明白自己已经控制不了这个领导了，于是做出了最后的选择——走向死亡。

坊间对于荀彧的死因都有诸多质疑，而且历代都有学者认为，荀彧绝非病死，而是自尽。

第 四 章

足智多谋的少年鬼才——郭嘉

谋士档案

☆姓名：郭嘉

☆别名：奉孝

☆出生地：颍川阳翟（今河南禹州）

☆出生日期：公元 170 年

☆逝世日期：公元 207 年

☆主要成就：帮助曹操平吕布、定河北，灭乌恒

☆代表作品：《十胜十败论》

☆爵位：洧阳亭侯

☆谥号：贞侯

☆生平简历：

公元 170 年，郭嘉出生在颍川阳翟，也就是今天的河南禹州。

公元 196 年，郭嘉投奔曹操，担任军师祭酒，为曹操的四方征战出谋献策。

公元 197 年，郭嘉提出著名的"十败十胜"之说，正式确立了自己在曹操军事智囊团中的核心地位。

公元 200 年，郭嘉协助曹操在官渡之战中大获全胜。

公元 204 年，郭嘉被封为洧阳亭侯。

公元 207 年，郭嘉去世。

人物点评

　　郭嘉是三国时期的一位非常了不起的人物，是曹操手下重要的谋臣之一。他足智多谋、才能卓绝，长期跟在曹操左右，为其出谋划策，立下了汗马功劳。曹操倚为股肱，经常向他问计。易中天曾经这样评价郭嘉："神机妙算，当机立断，随机应变，出奇制胜，料事如神，敢出险招。"甚至有很多人称郭嘉为五大谋士之首。那么，郭嘉究竟有何与众不同之处呢？

　　第一，用兵出奇。郭嘉的计谋，往往出人意料。曹操可谓是一流的军事家，他对自己的军事才能也非常自信，但是在与郭嘉探讨之后，他发现自己经常稍逊一筹。

　　第二，善于识人。郭嘉擅长识人，常常在很短的时间内，就能摸清对方的本质。比如，他第一深刻认识的人就是袁绍。只不过用了几十天，他就认清了袁绍色厉内荏的本质，预测他最终的结果只能是失败。第二个识别的人就是当时非常弱小的曹操。虽然力量薄弱，但前途光明，是一位明主等。正是由于郭嘉高超的识人本领，才经常为曹操免去后顾之忧。

　　第三，个性鲜明。除了郭嘉之外，曹操的其他谋士大部分都很稳重、内敛。比如，荀攸，他跟在曹操身边的时间最长，打仗时从不离身，但荀攸为人正直、律己。曹操是这样评价的："二十年我就没发现他有什么毛病。这样的人自然很乏味。程昱的性格比较固执，当别人的意见与他不同时，他就会大声争辩。贾诩为人谨慎，说话滴水不漏，自然也就没有什么乐趣。而郭嘉则不然，他的语言生动，侃侃而谈，再配合他的表情，别人就是愿意听。"所以曹操不仅尊重郭嘉，而且更多的是爱。是一种君王对臣子的爱，是一种长辈对晚辈的爱。

生平故事

曹操与郭嘉会面

看过《三国演义》的人都知道，郭嘉加入曹操的阵营过程是这样的：郭嘉是程昱推荐给荀彧的，程昱谦虚地说道："某孤陋寡闻，不足当公之荐。公之乡人，姓郭，名嘉，字奉孝，乃当今贤士，何不罗而致之？"

荀彧听程昱这样一说，才猛然想起郭嘉这个人才，于是，将郭嘉征聘到了曹操的麾下。而郭嘉又推荐了光武嫡系子孙——淮南成德刘晔。自此之后，曹操成立了自己的智囊团。

然而，事实并不是这样的。当时的情况是：曹操因为爱臣戏志才去世，就给荀彧写信要求他征召人才，荀彧将郭嘉推荐给了曹操。

当41岁的曹操与27岁的郭嘉在帐中相见之后，相谈甚久，有一种相见恨晚的感觉。对于郭嘉的见识与才华，曹操由衷地赞叹道："使孤成大业者，必此人也。"同时，郭嘉也对曹操的气度与魅力留下了深刻的印象，高兴地说道："真吾主也。"

那个时候，荀彧管理内政，程昱坚守城池，贾诩与刘晔还没有来。曹操的身边的确缺少谋士。而已有的谋士已经中年，老成持重，每句话说出来之前都会在脑中绕上好几圈。而郭嘉则不通，他嗓门高，表情也丰富，而且又说得非常有道理，因此深得曹操的喜爱。

在这之前，郭嘉闲在家中已经有六年了。这六年来，天下大乱，群雄并起，战火纷纷，民不聊生。

郭嘉认为袁绍、袁术、刘表以及公孙瓒等人，都不能成大事，所以，他一直在寻找一位真正为苍生造福的英明主公。所以，在未看清局势之前，绝对不会出山。如此看来，郭嘉似乎真的很自负，其实这种自负是天生的。

　　郭嘉小时候不喜欢与同龄的孩子玩耍胡闹，而是喜欢与乡里的长者进行交谈。有的时候，他独特的见解，甚至会让一些老人都自愧不如。人们都觉得小郭嘉是一个天才，长大了肯定能做出一番大事业。

　　有一次，一个从外地来的术士看到小郭嘉后，非常喜欢他，和他聊了一会儿，大为惊叹，并且说道："这孩子可能是姜太公的转世。"从此之后，郭嘉就有了一个"小太公"的绰号。

　　到了20岁的时候，郭嘉基本上就不再与老人聊天了。他开始有意识地去结交一些有识之士，拒绝与世俗的人来往，这大概就是所谓的"谈笑有鸿儒，往来无白丁"。而荀彧、辛评、郭图等人就在这些"有识之士"中。

　　与当时大部分人相同，郭嘉刚开始投奔的是实力强大的袁绍。但是在与袁绍交往数十日后，就发现袁绍这个人优柔寡断，不善用人，很难成就大业。总之，他全面而且详细地掌握了袁绍的缺点。

　　有一次，他与同在袁绍帐下当谋士的辛评、郭图聊天的时候说道："智者审于量主，故百举百全而功名可立也。而我们的主公袁绍拥有很强的模仿能力，很好地掌握了周公礼贤下士的要领，所以才引得众多人才追随。但是他收罗不少的人才，却没有认真地使用，或者也可以说是不懂使用。他收罗了许多事情，却不能分辨出事情的轻重缓急。他听到了众多建议，却一直不作结论。他搜罗了不少兵马，却不懂正确调配。换句话说，主公的强大只是表面上的。因为管理能力不够，这些资源最终都会成为主公的包袱。我们想要辅佐主公平定天下，建立霸王之业，几乎是不可能的。"而这两人却说："袁氏对天下有恩，人多归之，现在是最强的。而且主公待我们也极好，我们怎么能离开主公呢。"

　　郭嘉见与此二人意见不一致，也就不再聊了。随即，郭嘉就辞官回家了。郭嘉回到家后，每天修养身心，偶尔也与朋友通宵畅饮，过得非常悠闲自在，直到荀彧将他推荐给曹操。

平定吕布

郭嘉投入曹操帐下的第一件事情就是跟随曹操讨伐徐州的刘备。曹操打着为父亲报仇的名义，想要将南面的徐州拿下。而此时对于北面冀州的袁绍，曹操还不敢轻举妄动。

在长途跋涉之后，曹军濒临徐州城下。他原本打算直接攻城的，但是被郭嘉及时制止了。郭嘉认为："刘备曾经写信给我们劝和，他先礼后兵，处理得非常妥当。我们不可以断然拒绝刘备，急着攻城。这样一来，刘备就会严加防范。徐州可以算是一座大城，易守难攻。如果我们表现得从容大度，就可以让刘备放松警惕，我们也就能够趁机一举将徐州拿下了。"

于是，曹操听从郭嘉的意见，准备回营寨继续商量具体的事宜。但是，当曹操刚到营寨就接到了一个坏消息——张邈、陈宫勾结吕布发生反叛，攻占自己的老本营兖州，只有荀彧、程昱等人守住了三个县城。

曹操觉得现在必须撤兵，回去救兖州，但是徐州这边该怎么办。郭嘉自然看出了曹操所担忧的事情，说道："主公，我们今天没有攻城，就是还未与刘备彻底撕破脸。这样，主公您写一封信给刘备，卖他一个人情，我们再走不迟。"曹操觉得有道理，就接受了郭嘉的建议，给刘备写了一封信之后，就率领大军火速赶回兖州。

公元198年9月，曹操发兵徐州，与吕布再次交战。在陈宫的辅佐之下，吕布防守非常紧密，十分有效地阻挡了曹操的进攻。

随着作战时间越来越长，曹操担心袁绍、张绣会趁自己不在兖州的时候，进攻兖州，于是就有了撤军的打算。当郭嘉知道曹操心中的想法之后，极力劝阻："主公，我们现在千万不能回去。在开战之前，吕布十分勇猛，现在他已经连败三阵，嚣张气焰早被我们扑灭了。现在的吕布已经垂头丧气，他的兵士一定也是灰头土脸。吕布手下的谋士陈宫的确非常有本事，但是面对这种困境，估计他也不可能有什么好主意。我们应该趁着吕布还没有恢复士气，陈宫还没有想出办法的时候，急军快攻，一鼓作气，将吕布彻底打垮。"

曹操听完郭嘉的分析之后，觉得非常有道理，但是能用的办法都已经用过了，接下来应该怎样进攻呢？郭嘉说："主公莫急，当然有办法，攻破下邳城，就在眼前。"这个时候，荀彧突然插话道："是不是决沂、泗之水啊？"没错，郭嘉笑了，谋士所见略同。

于是，曹操命令军士决两河之水，吕布、陈宫等全部被擒杀。这是郭嘉辅佐曹操以来，取得了第一场大胜利。在征战吕布的过程中，郭嘉非常佩服曹操杰出的军事才能，而曹操也十分欣赏郭嘉非凡的兵法见解，两个人密切配合，一举拿下了徐州。

解决刘备

公元 196 年，刘备兵败前来投奔曹操。在如何对待刘备的问题上，曹操的阵营产生了分歧，形成了两种不同的意见。荀彧等人认为应该尽早将刘备除去，而郭嘉主张将刘备留下来，为自己所用。

郭嘉给出的理由是："目前，主公正在广招天下的俊杰，害怕他们不会前来投奔。现在，好不容易来了一个刘备，并且刘备并没有犯下什么重大的过错。如果主公将刘备杀死，那么别人就会认为主公不是爱护贤才，而是毁害人才啊。天下的智士能人知道这件事情之后，肯定会对主公产生畏惧而裹足不前。那么，还能与什么人一起平定天下呢？"

在两种意见之中，曹操认为郭嘉说的更有道理。再者，为了麻痹曹操，刘备来到曹营之后，大门不出，二门不迈，整天忙着种菜，似乎只是一个无害的农夫。所以，曹操最终采取了郭嘉的建议，放过了刘备，并且安抚刘备不用害怕。

其实，曹操不杀刘备也是有很多方面原因，主要包括以下几个方面：

第一，当时的刘备只有关羽和张飞两个人，属于"三无人员"，也就是没有地盘，没有人马，没有战功。换句话说，就是没有实力，不会对自己造成威胁。

第二，刘备帮助曹操消灭吕布，不但没有对曹操产生危害，实际上还给了曹操一定的帮助，这个时候，曹操怎么能够恩将仇报。

第三，曹操曾经杀过边让，不料这件事招致了兖州官民的愤怒，就连自己的好朋友张邈等人也都起事反他。这件事情让曹操在杀害名士方面吸取一定的教训。

第四，曹操当时对刘备的野心估计不足，没有看清楚刘备反复的本质。他替刘备夺取了下邳，将吕布活捉，迎回他的妻子孩子，并且先后表刘备为豫州牧、左将军。他对刘备是相当好的，其目的就在于要收买刘备，希望刘备可以死心塌地地为自己卖命。

第五，就像郭嘉所说的那样，曹操想树立刘备的这块牌子，招揽天下人才。曹操与刘备煮酒论英雄时，刘备说了一大堆的名字。当时，曹操的实力还不算太强，所以，他希望这些人能够看见自己对刘备的诚心，从而前来归附自己。

第六，刘备非常会做人，在曹营时，他知道夹着尾巴做人，不让曹操找到一丁点破绽，不让曹操感受到任何威胁与不妥之处。

所以，曹操不杀刘备是基于多方面考虑的。郭嘉的建议并没有错，但是郭嘉同时又对曹操说了这样的一句话："一日纵敌，数世为患，宜早为之所。"由此可见，郭嘉虽然建议曹操留着刘备为自己效力，但是也认为应该防着刘备，限制他的自由，不让他有机会逃跑。但是曹操还是被刘备虚伪的外表给蒙蔽了。公元199年，刘备成功地说服了曹操，建议曹操去进攻袁术。然后，刘备就悄悄地派人将徐州刺史车胄给杀了，自己占据了徐州。

公元200年，曹操与袁绍在官渡决战，脱不开身。于是，曹操就派刘岱与王忠率领军队对刘备进行征讨，结果大败而归。这个时候，如果刘备与袁绍联合起来，来一个前后夹击，曹操肯定会不得安宁。特别是官渡前线，随时都有可能被攻破。为了这件事情，曹操吃不下饭也睡不着觉。

郭嘉看到曹操愁眉苦脸的样子，安慰道："我非常了解袁绍这个人，他生性多疑，所以无论什么事情都不能快速决断。他有可能会偷袭我们，但是他也会考虑这个，考虑那个，我估计没有一个多月的时间，是不会有任何动静的。至于刘备，他刚刚占据徐州，还没有时间收买人心，聚集力量。倘若我们连夜赶路，直捣徐州，刘备必定会大败。等我们解决了后顾之忧后，我们就可以在前线与袁绍一决雌雄了。"

于是，曹操听从了郭嘉的建议，举师东征。刘备收到消息之后，几乎没有做什么抵抗就逃跑了，甚至连妻子孩子都没有顾上。关羽被曹操擒获，而且在官渡之战的时候发挥了一定的作用。

平定北方

公元202年，袁绍死了，立幼子袁尚为继承人。郭嘉听到这个消息后非常高兴，对曹操说："主公，现在，袁氏兄弟都守在冀州。倘若我们大军强攻的话，他们必定会团结起来，我们很难取胜。与其这样，不如我们先撤军，让他们兄弟二人去自相残杀吧。我们也好坐收渔翁之利。"果然，曹操率领大军刚一走，袁谭与袁尚两兄弟就打起来了。于是，曹操正好趁机，逐个将其击破，平定了冀州。

这个时候，郭嘉建议曹操多多招揽并重用青州、冀州、幽州以及并州的名士，以便收拢民心，彻底巩固现在所控制的地域。袁绍之所以会兵败，不是谋士不够用，而是谋士太多了而不会用。这是袁绍留下的最佳的财产。曹操采纳了郭嘉的建议，对于人才尽可能地使用，甚至还重用了曾经谩骂自己祖宗的陈琳。

袁尚兵败之后，就投奔袁熙去了。曹操询问袁绍旧臣王修应该怎么办，但是王修却沉默不语。曹操不但没有生气，反而觉得他是真的忠臣。

既然王修不说话，于是曹操就转而问郭嘉。郭嘉说："我这里有一个计谋，可以不费一兵一卒。现在，投降我们的袁氏降将相当多，那就让他们发挥作用吧。"曹操觉得这个主意好，就派焦触、张南、吕旷、吕翔、马延以及张凯各自带领本部兵士，分成三路对幽州进行进攻。大军一到，没用多长时间就顺利攻陷了幽州。袁熙、袁尚逃往乌桓。这个时候，是见好就收，还是乘胜追击呢？

大将曹洪提醒曹操说道："袁熙、袁尚兵败将要灭亡，势穷力尽，如果我们现在引兵深入追击，而刘备、刘表乘虚袭击许都，我们想救就来不及，为祸不浅矣。所以，恳请主公回师不要再前进了。"

曹洪的建议是非常有道理的。曹操征讨徐州的时候，老本营就曾经被吕布端了。现在，距离许都的确太远了，而刘表的实力又比吕布强很多。对于这种说法，郭嘉并不认同，他非常不客气地指出"诸公所言差异"。为什么会这么说呢？

郭嘉这样回答："主公虽然威震天下，胡虏自恃他们在边远地区，肯定不会设防。趁他们没有防备，对其进行突然袭击，必定可以击败他们。而且袁绍于乌桓有恩，袁尚与袁熙两兄弟还在，不可不除掉。刘表只不过是坐谈之客罢了，自己知道才能不足以驾驭刘备，让刘备担任重要职务又害怕不能控制，让刘备担任不重要的职务，又害怕刘备不能为其所用。所以，我们虽然离开许都远征，主公也不用无忧。"

郭嘉的建议有三个高明的地方：

第一，军队坚持直进，在敌人没有防备时擒住敌人，这样取胜的例子不胜枚举，而且都还是大胜，完胜。

第二，宜将剩勇追穷寇，应该彻底斩断袁氏根。袁氏兄弟还残留部分兵马，两人还有一定的头脑。等到曹军走了之后，他们必定会联合乌桓，再召集河北袁氏旧人，反过来进攻曹军已经占领的几个城市。

第三，是对刘表的判断，这可以说是一场赌博。只要是一个明白人，就应该知道，曹操消灭袁绍之后，下一个目标会对准谁。只有刘表这个当事人不知道，或者说，即使别人告诉他，他也不会相信。只要刘表稍微动点脑子，就应该趁曹操出兵在外之际，袭击曹操的后方。但是，郭嘉认为，刘表这个兵马强壮的一方诸侯，就是没有一点儿脑子。

曹操感觉郭嘉的话句句在理，于是就率领大军继续前进。临走之前，曹操又命令兵将在滨海道旁边立了一个牌子，上面写着："方今暑夏，道路不通，且俟秋冬，乃复进军"，表面是通令全军的路标，实际上是为了麻痹敌人。乌桓人看到之后，竟然信以为真了。

曹操的大军刚刚走了两天，就刮起了沙尘暴，道路变得十分崎岖，人马都很难前进。上至将帅，下至士兵，都感到非常辛苦，纷纷打起了退堂鼓，行进的速度也越来越慢了。曹操感觉有点忍受不了，就问郭嘉应该怎么办。但是，郭嘉这个时候却因为水土不服，已经病倒在车上了，面容十分憔悴。曹操看到后，很是担心。郭嘉说："俗话说得好，兵贵神速，照这样行军速度是万万不行的。大军应该放下包袱，丢掉辎重，轻兵上道，直捣敌营。除此之外，还应该请向导对行军的路线进行调整。"

于是，曹操就询问了熟知辽东地理的田畴，从小路直奔柳城，也就是现在的辽宁省朝阳市，前后花费将近 20 天左右的时间。当曹军到了距离柳城 200 里左右的白狼山，也就是今天的建昌县城东的大黑山的时候，袁熙、袁尚以及蹋顿才发现曹军，于是，他们在仓促之间，集中了数万骑之众。

曹操的人马是经过 20 多天跋涉的疲惫之军，而袁熙、袁尚以及蹋顿的人马是十分熟悉地形的兵马，以逸待劳。曹军没有任何的优势，如果指挥不利，极有可能就会被歼灭，他们根本没有一丝退路。这注定了是一场恶战。

曹操几乎将张辽、徐晃、张郃、韩浩、史涣、鲜于辅、阎柔以及曹纯等猛将都派上了阵。在混战中，曹纯麾下虎豹骑将单于蹋顿斩首。乌桓一下子群龙无首，最终被打得落花流水，"死者被野"，在这场决战中，三郡乌桓的主力骑兵开始全面崩溃了。曹操将乌桓的老百姓迁到了内地，乌桓从此彻底地没落了。而袁熙、袁尚两兄弟带着几千人跑了。倘若曹操不千里行军，万一哪一天袁熙、袁尚以及蹋顿的几万人马突然杀回幽州，曹操的守军是绝对抵挡不住的，所以，这次的军事行动不能算是错误的。

大破乌桓之后，曹操得胜回到了易州，他对原先反对这个行动的人进行了重赏。他说："我这次乘危远征，侥幸成功。虽得胜，天所佑也，不可以为法。诸君之谏，乃万安之计。后勿难言。"虽然曹操这次大获全胜，但是也遭遇了一个出乎意料的巨大损失，那就是郭嘉不幸身亡。

遗计辽东

等曹操的大军回到易州的时候，郭嘉已经死了好几天了。曹操亲自去祭祀，哭得不能自已。这个时候，有人送来了郭嘉的遗书，曹操看完之后就哭得更加伤心了。

曹操一边哭，一边念叨："奉孝啊，你的身体不是很好，因为担心南方水土问题，常常和我说，如果我去了南方，很可能会死在那里。然而，你反而常常劝我征讨荆州。我将这件事情告诉了荀彧，让他提醒我，千万不能让你去南方，没有想到，你居然在北方病故。这都是我的错啊。你我第一次相见时，你对我侃侃而谈，我当时就看出，你就是那个能够帮助我成就大业的人。但是现在大业还没有成，你却离开我自己先走了，今后倘若有事情的话，我应该去问谁啊？荀彧、荀攸、程昱以及贾诩他们几个人与我差不多大，有的年纪甚至超过了我。倘若大业成功了，我已经相当老了，我就把后事都托付给你。不料，现在，白发人送黑发人。"

夏侯惇与张辽一看曹操如此伤心，连忙过来劝导："人死不能复生，主公千万不要太难过。如今我们在易州已经好几天了，倘若不向辽东进军的话，我们就应该立刻回许都。这次出来的时间太长了，可要提防刘表啊。到底是应该进还是应该退，主公要尽早拿主意啊。"

"两位将军，我一时间太难过了，居然把这件事情给忘了。你们先不要着急，再过几天，自然会有人奉上袁熙、袁尚的首级。到了那个时候，我们再回许昌也不晚。”两人一听，心想："主公想郭嘉想糊涂了吧。得了，我们先出去，让主公安静一会儿吧。"没过几天，有来人报，辽东公孙康派人送来了袁熙与袁尚的首级。众人大吃一惊，天下怎么会有这样的好事呢？于是，他们纷纷看向曹操。

曹操一笑，将郭嘉的遗书拿出来传给大家看。遗书的内容大致是这样的："今日听说袁熙、袁尚投向辽东了，主公切莫加兵追击。公孙康一直都很怕袁氏被吞并，此次袁氏二人投向辽东必定使他产生怀疑。现在若是出兵追击，一定会弄巧成拙，千万不可着急。等到他们自己内部产生矛盾时，再趁机发兵作战。打仗攻心最重要，攻城为下策。我早已看穿他们的心思，所以我们不该继续战斗，若战下去必定如我所料。"

第五章

其才可敬的曹魏冢虎——司马懿

谋士档案

☆姓名：司马懿

☆别名：仲达

☆出生地：河内郡温县孝敬里

☆出生日期：公元 179 年

☆逝世日期：公元 251 年

☆主要成就：屯田水利，灭公孙渊，抵御蜀汉诸葛亮的北伐

☆谥号：（文贞）→宣文→宣王→宣皇帝

☆庙号：高祖

☆爵位：舞阳侯

☆生平简历：

公元 179 年，司马懿出生在河内郡温县孝敬里。

公元 201 年，曹操召司马懿到其司空府任职。司马懿借口患有风痹，身体不能起居推辞。

公元 208 年，曹操强召司马懿为文学掾。与太子往来游处，历任黄门侍郎、议郎、丞相东曹属、丞相主簿等。

公元 215 年，司马懿随曹操征讨张鲁。

公元 219 年，司马懿为太子中庶子，佐助曹丕。不久，转丞相军司马。

公元 220 年，曹丕即魏王位，司马懿受封河津亭侯，转丞相长史。之后，曹丕登皇帝位，司马懿担任尚书之职，不久转督军、御史中丞，封安国乡侯。

公元 221 年，司马懿升任侍中、尚书右仆射。

公元 225 年，司马懿担任抚军大将军、假节，领兵五千，加给事中、录尚书事。

公元 226 年，曹丕去世，司马懿与曹真、陈群、曹休一起担任辅政大臣。

公元 227 年，司马懿驻扎宛城，加督荆、豫二州诸军事。

公元 228 年，司马懿擒斩孟达，传首京师，俘获万余人。

公元 230 年，司马懿担任大将军、加大都督、假黄钺，与大司马曹真一起伐蜀。

公元 231 年，司马懿担任都督雍、凉二州诸军事，开始主持对蜀的战争。

公元 233 年，司马懿担任大将军，将胡遵平叛。

公元 234 年，蜀丞相诸葛亮率军 10 万出斜谷攻魏，司马懿率军渡渭水，背水筑垒阻击，两军对峙。最后诸葛亮病逝，蜀军撤走。

公元 235 年，司马懿升任太尉。

公元 238 年，司马懿率牛金、胡遵等步骑四万征公孙渊，破襄平。

公元 239 年，司马懿任侍中、持节、都督中外诸军、录尚书事，与曹爽共执朝政。

公元 243 年，司马懿率领大军征吴。

公元 247 年，司马懿伪装生病，不问政事。

公元 249 年，司马懿杀曹爽及其党羽何晏、丁谧、邓扬、毕轨、李胜、桓范等。

公元 251 年，司马懿率军讨伐王凌，同年八月，司马懿去世，享年 73 岁。

人物点评

提起司马懿，那可是一个其才可敬、其人可怕的厉害人物。他手腕高明，用兵如神，丝毫不在三国第一谋士诸葛亮之下，所以，人们敬佩他的才华；他处事毒辣，赶尽杀绝，所以，人们害怕他这个人。

单从才能方面来看，诸葛亮与司马懿，哪一个更厉害呢？这可能是众多三国迷们争论的一个焦点问题。

在《三国演义》中，有一回讲到：公孙渊打算造反，但副将贾范谏曰："司马懿善能用兵，西蜀诸葛武侯且不能取胜，何况主公乎？"曹羲也曾经说过，司马懿非常谲诈，孔明尚且不能获胜，更何况是我兄弟呢？由此可见，当时的人们认为司马懿的才能不逊于诸葛亮，陆逊甚至曾说："此乃孔明惧司马懿之谋也。"

生平故事

被迫投身曹营

东汉末年，司马懿出生在这个乱世，"常慨然有忧天下心"。南阳太守杨俊向来以知人善任著称，在司马懿20岁之前，杨俊曾经见过他，说他绝对不是一个平常的孩子。尚书崔琰与司马懿的兄长司马朗是好朋友，曾经对司马朗说："你弟弟非常聪明懂事，做事也果断干脆，再加上其英姿不凡，你是不能与之相比的。"

建安六年（201），郡中推举他为上计掾。当时曹操正担任司空之职，听说他的名声之后，就派人召他到府中任职。司马懿看到汉朝国运衰微，不想为曹操做事，就借口自己有风痹病而推辞不就。曹操对此非常恼怒，就派人装成刺客在晚上去验证司马懿到底有没有风痹。当刺客手里挥动着宝剑刺向司马懿的那一瞬间，司马懿感悟到这是曹操派来的验察他的病情的。这个时候，如果自己反抗，即使暂时侥幸逃脱，终究还是在曹操的手掌中。于是，司马懿就索性装着风痹瘫痪的样子，躺在床上，当利剑已经到达他面前时，他仍然一动也不动。

就这样，刺客也被司马懿蒙蔽了，回来报告曹操说司马懿真的中风了。但是，曹操仍然不肯善罢甘休，他对司马懿说："如果你不就职，我就立即杀了你。"司马懿心想："胳膊拧不过大腿，算了，我还是当差吧。"于是，曹操就让他辅佐太子。司马懿在曹操手下的时候总是小心翼翼，史书称为"至于刍牧之间，悉皆临履"。意思就是说，放牧割草，他都亲力亲为，不敢有丝毫大意。由此可见，司马懿这个人，很不简单，是一个善于隐藏的人。

为曹操服务

建安二十年（215）曹操刚刚将张鲁收服。这个时候，身为主簿的司马懿进谏说："刘备以诈力取刘璋，蜀人尚未归心。今主公已得汉中，益州震动。可速进兵攻之，势必瓦解。智者贵于乘时，时不可失也。"当时，刘晔也提出了相同的建议。可以说，这是一个十分大胆，但是却相当具有杀伤力的计谋。

司马懿提出的第二个建议，就是劝说曹操不要使用王必。当时的王必担任长史的职务，主管着京城御林兵马。司马懿认为这个人嗜酒性宽，不能担当此职。而曹操却没有听从他的建议，并且说，王必忠诚而且勤快，心如铁石，是最佳人选。结果不出司马懿所料，王必在危急时刻由于饮酒耽误大事，曹操差点因此丢了性命。

建安二十四年（219），曹操听说刘备自立汉中王之后，相当气愤，打算起兵赴赶往两川与汉中王进行决战。司马懿得知后，连忙劝阻才曹操说："上计伐谋，中计伐交，下计伐战。我们现在最好不要出兵，只需要派一说客去东吴，说服孙权兴兵攻取荆州。当刘备出兵营救荆州的时候，我们再进攻汉川。这个时候，刘备必定首尾不能相救，我军一定能够得到两川。"

曹操对于司马懿这次的意见深为赞同。而刘备为了解决这个困局，就派他的结拜兄弟关羽主动出兵与曹军交战。蜀军进展非常顺利，关羽将于禁擒获，将庞德斩杀，并且包围了樊城。对此，曹操非常震惊，吓得想要立即离开许都。

司马懿赶忙劝说道："于禁等人被水所淹，实在是天时不利，并不是中计战败的。这对于魏国的基业，并没有产生很大的损害。关羽在战场取得胜利之后，孙权肯定会为此感到忧虑的。大王您完全可以派遣使者前往东吴说明其中的利害关系，约定孙权在关羽之后暗暗地起兵。一旦魏吴联起手来，关羽首尾自然难以兼顾。如果关羽分兵，樊城的危机也就被化解了。"

曹操听从了司马懿的建议，并且依计行事。结果果然如司马懿所料，并且超出了司马懿的设想。孙权不但出兵，而且还将关羽给斩杀了，把关羽的头颅送到了曹操的营帐中。曹操大喜。但是，司马懿却说："大王，不要高兴，这是东吴引祸的计谋。您应当转移风险，挑拨孙、刘之间的关系。"

"那我们该怎么办？"曹操问道。司马懿回答："您应当将关羽厚葬。刘备知道之后，肯定会非常恨孙权，他必定会倾尽全力南征。而我军则可以坐山观虎斗。如果蜀国获胜，我们就攻击吴国；倘若吴国获胜，我就进攻蜀国。只要将其中一国灭掉，那么另一国也就不会长存了。"后来，孙权与刘备交恶，两败俱伤，两者相较，刘备的损失则更为惨重一些。

司马懿利用刘备与孙权之间的矛盾，坐收渔翁之利，不但挫败关羽的强大攻势，为樊城解了围困之危，而且还使诸葛亮原本制定的一路向宛洛、一路出秦川的两面钳击中原的计划没有办法实现了。更为重要的是，司马懿破坏了孙刘联盟，狠狠地削弱了蜀国的实力，这在很大程度上决定了后来三国的格局。

司马懿鹰视狼顾

尽管司马懿立了大功，曹操对他十分不放心，并且慢慢地察觉司马懿很有"雄心壮志"，又发现他有"狼顾之相"，心里非常忌讳。而司马懿一直有意识地收起雄心，讨好曹操，所以曹操也没有太为难司马懿。

建安二十四年（219）孙权向曹操上表称臣、怂恿曹操自立为皇帝，说道："汉运垂终，殿下十分天下而有其九，以服事之。权之称臣，天人之意也。虞、夏、殷、周不以谦让者，畏天知命也。"与此同时，司马懿也在旁边鼓动曹操称帝。这个时候，曹操对司马懿的态度才逐渐地由猜忌转变为信任。曹操进封魏王之后，封司马懿为太子中庶子，佐助太子曹丕。他想让司马懿培养曹丕，又害怕司马懿左右曹丕。于是，曹操曾经私下告诫曹丕，司马懿是一个能为人臣的人，一旦掌握了大权，不是一般人能够抵挡的。

不过，这个时候，曹丕与司马懿的关系相当好，总是护着他。而司马懿则不断地亲近曹丕，辅助曹丕，成为了曹丕离不开的谋臣与密友。

司马懿在29岁的时候被曹操逼迫，不得不出仕做官，跟随曹操11年了。他非常钦佩曹操的才能，但却对曹操篡汉非常不满。当他亲眼目睹了荀彧、崔琰的命运之后，司马懿始终牢牢地记住了一句话："人在屋檐下，怎么不低头。"但是，在他的心中一直存有这样的一个念头：我不仅仅是一介书生，我有着盖世的才华。我一定要规划好自己的未来，谋取信任与高位。只有这样，才能够有机会掌握兵权，培养自己的势力，最终权倾朝野，号令天下。

成为曹丕的"萧何"

延康元年（220），曹操去世，司马懿亲自主持了曹操的葬礼，并且最终将曹丕送到了皇帝的宝座之上。

当时，华歆、王朗等大臣对汉献帝进行威逼利诱，让他下诏将皇位禅位给曹丕。汉献帝无奈，只得听从。当诏书与玉玺都送上门来的时候，曹丕非常兴奋，并且迫不及待地想要立即受诏。这个时候，只有司马懿想要让曹丕将篡位的过程做得天衣无缝，他立即进谏道："大王千万不要轻举妄动呀，虽然诏玺已经到了，但是您还是要上表谦辞，以便杜绝天下人的诽谤啊。"曹丕一听，感觉非常有道理，立即拒绝了诏书。没有办法，汉献帝只能将同样的事情足足做了三遍。就这样，曹丕是赢得了名声，让天下人看到汉献帝是心甘情愿地将皇位让他曹丕的。

曹丕刚刚登上皇帝的宝座之后，就任命司马懿担任尚书之职，没多久就转督军、御史中丞，封安国乡侯。这个时候，曹操手下一流的谋士不是已经死了，就是闭门不出了。41岁的司马懿感觉，现在正是他施展才华的年纪。

此时，孙权趁着荆州之胜，继续率领大军向西前进，直取樊城、襄阳。曹丕将众大臣召集起来一起商量对策。大家都认为，这两个城的兵马较少，粮草也不多，抵挡不了吴军的进攻。可以命令曹仁舍这两座城，集中兵力驻守宛城。

但是，司马懿却有不一样的意见。他认为不应该放弃这两座城，因为孙权新破关羽，锋芒毕露。对于再一次大举兴兵，是否能够取得胜利，他肯定是有所顾忌的。而襄阳是水陆要冲，御寇要害，一旦舍弃，就非常难夺回来了。曹丕秉承少数服从多数的观念，拒绝了司马懿的意见，他命令曹仁放火烧毁这两座城，然后撤退。结果，孙权根本就没有来，曹丕后悔已晚。

曹丕看到刘备失败之后，准备乘虚讨伐蜀国。对于单独向蜀国宣战的决议，朝中大臣一致反对。司马懿也知道这次出师不会取得什么胜利的。但是他看到曹丕建功心切，也就顺着曹丕的心意，提出了一个五路进攻的计划。

他说："如果只有我国起兵，非常难以取胜。需要用五路大兵，四面夹攻，让诸葛亮首尾不可以相顾，然后再图之。这五路大兵分别是：一路兵，辽东鲜卑国起辽西羌兵十万，从旱路取西平关；二路兵，孟获起兵十万，以击西川之南；三路兵，令孙权起兵十万，径取涪城；四路兵，孟达起上庸兵十万；五路兵，大将军曹真起兵十万，由京兆径出阳平关取西川。"

司马懿不出手则已，一出手就是致命的打击。倘若这五路大军真的能够并进，或者四路齐进，蜀国必定就灭亡了。尽管五路大军最终并没有成行，但是我们从这个计划中足以看到，司马懿极善用兵，懂得用势。

黄初三年（222）与黄初五年（224），曹丕两次讨伐吴国，都是让司马懿镇守许昌，并且改封司马懿为向乡侯。黄初六年（225）二月，曹丕又任命司马懿为转抚军大将军、假节，领兵五千，加给事中、录尚书事。虽然曹丕非常信任司马懿，但是司马懿毕竟不是曹氏族人，所以辞让不就。

但是曹丕却劝他，说："我对于日常的事务，夜以继日，几乎没有一刻喘息的时间。我任命您为这个职务，并不是回报您，使您获得荣耀，而是让您为我分忧而已。"司马懿推辞不过，就接受了曹丕的任命。

同年，曹丕再次大兴水军攻打吴国，仍然命令司马懿留守。临行之前，曹丕给司马懿下诏书说："吾深以后事为念，故以委卿。曹参虽有战功，而萧何为重。使吾无西顾之忧，不亦可乎！"曹丕手下，文武能臣，不胜枚举。但是曹丕却深深地知道司马懿的忠心可以相信，司马懿的才能可以使用，他将司马懿比喻成萧何，其实，在司马懿心中不是特别喜欢当萧何的，他更喜欢做曹参或者曹操那样的角色。

黄初七年（226）五月，曹丕驾崩，享年40岁。临终的时候，命令司马懿和中军大将军曹真以及镇军大将军陈群作为辅政大臣。曹丕对太子说："有间此三公者，慎勿疑之。"这个时候，司马懿已经是抚军大将军，是所有将军中的最高封号。明帝曹叡继承皇位之后，又改封司马懿为舞阳侯。

孙权得知曹丕去世的消息之后，非常高兴。他在八月出兵攻打魏国，命令吴左将军诸葛瑾兵分两路向襄阳（今湖北襄樊）进攻，司马懿赶到了前线，将诸葛瑾击败，并且杀死了吴将张霸，斩首千余级。十二月，司马懿升任为骠骑将军。

太和元年（227）六月，明帝命令司马懿驻扎宛城，加督荆、豫二州诸军事。

突袭孟达

其实，诸葛亮很早就注意到司马懿是一个非常强大的对手。他听取了马谡的反间计，利用曹叡削了司马懿的兵权。但是不久之后，曹魏就重新启用了司马懿。司马懿刚刚上任，就发生了孟达造反的事情。

曹丕死了之后，孟达失宠，诸葛亮就悄悄地与他暗中通信，约定他图谋反叛魏国。但是孟达这个人言行反复无常，根本不知道哪句话是真的，哪句话是假的。于是，诸葛亮就想弄假成真，逼迫孟达造反。

诸葛亮知道魏兴太守申仪与孟达之间存在矛盾，就派人到申仪的营帐假装投降，并且故意将孟达造反的消息透露给他。孟达也知道造反的事情已经泄露出去了，现在不造反也不行了，于是，他准备立即起兵。当申仪将这件事情秘密地告诉司马懿的时候，司马懿知道为时已晚，他害怕孟达忽然发难，就使用了一个缓兵之计。

司马懿先派人给孟达送了一封信，信中说朝廷一直以来都非常看重孟达，他根本不相信孟达会起义这件事情。他希望孟达坚守岗位，做好自己分内的事情。孟达原本就对自己造反能不能取得成功没有太大的把

握，得到司马懿的信之后，更是犹豫不决了。

在此之前，诸葛亮曾经告诫孟达一定要加紧防范，千万不要上当。但是孟达却认为："从宛城到洛阳有八百多里路，距离我这里也有一千二百里路。即使司马懿知道我要造反，他上表天子，天子下诏给他，信息就要在路上走上一千六百里了。然后，司马懿再起兵走上一千二百里来到我这里，最快也需要一个月。而有一个月的时间，我的城池早已经加固好了，兵将也都练好了。由此看来，司马懿不一定敢来，即使来了，我也有充分的时间进行准备。"

但是，司马懿可没有想孟达想的那样先向天子请示，然后再发兵，他深知"将在外君命有所不受"。司马懿亲自率领大军日夜兼程前去讨伐孟达，仅仅用了八天的时间就到了新城的城下。这个时候，吴国与蜀国也派出了援兵前来解救孟达，但是却都被司马懿拦阻在西城的安桥、木兰塞等地。

孟达非常惊叹和佩服司马懿的神速，只用八天就赶到了城下。但是司马懿可没有时间去管孟达的反应，他兵分八路进攻孟达所在的城池。

第十六天，孟达的外甥邓贤与部将李辅主动开城投降。司马懿率领魏军进入城内，擒获并斩杀了孟达，同时俘获万余人。对于孟达之死，最得意的就是申仪了。他感觉自己不仅报了仇，而且还立了功，可谓是双喜临门。申仪这个人专威弄权，经常擅自借皇帝名义刻制印信，私相授予。所以，在孟达死了之后，司马懿就想着将申仪也一块解决掉。

那个时候，各郡郡守看到司马懿克敌制胜，纷纷前来奉礼祝贺。司马懿就派人暗示申仪：你是不是也该送一点儿礼呢？申仪对于这个巴结司马懿的机会怎么能放过呢。当他带着丰厚的礼物刚到司马懿的帐下，司马懿就命人将他收捕，送往京师了。

紧接着司马懿又把孟达余众七千余人遣送到了幽州。没过多久，蜀国将领姚静、郑他等率领其部属七千多人来降。司马懿作战还真有那种郭嘉才有的出人意料的风格。

对孔明对阵

《三国演义》，在写司马懿与诸葛亮的对阵过程中，写道：诸葛亮上演了一出非常漂亮的空城计，将司马懿吓退了，从而解除了危机。

其实，事实并非如此，司马懿不是被诸葛亮吓退的，而是故意将诸葛亮放走的。司马懿率领十万人马围住诸葛亮所在的小城，他完全可以先派五千人冲进去试探一下。退一步讲，即使他不攻城，也可以将诸葛亮围个三天三夜看看，然后再决定对策。所以，司马懿退兵是因为其他原因。

司马懿非常清楚"飞鸟尽，良弓藏。狡兔死，走狗烹"的道理。倘若诸葛亮死了，蜀国必定会很快灭亡，而自己也就没有理由再掌管这么多的兵马了，也就是说自己的好日子到头了。实际上，历史上并没有空城计。街亭之战，司马懿远在千里之外，根本就没有参加。

那么，《三国演义》的作者罗贯中为何要将司马懿拉到前线，让他成为空城计的受害者呢？这主要包括三方面的原因：第一，他大概觉得让诸葛亮输给张郃，非常丢面子；第二，他想让司马懿提前上场，以便增加故事的精彩性；第二，他想给诸葛亮增加一个比较光彩的形象。比如，书中曾这样写道：当司马懿知道空城计的真相之后，非常后悔，然后仰天长叹："吾不如孔明也！"

太和四年（230），魏明帝下定决心兴师伐蜀。这个时候，朝中既有曹真、曹休以及夏侯楙等曹系近亲，又有陈群、华歆以及王朗这些重臣，其权势地位都要超过司马懿。司马懿主动请缨，到前线领军。表面看这是一个苦差事，其实却是一个妙招。第一，他可以暂时离开朝廷，离开这个是非之地；第二，他可以建功立业，提升自己在朝中的地位；第三，他可以施展才华，锻炼本领；第四，他可以发现人才，培养自己的势力。这可是"一石四鸟"的好事情。就这样，司马懿担任大将军、加大都督、假黄钺，与大司马曹真一同讨伐蜀国。

八月，曹真率领主力大军从长安进入子午谷，左将军张郃出斜谷，司马懿从荆州溯汉水出西城，也就是今天的今陕西安康西北，兵分三路一起攻打汉中。司马懿从西城开拓道路，水陆并进，沿着沔水逆流而上，攻下新丰县，在丹口驻军，后来遇到大雨班师。而在《三国演义》中，曹真成了用来反衬司马懿的草包，最后居然被诸葛亮气死。而司马懿与诸葛亮的争斗，总是败多胜少，非常没有面子。

第一回合，诸葛亮联合东吴一起讨伐魏国。司马懿分析，东吴应该是虚张声势，不会真的出兵。于是总摄陇西诸路军马，打算与诸葛亮交战。由于司马懿属于外姓，为了避免与曹真产生矛盾，司马懿亲自到曹真府上取来帅印，从这里，我们可以看出司马懿很会做人，也可以说他十分老道。在这场战役中，诸葛亮假装撤退的计谋，被司马懿识破。后来，司马懿虽然败了，但是没有伤到筋骨，双方退兵。这一战，双方打了一个平手。

第二回合，诸葛亮与司马懿斗阵法，最后大获全胜。司马懿使用了一个离间计，让诸葛亮主动退兵，司马懿获胜。

第三回合，诸葛亮因为李严而耽误了大事，临走的时候射杀了魏国大将张郃，又通过装神弄鬼，抢了很多粮食，这一次，诸葛亮获胜。

第四回合，诸葛亮派兵攻打北原，司马懿早就做好了准备。蜀军损伤了上万人，可以说是大败而归。后来，诸葛亮采用诱兵之计将司马懿困在上方谷。倘若不是天公不作美，司马懿将会被活活被烧死。大败之后，司马懿坚守不出。

诸葛亮就使用了一条羞辱的计谋，给司马懿送去了一套女士服装。司马懿相当愤怒，但是表面上却表现得非常淡定，微笑着接受了诸葛亮的礼物。

司马懿问诸葛亮的使者："孔明寝食与事之烦简若何？"

使者回答："丞相夙兴夜寐，罚二十以上者亲览焉。所啖之食，日不过数升。"

司马懿对诸位将领说："孔明吃得这么少，事情管得又那么多，恐怕身体快要垮了。"

众位将领感觉受到了侮辱，一直坚持要出寨作战，阻拦不住。于是，司马懿告诉大家，他也非常想出战。但是，皇帝有诏书让诸位将军紧守。他现在给皇帝上表，请求皇帝允许出战。诸位将领听了司马懿的话，就不再计较什么了。大家都知道"将在外君命有所不受"，想当初，司马懿擒杀孟达的时候，根本没有请示皇帝。由此可见，司马懿如此说只不过是为了拖延时间罢了。

诸葛亮在听到司马懿的反应之后，深深地叹了一口气："司马懿深知我也！"最终，司马懿等到了诸葛亮的死讯。收到这个消息之后，司马懿派兵追击。蜀国大将杨仪返旗鸣鼓，做出回击的样子，司马懿误以为自己中计了，连忙收军退回。在《三国演义》中，他跑了五十多里，手下的兵将怎么拦他也拦不住，并且他还摸着自己的脑袋说了一句："我还有头吗？"

那个时候，有这样一句谚语："死诸葛吓走生仲达"，司马懿听到后并没有生气，反而笑着说："吾便料生，不便料死也。"

其实，对于诸葛亮的进军路线，司马懿非常清楚，也知道自己自己在战术上比不上诸葛亮。但是在战略上，司马懿掌握了诸葛亮的致命弱点——千里行军，短兵缺粮。所以，诸葛亮才会想方设法地引诱司马懿出战。司马懿虽然也有一些小损失，但是在大局上并不糊涂，所以他才闭门不和诸葛亮作战，结果让诸葛亮不战自退。

通过几年的战争，司马懿将蜀国逼退了，立下了汗马功劳，培养了郭淮等自己的势力。青龙三年（235），司马懿被提升为太尉，其地位也就变得更加稳固了。

再平辽东

景初元年（237）原本隶属于魏的辽东太守公孙渊背叛了魏国，自立为燕王，置列百官，定都襄平，也就是今天的辽阳。

对此，司马懿冷静地进行了分析，并制定了相应的作战计划：首先，如果公孙渊弃城逃走，属于上计；坐守辽东抗拒大军，属于中计；坐守襄平，属于下计。其次，魏军距离作战地点大致有四千多里，到达那里百日足矣，攻下那里百日足矣，再休息六十日，也就是说一年的时间完全可以搞定。

于是，司马懿从京师出发，前进到了辽水。公孙渊急忙命令大将军卑衍、杨祚等人率领数万步骑，依靠辽水围堑 20 多里，坚壁高垒，对魏军进行阻击。这时，司马懿采用声东击西之计，他在南线多张旗帜，假装进攻围堑，用来吸引敌军的注意力。与此同时，率领主力偷偷地渡过辽水，挥师北上，直接进攻公孙渊的根据地——襄平。

魏国将帅都想不明白，大军已经来到了敌营的后方，与敌人阵前的军队形成了前后夹击之势，马上就能够打败敌军了，为何要放弃这次的机会呢？

司马懿是这样解释的："敌人并不是真的想要与我们作战，他们只不过是要慢慢地消耗我们。我断定敌人的主力在这里，他们的首都襄平必定是空虚的。我这一招叫做围魏救赵。敌人一定会回兵救援，到那个时候，我们在中途设下埋伏，伏击他们，就可以大胜敌军了。"

辽将卑衍、杨祚得到司马懿的部队出现在后方，直取首都的消息之后，惊慌失措，急忙撤回大军，前去救援。结果，在半路上遭到了魏军的截杀。司马懿乘胜追击，包围了襄平。但是，当时天公不作美，秋雨连绵，连续下了一个多月。魏兵泡在水里，苦不堪言，大家都想要将营帐移走，但是司马懿却下令坚守。过了几天，司马懿下令围城人马向后退二十里，允许城内的军民出城樵采柴薪，牧放牛马。

司马陈珪疑惑地问司马懿："昔日太尉攻打上庸的时候，兵分八路，八日就赶到了城下，一举将孟达擒获。现在，我军不算太多，千里而来，不急着攻城，反而放纵贼樵牧。太尉到底是怎么想的呀？"

司马懿笑着回答："以前孟达是粮食多兵将少，我军事粮食少兵将多，所以必须速战速决。现在，正好反过来了，现在，辽军是兵将多而粮食少，而我军是兵将少而粮食多，贼饥我饱，为什么要费力气强攻呢？我盼望的是他们可以逃跑，这样，我军就是可以乘机追杀。如今给他们放开一条路就是这个意思。"

过了几天，司马懿命令魏军四面围合，建筑土山，挖掘地道，立起炮架，装好云梯，日夜不停地攻城，射出去的箭好像急雨一般，不断地射入城去。公孙渊城中的粮食已经吃完了，向司马懿投降。但是司马懿对公孙渊的请求却给予了拒绝。万般无奈之下，公孙渊只得弃城逃走了，最终在乱军中被杀死了。

司马懿进城之后，将公孙渊所任公卿以下全部斩首，其他十五岁以上男子共计七千多人也一起杀了。由此可见，司马懿的处事手段不可谓不毒辣。到此时，距离司马懿出发的时间刚刚好是一年，司马懿胜利班师。

明帝临终托孤

司马懿在在襄平作战的时候，接到了明帝的病重的消息。司马懿不敢有丝毫怠慢，乘坐追锋车日夜兼程，从白屋赶往京城，四百多里，走了一个晚上就到了，由此可见，其行军速度之快。

明帝曹叡看到司马懿之后，激动地说："我最害怕的就是见不到卿，今天得以相见，死而无憾了。"司马懿顿首在地说："老臣在途中，听说陛下圣体欠安，恨不得长出两只翅膀，飞到阙下。今天得以见到龙颜，是老臣的荣幸啊"。

曹叡又告诉站在自己身边的太子曹芳说："司马懿与我相知，你以后一定要尊敬先生。"当时，曹芳只有 8 岁。哪见到这样的场面，他吓得抱着司马懿的脖子不放。曹叡看到这个场景之后，非常欣慰。他对司马懿说："太尉啊，你千万不要忘了幼子今天与你的相恋之情啊。"话还没有说完，眼泪就流下来了。

曹叡并不是一个明君，他大兴土木，过着极其骄奢的生活，但是，他对司马懿还是十分信任与厚爱的。所以，此时他的真情流露，也让司马懿到了动情之处，泪涕不止。

曹芳登基之后，改年号为正始，司马懿和大将军曹爽共同辅佐少主。从辈分上说，曹爽属于司马懿的晚辈。从资历来讲，司马懿是四朝老臣。所以，不管什么事情，曹爽都会先和司马懿商议一下，司马懿对曹爽也十分尊重。后来，曹爽听取了自己的亲信丁谧的计谋，打算削去司马懿的军权，然后独掌朝纲。他原本想封司马懿为大司马，但是朝臣们认为从前的大司马大多都死在了任上，不太吉利。于是曹爽就任命司马懿为没有任何实权的太傅，可以享受入殿不趋，赞拜不名，剑履上殿的待遇。虽然曹爽将司马懿手中的兵权夺下了，但是对于司马懿，他心中还是有很大顾忌的，不敢轻举妄动。

至于司马懿，自然明白曹爽的想法了。他心想："这兵权，可不仅仅是荣誉问题，还是生死的问题。曹爽啊曹爽，现在，我不与你争什么，反而还会很配合。但是，我会在心里记着，总有一天，我不仅会将属于我的兵权夺回来，而且还会连你的兵权一起夺来。"

正始二年（241）四月，吴帝孙权兵分四路进攻魏国。六月，司马懿率领军队增援。那个时候，南方正是暑热低湿的时候，士卒都感到十分不适，而且天气也会变得越来越热。司马懿认为，这个时候适合打持久战。他先派轻骑前去挑战，吴将朱然不敢轻举妄动。于是，司马懿就让兵卒休养。拣选出精锐，招募勇士，发布号令，摆出要进攻的架势。

吴军感到又惊又怕，连夜就撤退了。吴军到了三州口，也就是荆、豫、扬三州之接合处的时候，被魏军赶了上来，双方交战，吴军被歼上万人，同时，还损失了非常多的船舰物资。九月，司马懿再一次率领大军出征诸葛恪，军队到达舒城的时候，诸葛恪将积聚焚烧之后，就弃城逃走了。

与曹爽斗智

正始五年（244）春天，曹爽为了使自己的名望得以传播，在军中树立威信，没有听从司马懿的劝阻，大力主张讨伐蜀国，结果被蜀前监军、镇北大将军王平打败，导致失散、伤亡的魏军人数众多。

正始六年（245）八月，曹爽露出了狐狸尾巴。他废置了中垒营与中坚营，让他的弟弟曹羲来统领这两个营的兵卒，将禁卫军权彻底控制在自己的手中。司马懿引用先帝旧例想要给予制止，但是曹爽的目的非常明确，自然不会乖乖听从司马懿的建议。一时间，司马懿的处境变得非常凶险。

正始八年（247）曹爽将太后迁至永宁宫。这个时候，曹爽兄弟二人"专擅朝政，兄弟并掌禁兵，多树亲党，屡改制度"。所有的军政大事，曹爽也不再向司马懿征求意见了。

司马懿看到曹爽兄弟如此的飞扬跋扈，就知道如果自己不小心一点儿，早晚有一天，难就会降临到自己的头上。不可以这样坐以待毙，但是也不能与强大的曹爽进行抗争。于是，司马懿想出了一个办，以退为进。表面上，司马懿在家装病，不再过问任何政事，而且也让他的两个儿子居于闲职。但是暗地里，他却与被曹爽排斥的官员进行接触，一起商量如何应对的策略。

正始九年（248）三月，黄门张当居然把明帝当年的妃子送给了曹爽。而曹爽的饮食、车马以及衣服都与皇帝十分类似。照这样下去，曹爽、何晏与张当勾结起来，篡夺皇位，是非常有可能的事情。

如果曹爽想走这条路，司马懿无疑就成了第一个大障碍，因为他是先帝托孤大臣，位居三公，更重要的是他足智多谋。曹爽心想：好久没有见到司马懿了，他现在在做什么呢？于是，他就派河南尹李胜前去拜望司马懿，以便探听虚实。

虽然司马懿在家装病，但是对于李胜的为人，他还是非常清楚的。于是，他急忙倒在床上，假装自己得了重病。一见到李胜，就假装着想要挣扎起身，衣服什么的掉了一地。不一会儿，有一个侍婢端着药过来了，司马懿一边喝药一边往下漏，弄得药汤流了一身。李胜说自己将要去荆州上任，专门来向司马懿辞行。司马懿假装没有听清楚，故意说："你要去并州啊，那里离胡人非常近，李大人千万要保重啊。如果你哪一天发达了，一定要照顾照顾我的儿子司马师、司马昭。"李胜见司马懿已经病成这样了，就起身告辞了。李胜刚一走，"病人"司马懿立即就康复了。

李胜从司马懿家出来之后，迅速赶往曹爽住处，并如实地将自己所见到报告给了曹爽。曹爽等人听了之后，信以为真，哈哈大笑。在曹爽等人看来，司马懿现在只是一个可怜的病人，都已经69岁了，蹦跶不了几天了。于是，曹爽对于司马懿的监视就放松了。而司马懿这边则加紧了布置。只要时机到了，就能够迅速地将曹爽的势力给消灭了。没过多久，机会就来了。

嘉平元年（249）正月，魏帝曹芳离开洛阳，前去祭扫魏明帝的坟墓高平陵，大将军曹爽、中领军曹羲以及武卫将军曹训都随从一起去。事先，桓范曾经规劝曹爽兄弟不要全部出城，至少留一个人在城内，但是曹爽就是不肯听。

司马懿听说曹爽出城之后，马上出门，上奏永宁太后，请下旨意，将曹爽兄弟废除。那个时候，司马师是中护军，率领兵士屯司马门，控制了整个京都。司马懿命令司徒高柔拿着节钺行大将军事，统领管理曹爽的军营。召太仆王观行中领军事，统摄曹羲的军营。司马懿列阵从曹爽的门前经过，曹爽部将严世登上阁楼，想要引弩射杀，被孙谦阻止了。

按常理来说，曹爽兄弟经营多年，有着很多党羽，而司马懿失势多年，为什么他一出手就能将局面翻转呢？这只能说是因为曹氏兄弟树立了太多的敌人，行为不轨，不得人心了。他们大多任用用亲族（以武将为主），疏远打击士人大臣，将很多朋友变成了敌人。

那个时候，曹爽的弟弟曹羲想要重用何晏，傅嘏劝阻曹羲不要这样做，说何晏是一个贪财之人，让他主政肯定会惹出乱子的。傅嘏这么做原本只是好意，但是曹爽他们没有接受，依然重用了何晏，而何晏就开始对傅嘏进行打击报复，罢免了他的官职。孙礼是一个十分有才华的人，但是曹爽却因为在公事上和他发生争执，就将他关进牢中五年，后来又将他发配到了边疆。

曹爽兄弟这样做，让众多士人寒了心，而作为士人出身的司马懿，就顺理成章地成为了士人们的主心骨。他们这些人既有声望也有影响力，还有众多同乡，所以，虽然曹爽削弱了他们的势力，但是却没有伤到根本。在这些人面前，司马懿将自己内心真实的想法掩饰住，只是极力地对曹氏兄弟的恶行进行指责，并且召集大家拨乱反正，以便让朝廷恢复正常的秩序。

司马懿和太尉蒋济等人率领兵将出来迎接天子，并且派人给皇帝上奏章，请求将曹爽、曹羲两兄弟罢免。曹爽也不傻，他立即将这本奏章扣住，瞒住皇帝。并且将皇帝押在身边，征发屯兵自守。桓范劝说曹爽现在可以挟持皇帝一起前往许昌，然后发布文书征调天下兵马勤王。现在，曹爽家族控制着魏国军马：夏侯霸、夏侯玄叔侄在关中统率着大军，王凌、令狐愚、毋丘俭以及诸葛诞等在东南方握有重兵。这些人都是效忠于曹魏家族的，只要曹爽能够召集起来这些实力派的人物，司马懿就是有天大的本领也不能与曹爽抗衡了。

但是，曹爽处事优柔寡断，反而连夜派遣侍中许允、尚书陈泰去见司马懿，打听动静，希望能够与司马懿讲和。司马懿派了曹爽的亲信殿中校尉尹大目告诉他，朝廷只不过是罢免了他的官职罢了，并且以洛水为誓，绝对不会伤害曹爽的。曹爽听信了司马懿的谎言，或者说他根本舍不下家中的财宝与美女，于是，他带着皇帝回京了。

曹爽刚回来府上，司马懿就派兵将其包围了。司马懿在曹爽府宅四角修建了高楼，派专人在楼上密切监视着。有一次，曹爽刚刚拿着弹弓走到后园中，楼上人就有人喊道："故大将军东南行！"

不久之后，司马懿就用谋反之罪，将曹爽及其党羽何晏、丁谧、邓扬、毕轨、李胜、桓范等人杀了，而且司马懿为了斩草除根，还灭了他们的三族。至此，曹魏的军政大权完全落到了司马懿的手中。

当然了，也有一些人，比如兖州刺史令狐愚、太尉王凌（驻在寿春）等人，看到皇帝孱弱，司马懿专权，于是私下悄悄地密谋拥立楚王曹彪为皇帝。事情还未准备好，令狐愚就死了。王凌以吴军进攻涂水作为借口，请求出兵讨伐。

但是，这个时候，司马懿已经知道了他们的阴谋。于是，他又故伎重演：先下书赦免王凌的罪行，又写信对他进行安慰，趁着他麻痹大意之时，派大军突至。王凌自己知道大势已去，就主动投降了。之后，他被送往京城。路过贾逵庙，看到周围没有人，就大声喊道："贾梁道！我王凌对魏国社稷忠心耿耿的人，倘若你有灵，肯定会知道的。"王凌不知道司马懿究竟会怎样处置自己，于是就向司马懿要了几个棺材上的钉子，司马懿答应后派人将东西给他送了过去。几天之后，王凌服毒自杀了。

因为证据确凿，司马懿就把参与令狐愚、王凌之谋的人全都抓了起来，然后一律斩首，并且诛灭了他们的三族。而且，司马懿还派人将王凌、令狐愚的坟墓挖开，在附近的街市上，剖棺暴尸三天，然后，将他们的印绶、官服烧掉，并且将他们裸埋到土中。

经过王凌这件事情，司马懿看出来曹氏旧系还有很多人在，老臣旧将拥护者非常多。倘若哪一天，他们反应过来，一定会杀光司马懿的家族的。于是，司马懿一不做，二不休，不仅杀了楚王曹彪，而且还把魏之王公全都拘捕了，放在邺城，命令大军严密监视，还不允许他们相互结交与往来。

其实，司马懿知道，只有自己取代了曹氏，才能够长治久安。但是，司马懿觉得自己年事已高，不想再让自己背上篡位的恶名。所以，他才没有取而代之。不过，这并不是表示，他甘心为人臣子。他为自己的儿子留下了很多能人，其中有个名叫邓艾，文武双全。也许司马懿是希望自己的儿子能伺机称帝，然后一统天下吧。

嘉平三年（251）八月，司马家族的这位久经考验的谋士、政治家以及军事家司马懿因为疾病医治无效病逝了，享年73岁。

第六章

妙计横生的一代奇士——法正

谋士档案

☆姓名：法正

☆别名：法孝直

☆出生地：扶风郡

☆出生日期：公元 176 年

☆逝世日期：公元 220 年

☆主要成就：辅助刘备夺取益州、汉中

☆谥号：翼侯

☆生平简历：

公元 176 年，法正出生在扶风郡。

公元 196 年，天下大乱，法正投靠刘璋。

公元 208 年，法正首次出使荆州，拜访刘备。

公元 211 年，法正再次出使荆州，邀请刘备入蜀。

公元 214 年，法正进言刘备，重用许靖，并且与诸葛亮、伊籍、刘巴以及李严一起制订《蜀科》。

公元 217 年，法正分析天下形势，建议刘备攻取汉中。刘备率军攻打汉中，法正随军前往。

公元 219 年，刘备称汉中王，让法正担任（汉中国）尚书令、护军将军。

公元 220 年，法正逝世，时年 45 岁。刘备追谥其为翼侯。

人物点评

在纷繁复杂的汉末三国时期的谋士中，法正算得上是智谋之士的典型代表。俗话说得好，"智能之士思得明君"，在多年的郁郁不得志之后，法正终于找到了刘备这个自己心目中最好的君主，并且为刘备实现占领益州、汉中地区的伟大战略目标作出了非常重大的贡献。他在刘氏（刘备）集团壮大时期所发挥的作用，是诸葛亮、庞统所没有办法相比的。也正因为这样，法正成为了刘氏（刘备）集团在那个特定的历史时期最关键最重要的谋士。

生平故事

出身名门不得志

法正的祖先姓田，是齐襄王田法章的后代，法正也算是名门出身。在秦国将六国统一之后，为躲避灾祸，其子孙都改姓法。从西汉时期法正的家族就已经名扬天下，也是个大家族了，汉宣帝的时候又迁居到三辅地区，成为"世为二千石"的豪族。东汉的中期，家族当中又出现了很多著名的人物。法雄，即法正的曾祖，早年曾做过扶风郡的功曹，后来担任平氏长、宛陵令、青州刺史以及南郡太守等职务。

在任上的时候，法雄数次对当地的暴乱进行镇压，并且以善于治理地方而闻名。法正的祖父法真是一个相当了不起的关西大儒，号称"玄德先生"，对于儒学与谶纬之学都有着非常深入的研究，在当时有着很高的声誉，有数百个来自各地的弟子。法正的父亲法衍，也曾经担任过司徒掾与廷尉左监等职务。依靠这样的家族势力，法正的未来似乎应该会有大好的前程，但是汉末社会出现的大混乱将法正的一生都改变了。

自从汉末黄巾起义起，东汉王朝的统治就开始日益衰落。董卓乱政后，更是把都城从洛阳迁徙到了长安。由于董卓的控制，皇室早已经完全失去了昔日的神圣与威严，彻底变成了任人摆布的傀儡。虽然在初平三年（192）王允与吕布成功将董卓诛杀，但是随着后来在与董卓余部的战斗中失利。长安又重新落入了以李傕、郭汜为首的凉州势力手中。没过多久，随着李傕、郭汜之间发生内讧，长安以及三辅地区再一次陷入战火当中。

在这数年间，长安被烧，包括扶风郡在内的三辅地区出现了十分严重的饥荒，不仅在普通百姓中出现了人吃人的惨剧，而且一些割据势力每天也都只能以酸枣梨藿充饥。在这样的情形下，不少人纷纷背井离乡，从这片死亡之地逃了出去。虽然身为扶风郡中的有名望的家族，但是残酷的现实逼得法正也被迫离开了故乡。他和同为官宦之子，同时也是他的好朋友的孟达一同来到了益州地区，希望能够在这里找到一片属于自己的新天地。

当时的益州地区正是由割据势力刘璋所控制的。公元194年，刘璋从自己的父亲刘焉手中继承益州控制权后，就开始着重维持与益州本地豪强之间的良好关系，迅速发展经济，使得这里的百姓殷富起来。与此同时，对于天下纷乱的局势，刘璋的态度是静观其变，再加上各大割据势力正在忙着逐鹿中原，一时没有时间兼顾，益州地区就出现了一片短暂的太平景象。

然而，这种难得的平静并未让法正满足多久，因为他忽然发现，自己在益州竟然没有施展才华的空间。虽然自己出身名门，满腹经纶，但是，刘璋却并不赏识自己，来到益州多年一直处在失意之中。直到数年后，刘璋才正式任命法正为新都县令，后来又做了代理军议校尉。法正原本以为从此之后就能顺利施展自己的才华，然而，他后来才发现，这个职务只不过是一个虚衔而已，法正对此十分不满。

幸亏在成都担任代理军议校尉期间，法正认识了刘璋手下的重臣、益州别驾张松，张松非常欣赏法正的才华，尽管他也没有办法在刘璋面前给法正推荐一个更高的职务，但是他却与法正成为了非常要好的朋友。

法正这边正在苦恼自己的怀才不遇，而张松那边也正在不满于益州牧刘璋的碌碌无为。所以，这两个人有了一个相同的话题——刘璋。虽然法正的仕途不太顺利，但是与张松的交往却多多少少让处在忧郁中的法正有了一些宽慰。通过张松对汉末天下局势的介绍与分析，法正重新规划了自己的人生，开始平心静气、十分耐心地等待着自己的出头之日。

初遇心中的明主

在法正在益州蛰居的好几年间，汉末的局势发生了非常大的变化。中原各大割据势力在曹操集团的打击下先后灭亡，袁绍、袁术、吕布以及公孙瓒集团也都灭亡，就连刘氏（刘备）集团也被赶出了荆州。公元208年，为尽快实现统一全国的目标，曹魏集团发动了荆州战役，很快地占领了荆州，刘氏（刘备）集团在仓皇之间也只得远走江夏。

盘踞在江东的孙氏（孙权）集团也随时都可能与曹操兵锋相见。这时候，益州牧刘璋好几次派出使者前往风头正旺的曹操那里进行拜会，准备利用和曹操的交好来维持自己在益州的统治地位。但是，就在法正的好朋友张松作为第三批使者前往荆州拜会曹操的时候，曹操因为得意，对于张松这位益州实力派人物的接待完全忽视了，并且随意地任命原来就已经是益州别驾的张松为县令。

张松对曹操的这一举措相当不满，回到益州后，多次在刘璋面前对曹操进行诋毁，劝说刘璋打消与曹操交好的念头。而就在张松回到益州复命的这段时间内，曹操与孙刘联盟之间爆发的赤壁之战已经落下了帷幕，曹操遭受孙刘联军的重创，不仅兵败赤壁，而且他快速统一全国的梦想也成为了泡影。

于是，张松就趁机建议刘璋改弦更张，与赤壁之战的胜利者之一，同是皇室宗亲的刘备交好。刘璋觉得张松的话有道理，就接受了张松的建议，与刘备交好。刘璋让张松派一名使者前往荆州，联络刘备。这个时候，张松立即就想到了自己的好朋友——法正，于是，刘璋就任命法正作为使者出使荆州。

法正接到刘璋派遣自己出使荆州的消息后，非常高兴。在法正看来，刘璋必定不可以在诸侯割据的纷乱局面之下而独善其身，最终会被其他更强大的割据势力所消灭的，而自己空有抱负却没有办法在益州获得施展的机会。这个时候，可以走出益州去接触外面的世界，对于法正来说，无疑是一个寻找自己心中明君的好机会。不过，这个时候的法正却表现得十分老练，为不引起刘璋以及其他人的怀疑，他多次向刘璋表示自己不想去荆州出使。法正的举动自然瞒不过好朋友张松的法眼，在张松的全力配合下，最终，法正还是顺理成章地成为刘璋的使者，来到了刘备所在的荆州。

史料中对于法正在荆州到底待了多长时间，和刘氏（刘备）集团什么人物进行了沟通接触，并且说了什么，都没有丝毫的记载。但是，十分明确的一点就是，在荆州法正一定受到刘备高质量的礼遇和接待，法正被刘氏（刘备）集团表现出的热情所带动。所以，回到益州之后法正就下定决心：离开刘璋，投靠刘备。在《三国志·蜀书·庞统法正传》当中有非常清楚的记载。传记记载，法正回益州以后，在张松的面前大肆称赞刘备，夸赞他英雄大志，最后肯定能有一番大业。与此同时，法正还和张松、孟达等人密谋，找寻机会拥戴刘备。

从此时开始，法正已经成了刘氏（刘备）集团潜伏在益州的一颗棋，准备着随时利用可用条件去帮助刘备实现占领益州的战略目标。更可笑的是，不光刘璋没有察觉出此事，连法正未来的主子刘备对此也还不知情。公元211年，法正再出使荆州，所有的事情都一目了然了。

暗度陈仓

公元211年，曹操打着讨伐汉中的幌子，派遣军力前往凉州地区。曹操的这个举措，让以韩遂、马超为首的凉州割据势力非常不满。为了确保自己在凉州地区的割据地位，韩遂、马超等十多个割据势力共同组成了战略同盟，并且在潼关地区与曹操集团展开了一场决战。经过数月的战斗之后，曹操终于将凉州叛军击溃，取得了潼关大战的胜利。这场胜利引起了远在益州的刘璋的深度恐慌，刘璋害怕曹操在扫平凉州割据势力、解除后顾之忧后，会立刻挥军南下对汉中的张鲁进行攻击。

待张鲁的势力被消灭后，曹操的大军就会直接威胁益州。更让刘璋感到担心的是，这个时候，益州地区内部也是暗流涌动，严重地威胁到了刘璋的统治。面临这样的内忧外患，刘璋十分紧张，急忙找来别驾张松进行商议。这个时候，张松又适时地向刘璋提出了迎接刘备入川的建议，说这样就可以利用刘备的力量来抵抗汉中的张鲁，并且使之成为以后曹操占据汉中地区后益州北部边境地区的主要防御力量。刘璋最终采纳了张松的建议，于是法正再一次作为刘璋的使者前往荆州邀请刘备入川。

到了荆州后，法正顾不上自己作为刘璋使者的身份，迫不及待表达了自己对刘备的效忠之意：以将军的雄才大略，又有像张松这样的益州重臣潜伏在刘璋的身边，再加上刘璋这个人懦弱无能，益州一定会成为将军的囊中之物！然后再以益州为基地成就一番大事业，就会变得非常容易了。

法正急切的态度，让刘备喜出望外。早在刘备"三顾茅庐"请出诸葛亮的时候，诸葛亮就曾经向刘备提出过"跨有荆益"的战略构想，但是，那个时候刘备寄人篱下，后来又遭到了曹操的严重威胁而自身难保，根本没有办法将这个宏伟的战略目标实现。

但是，在赤壁之战后，刘备终于取得了荆州部分地区的控制权，实力得到了很大的提升，这个时候，自然也就将主要的发展方向投向了益州地区。然而，怎样进入益州并获得益州的控制权，刘备心中一直没有底。现在法正的表态终于让刘备找到了实现占据益州的最好方法。就这样，两个人一拍即合，开始谋划怎样利用进入益州的大好时机将益州从刘璋手中抢过来。

没过多久，在张松极力推荐下，刘璋派出法正的好友——孟达，他率领几千的人马去协助刘备防守荆州。同年年底，刘备率庞统、黄忠、魏延等人带领数万部众进入益州。虽然内部有很多人都强烈地反对，但是这个时候的刘璋已经被张松、法正等人迷惑住了，亲自率领三万步骑在涪县与刘备进行回合。双方在涪县摆开宴席，高兴地喝了百余日。而法正由于成功说服刘备入川的缘故，也顺理成章地成为了刘璋派遣在刘备身边的联络人。看到刘璋得意的表情，法正的心中相当高兴，他的计策终于成功了！

就这样，刘备在张松、法正以及孟达这三个人的配合下，顺利地进入了益州地区。在益州呆了一年多的时间，刘备并没有着急着去益州的北部边境地区与张鲁对战，而是在法正的帮助下广施恩德，收拢民心。而刘璋却由于张松的故意蒙蔽，对于刘备的举动居然丝毫没有防范。法正的计划在一步接着一步得以实现。然而，这个时候的法正心里也非常清楚：真相不可能永远被掩盖起来，迟早有一天刘璋会与刘备兵戎相见。对于法正来说，他需要做的就是在双方没有翻脸之前，尽量为刘备做好一切准备工作。

夺取益州

公元 212 年，刘璋和刘备终于反目成仇。当时，孙权向刘备求援，但是刘备却要求刘璋给自己增拨一万名士兵和大量的军需物资，并说汉中的张鲁是自守之贼，根本就不用担心。而这个时候，刘璋终于对刘备的表现起了疑心，最终他只答应给刘备四千的人马，至于军需物资也只答应给一半。眼看刘璋就要识破了自己的意图，刘备就故意在部众的面前表现得非常恼怒，说自己为协助刘璋征讨强敌但却遭受这样的待遇，他想利用部众的不满情绪为不久后的益州争夺战凝聚人心。

然而，不幸的是，刘备的这个回援荆州的谎言不仅没有将刘璋迷惑住，反而让潜伏在刘璋身边的张松疑惑不解。张松真的误以为刘备将要撤出益州而回援荆州，在情急之下，张松给刘备与法正分别写了一封密信，信中提到："现在大事已经准备就绪，为何又忽然要离开益州？倘若真的是这样，那么之前所做的所有准备都将前功尽弃了。"

张松给刘备的那封密信被自己的哥哥张肃截获。张肃在知道张松与刘备间的密谋后，害怕自己受到牵连，就向刘璋举报了张松。而刘璋看完密信后也终于恍然大悟，立刻斩杀了张松。与此同时，向各关口要塞发布命令，禁止手下和刘备进行来往。这样一来，刘璋与刘备间的关系彻底破裂了，刘备立刻率领大军进驻白水关，并且斩杀了守将杨怀与高沛，与刘璋展开了一场耗时两年的益州争夺战。

这场益州争夺战的爆发，无疑更加发挥了法正在刘氏（刘备）集团所起到的独特作用。在战争刚开始的时候，法正就利用自己在益州生活多年，对益州地理、人文等十分熟悉的有利条件，积极地为刘备献计献策、排忧解难。

战事爆发之后，刘璋的手下益州从事郑度专门针对刘备孤军深入和兵力不足以及后勤供应紧张的弱点向刘璋献上自己的计策。他认为应当把巴西与梓潼境内的百姓全都迁徙到内水、涪水以西地区，然后，烧毁巴西与梓潼仓库中的粮草、物资及土地上的庄稼，使用坚壁清野的方法对付刘备。与此同时，郑度还建议刘璋对刘备军队的进攻采取坚守不出的方法进行应对。如此一来，刘备大军就会因为缺乏粮草而陷入绝境。根据郑度的估计，一旦采取这些方法对付刘备，不出百日，刘备军队就会陷入困境而不战自败。

郑度的建议刚好切中了刘备的要害。刘备在听说了这个建议之后，非常担忧，害怕刘璋会依计行事。这个时候，法正却非常自信地表示：刘璋是不会采纳郑度的建议的，事实真的不出法正所料。刘璋认为从来只有抵抗敌军进攻来保护百姓的，还从来没听说过通过让百姓迁徙来躲避敌军的，所以，刘璋拒绝了郑度的建议。从这件事情上不仅可以看出刘璋的无能，而且还体现了法正深刻地了解刘璋这个人。

郑度的建议被否定以后，刘璋就派遣部将刘璝等人在涪城和刘备军队进行决战，但是，没过多久，他们就被刘备的大军给击败了。随后刘璋又派出李严率领部众增援绵竹，没有想到的是，李严竟然率领部众归顺了刘备。紧接着，刘备的大军就开始对成都的重要屏障雒城进行围困。在雒城城下，刘备遇到了刘璋的儿子刘循的强烈抵抗，双方爆发了一场非常激烈的战争。经过一年的战斗后，刘备掌握了雒城的控制权。

刘备为更早地取得战争的胜利，于公元214年，命令诸葛亮、张飞以及赵云等人率领部众从荆州进入益州，对刘璋形成前后夹击之势。与此同时，法正亲自给刘璋写了一封劝降信，在信中他极力地劝说刘璋尽早投降。刘璋在军事打击与心理战术的双重作用下，终于在同年秋天被迫出城投降，从此之后，益州就成为了刘备的地盘。

刘备在控制益州之后，大封文武。法正的功劳很大，刘备授予其蜀郡太守、扬武将军的职务。西晋史学家陈寿在《三国志·蜀书·庞统法正传》中这么写道："（法正）外统都畿，内为谋主。"与此同时，法正还和诸葛亮、关羽以及张飞一起得到了刘备赏赐的五百斤黄金、千余斤白银，以及万余匹锦缎，由此可以看出法正在刘氏（刘备）集团中占据着举足轻重的地位。

汉中之战

假如说益州的争夺战只是法正展现自身才华的第一个舞台，那么，在公元 219 年爆发的汉中之战中，法正的战略眼光和谋略才能更是得到了充分的体现。

汉中，位于秦岭偏西地区，因为地处汉江上游，南控巴蜀，北扼关中，西通雍凉、东接荆州，古人曾经描述为"前控六路之师，后据西蜀之粟，左通荆襄之财，右出秦陇之马"，所以，自古以来这里都是兵家必争之地。刘氏（刘备）集团刚拿下益州没多久，曹操就立刻亲自出征，攻打盘踞在汉中的张鲁割据势力，在公元 215 年十一月把张鲁招降，并且控制了汉中地区。

汉中地区忽然换了主人，对于刘氏（刘备）集团而言是一个十分危险的征兆，它意味着刘氏（刘备）集团在赤壁之战后再次单独面对强大的曹操集团。而这个时候的刘氏（刘备）集团刚刚拿下益州，根基还没有稳固，正在忙着稳定益州的局势，对曹操占领汉中这突发状况也没有办法展开大规模的攻势，刘备仅仅是派出了张飞与黄权等将领在三巴地区与曹操的先头部队——张郃部展开对峙，并且发生一定规模的武装冲突，将张郃所部赶回了汉中，暂时将曹操对益州地区的威胁解除了。随着刘备在益州统治的日渐稳固以及曹操错误地采用了固守汉中的策略，如何夺取汉中已经迫切地摆上了刘氏（刘备）集团的日程上。这个时候，仍然是法正第一个站出来与刘备商讨出兵汉中的战略决策。

法正觉得："曹操将张鲁击败，把汉中控制在自己手中，但是却没有利用这个难得的好机会对益州进行攻击，而是留下了夏侯渊与张郃等将领驻守汉中，自己马上回到了中原地区。这并不可以说明曹操没想到利用汉中作为基地对益州进行攻击，而是各方面的因素致使他没有办法立刻实施这个战略计划。镇守汉中的夏侯渊和张郃，论才干和谋略都无法应对我们的将帅。我们应当趁机兴兵进攻汉中，必能大获全胜。待到夺取了汉中以后，就广开农田，囤积粮草，把它变为自己的前进基地，可以根据全国局势的发展和曹操集团内部情况随时调整自己的战略，抓住时机还能顺势推翻曹氏的专权。同时，我们也可以利用汉中夺取雍、凉二州，扩大自己的疆域范围。倘若这这两条暂时都没有办法实现，也可以将汉中地区当作益州的屏障，谨防外敌的入侵，与曹操展开长期的对峙。现在就是进攻汉中的最好机会，可以说是老天帮忙，万万不可失去了这个天赐良机！终于，在法正的极力劝谏下，刘备下定决心向汉中地区发动战略攻击。

公元217年，刘备亲自率领主力进攻汉中，作为主要谋士的法正也随军出征。在战争的初始阶段，刘备派了张飞、马超、吴兰等将领屯兵下辨，曹操则派遣曹洪与曹休、辛毗一起前去抵御。这个时候，奉命镇守汉中的夏侯渊也调整了汉中地区的部署。夏侯渊派出大将张郃屯兵广石，自己则驻防阳平关，与张郃形成了犄角之势。

曹洪于同一年三月击败了张飞，杀死了吴兰，而夏侯渊手下的大将徐晃则将陈式打败，赢得了汉中争夺战的第一次胜利。随着战争规模的扩大，刘备一边加紧汉中的进攻部署，一边从益州调来兵将增援汉中前线。当曹操知道汉中的战事迫在眉睫时，非常担心汉中会有什么闪失，于是就在同年的九月亲自率领大军来到了长安，作为夏侯渊大军的后援支持这场战争。

公元219年正月，刘备的军队从阳平关向南度过沔水，并且在阳平关东南方的定军山安营扎寨，与夏侯渊的大军形成了对峙的状态。不久，两军就展开了一场非常激烈的战斗。刘备命令兵将连夜进攻，在夏侯渊军队镇守的走马谷大营外十五里处的防御阵地上进行突破。夏侯渊命令张郃守卫东围，自己则负责南围。在双方激战的过程中，刘备的军队猛攻张郃防守的东围地区。张郃这边的战事处于不利地位，于是，向夏侯渊进行求援，夏侯渊从南围的阵地上挑选一半兵力去增援张郃。谁料，法正立即发现了夏侯渊的这个举措，建议刘备立刻突袭兵力比较薄弱的夏侯渊部。

刘备接受了法正的建议后，将大军的进攻重点立即转向了夏侯渊的南围。这个时候，早已经蓄势待发的黄忠出击了。黄忠部金鼓齐鸣、杀声震天，立刻从走马谷中冲出，突袭夏侯渊的部队。夏侯渊没有来得及防备，死在了黄忠的手下。不仅这样，黄忠还将曹操任命的益州刺史赵颐等人给斩杀了。定军山一役，刘备军队获得了决定性的胜利。

　　曹操的大将夏侯渊被杀之后，曹操亲自率领大军来到了汉中前线。刘备在法正的帮助下，不慌不忙地组织起了有效的防御，让曹操大感头疼。在曹操这个自己从来没有赢过的老对手面前，刘备第一次扬眉吐气，并且十分得意地说道："这一次，即使曹操亲自出马，也别想像以前那样将我打败。这一次，我是赢定了！"

　　在长时间的拉锯战后，曹操发现自己不能在与刘备的对阵中获胜，而这个时候的汉中地区已经相当于"鸡肋"，失去了继续固守的价值，于是，他放弃了汉中地区，率领大军撤退了，将防线向后移到了关中陈仓一线。汉中之战经过将近三年的争夺，终于以刘氏（刘备）集团的全面胜利而告终。当曹操知道在刘备军中出谋划策的是法正的时候，情不自禁说："这么多年以来，刘备与我交战从来没有胜过一次，这次却将我从汉中赶了出来，我还想刘备自己怎么有了这个水平，原来这一切都是法正教的啊！能打败我也就不足为奇了！"

　　这场战争当中，说到表现突出、多次令曹操陷入困境的谋士法正的时候，曹操曾经非常沮丧地说："原本我以为天下的英雄都被我招揽到麾下了，但是没想到却漏掉了法正这个人才，真是太可惜了！"

　　这场战争中还有一件轶事，足够看出刘备的心中法正到底占据什么样的地位。这个故事被记载在《三国志》裴松之注中。故事的大致是这样的：

　　在刘备与曹操争夺汉中的过程中，有一次战事十分激烈，形势对于刘备非常不利，依据战场的发展形势，刘备的军队应当立即撤退以便保存自己的实力。也许是刘备从来没有战胜过曹操，心中感到屈辱而大怒，坚决不肯撤出战斗，并且亲自来到了战场的前沿，准备与曹操硬碰硬地继续战斗下去。那个时候，刘备的固执使手下众文武没有一个人敢上前劝说刘备退兵的，与此同时，曹军也变得更加猛烈，飞箭如雨一般落下。法正看到这样的情形，毅然决然地挡在了刘备的前面，做出一副要替刘备挡住箭雨的姿势。这个时候的刘备立刻提醒法正要注意曹军的箭矢，但是法正则淡定地说道："既然主公可以不顾危险亲自上阵，更何况我法正这样的一个小人物呢？就让我与主公一起去面对曹军的弓箭吧！"这个时候，刘备才明白了法正的良苦用心，表示立即撤军。这个故事告诉我们，刘备尊重法正几乎到了言听计从的地步了。

在这场战争中，法正才智不但让刘备言听计从，连人称神机妙算的诸葛亮都万分佩服。

协助刘备处理内政

对于法正这位智谋奇士，刘备从始至终都是十分尊重与信任的，除了放心且大胆地接纳法正对于战争的各种奇思妙想之外，法正在内政方面的意见与建议也几乎都取得了刘备的认可，并且贯彻实施。在战场之外，法正的表现也可以说是高瞻远瞩。

早在刘备入川前，法正就曾经好几次出使荆州，除了与刘备秘密商量夺取益州的计谋之外，法正还关于孙夫人在荆州给刘备带来的不利影响，而提出找个机会送孙夫人回江东的建议。这是法正积极主动地加入刘氏（刘备）集团后所提出的第一个非常具有战略眼光的意见。

公元 209 年 12 月，孙刘进行联姻，这在中国历史上属于很常见的政治联姻。赤壁之战之后，为了进一步巩固孙刘联盟，一起对抗强大敌人曹操，孙权主动让刘备娶了自己的妹妹，真心实意"进妹固好"，即通过结亲的手段来巩固双方之间的友好关系。不过，因为这场婚姻原来就充满了政治色彩，所以也会随时跟着政治气候的变化而改变。对于孙夫人的性格，刘备是非常不放心的。

据史料记载，孙夫人才捷刚猛，有诸兄之风，她从江东带来的百余名侍婢，每一个都手里拿着利刃站在其左右，刘备每次来到孙夫人的闺房，看到这些全副武装的侍女，总是感到提心吊胆，生怕哪天被害。

刘备不仅警惕这位孙夫人，而且孙夫人从江东带来的那些随从也让刘备感到十分头疼。这些随从们仗着自己有孙权与孙夫人作为靠山，常常在荆州横行霸道。这些人不仅将荆州正常的秩序给扰乱了，而且还能够随时向孙权传递刘氏（刘备）集团内部的重要情报，严重地影响了刘氏（刘备）集团的战略决策。为了将孙夫人及其手下控制在自己手中，刘备专门将大将赵云派去负责内务。

在法正刚到荆州的时候，就敏锐地察觉到孙夫人对刘氏（刘备）集团所产生的潜在威胁，非常直接地建议刘备将孙夫人送回江东以便消除这个隐患。后来刘备在屖陵城东五里给孙夫人修建了一座新城用来居住。这事实上是把孙夫人隔离开来以便更好地控制，而刘备自己基本上从不会主动到孙夫人那里去，这也导致两个人的关系日渐疏远。在这种情况下，孙夫人的处境变得十分尴尬。公元211年，孙夫人回到了江东。

在刘备对成都进行围攻的时候，当时担任蜀郡太守的汉末名士许靖想要出城投降，但是被刘璋发现并且抓了起来。因为那个时候战事吃紧，刘璋并没有处理这位临阵脱逃的许靖。刘备知道这件事情之后，对于许靖的为人很是鄙视。攻下成都之后，刘备任用了很多刘璋旧部，唯独不准备任用许靖。这个时候，也是法正站出来指出了刘备这个错误的想法。法正指出：也许天下最有名无实的人就是这个许靖了，然而许靖这个人已经名扬四海、天下皆知，倘若主公不任用他，那岂不是让不知道真相的贤士们认为主公故意看不起贤人吗？

法正认为刘备不但应该任用许靖，而且还应该学习战国时期燕昭王任用郭隗那样重用许靖，唯有如此，才能够招揽到更多的人才。在法正的极力规劝下，刘备终于给了许靖一个左将军长史的高位，这积极地推动了益州及其他地区的人才前来投奔刘氏（刘备）集团。

刘备刚取得成都的时候，益州的局势仍旧十分不稳定，不但百姓们一个个人心惶惶，而且就连刘璋的旧部、益州豪族心里也都有些抗拒，益州内部武装叛乱不断出现。这个时候，该怎样安抚对于益州地区社会稳定有着很大影响力的益州豪族就成为了刘氏（刘备）集团亟待解决的问题。有人建议刘备，迎娶刘璋已经死去的兄长刘瑁的妻子，同时也是益州豪族吴壹的妹妹吴氏。此举的政治意义不用说就很明白了，但是刘备却总是觉得自己与刘璋属于同宗，这样做与礼法相悖，所以，迟迟没有敢答应。

这个时候，又是法正出来帮助刘备解决了困境。法正引经据典，用晋文公与侄子子圉的例子作为刘备迎娶吴氏的依据。春秋时期，晋文公曾经在逃难秦国的时候迎娶了侄子子圉的遗孀怀嬴。法正认为连晋文公这样的迎娶近亲遗孀的行为都没有受到礼法上的抨击，更何况刘备和刘璋这样的已经有三百多年历史的远亲。

法正的分析终于让刘备打消了顾虑，吴氏也非常自然地成为了刘备的妻子，并且在刘备称帝后成了蜀国的皇后。在刘备成功地与吴氏进行联姻之后，益州豪族与刘氏（刘备）集团的关系也就自然而然地得到很大的改善，这在很大程度上稳定了刘氏（刘备）集团在益州的统治。

刘备在占领益州全境后，为了使益州的法律制度得以完善，特意组建了一个五人小组用来负责制定法令。在这五人小组中，不仅有刘备的旧臣诸葛亮、伊籍，而且也有像法正、李严、刘巴这样的益州实力派，从这里就可以看出刘备非常信任与重用法正。

总而言之，法正归附刘备后，不仅得到了信任与重用，而且在蜀汉的政治舞台上占据了非常重要的作用。这点从法正所担任的职务也可以看出一二。公元219年，刘备自立为汉中王，任命法正为尚书令、护军将军。尚书令这个职务，在蜀汉政权中有着特殊的地位，是一个总揽国事的要职，可以说是一人之上万人之下，单从这一点来说，就连诸葛亮也自愧不如。

法正对于刘氏（刘备）集团究竟有多重要，这从法正死了之后的第二年刘备在夷陵兵败，诸葛亮对此发出的感叹中就能看出。那个时候，刘备因不听从蜀汉部分大臣的劝阻，为了夺回荆州而发动了夷陵之战，最后以惨败而告终。诸葛亮听到这个消息后，首先想到的就是两年前死去的法正。

法正的弱点与缺失

法正归附刘氏（刘备）集团之后，固然发挥了巨大的作用，但是，人无完人，法正身上也有一些弱点与缺失。

法正是出身于名门，按照常理说，应该继承了名门的风范，具备大家的气质。但是，令人们感觉遗憾的是，自法正从三辅地区来到益州后，他的言行却与其家族背景格格不入。早在刘璋主政的时候，法正就曾经由于自己的品行不端而受到了非议。《三国志·蜀书·庞统法正传》中提到，"（法正）为其州邑俱侨客者所谤无行"，这里所说的"无行"，就是指法正的这个人的品行不端，这在重视礼法的益州大族的眼中是相当严重的罪过，所以，益州本地很多士族甚至外地侨居益州的大族都十分鄙视法正，这也是法正早年不得志的一个非常重要的原因。

法正成为刘氏（刘备）集团中一位非常重要成员后，身居高位，但是早年受到的侮辱是很难令人忘记的，所以，在他人生最得志之际，其睚眦必报的个性自然而然地也就暴露无遗了。根据史料记载，法正做了蜀郡太守之后，"一餐之德，睚眦之怨，无不报复，擅杀毁伤己者数人"。

其实，这里所说的"一餐之德，睚眦之怨，无不报复"，并不是法正发明的，而是来自战国时期范雎在经过长时间的不得志被拜相后的故事，讲得通俗一点就是，有恩必偿、有仇必报，这表现出了法正的率真性格，并没有什么值得非议的，然而，利用手中的职权擅自斩杀当年曾使自己受伤害的人就不对了，很明显，具有小人得志的意思。

益州内部很多大臣对于法正的这种行为表示不满，有人还特意为了这件事情找到了诸葛亮，请求诸葛亮出面对法正这种目无法纪的卑劣行径进行约束。诸葛亮的表态十分令人耐人寻味，诸葛亮表示，法正辅助刘备从困居荆州的不利局面摆脱出来，继而占领益州，为刘氏（刘备）集团的发展作出了非常大的贡献。此时即使去向刘备投诉，刘备也会祖护法正，不会对他进行处罚的。所以，对于法正的这种做法，诸葛亮也只能睁一只眼闭一只眼，不闻不问。

根据史料的记载，法正与诸葛亮之间的来往并不是很多，只是在制定益州的法律制度——《蜀科》时，两个人都作为五人小组的成员一起完成了这部法律制度的制定工作。但是，在这个过程中，双方却因为立场的不同而产生了一些分歧。

以法正作为代表的益州本地势力表示：从前高祖刘邦治国，与民约法三章，采用宽松法纪来治理国家。现在诸葛亮刑法峻急，对于益州地区的稳定很不利。而诸葛亮则坚持认为：刘璋集团正是由于法纪松弛，没有形成好的政治环境，没有严厉明确的刑罚制度，才会致使政权基础不稳定，社会十分混乱，最终导致益州换了主人。诸葛亮坚决主张以严厉明确的法纪对益州豪族进行抑制，最后也没有接受法正的建议。

至于法正和诸葛亮之间究竟是何种关系，史料上并没有太多的记载。陈寿在《三国志·蜀书·庞统法正传》中仅仅使这么写道："诸葛亮与（法）正，虽好尚不同，以公义相取。"这里所说的"好尚"，是品行、志趣，其实，就是暗指两人之间品行的差异，诸葛亮素来重视道德节操，而法正则因为无德而遭受非议。"公义"则为国家利益。从这段话的记载中能够体现出陈寿是这样看待法正与诸葛亮之间的关系的：其实，两个人并没有什么私交，但是两双方都能够以国家利益为重，顾全大局，因此，尽管没有任何私交，但是却可以和睦地相处，一起为蜀汉政权的发展与巩固奉献自己的力量，这不仅是诸葛亮，同时也是法正的聪明之处。

法正的杰出贡献

法正是于公元211年到公元220年之间成名的。在这段时间内，他为刘氏（刘备）集团的政权做了这几件大事：

1. 担任刘备在益州的内应，成功地诱使刘璋引狼入室，邀请刘备入川；

2. 在益州争夺战期间对刘璋不会接受郑度坚壁清野对付刘备的建议进行准确判断，给深深陷入焦虑中的刘备吃了一颗定心丸；

3. 说服刘备任用许靖，吸引了更多的人才前来投奔刘备，为刘氏（刘备）集团的发展壮大创造了有利的条件；

4. 列出迎娶吴氏的理由，为刘备争取益州豪族的支持，稳定益州局势作出了至关重要的贡献；

5. 建议刘备积极主动向汉中地区用兵，进一步巩固了蜀汉政权的疆域与地位；

6. 在定军山战役中抓住战机，建议刘备立刻突袭夏侯渊所部，赢得了定军山大捷，为刘备在汉中之战中获得最终的胜利奠定了坚实的基础。

以上种种，都是法正这位智慧无双的谋士为刘氏（刘备）集团所作出的杰出贡献。对于刘氏（刘备）集团来说，这个时候的法正无疑起到了别人不可替代的历史作用。虽然法正这个人的人品存在着各种欠缺，但是依靠他在刘氏（刘备）集团发展的关键时期作出的巨大贡献，刘备对他可以说是恩宠有加，诸葛亮也奈何不了他。

公元 220 年，法正由于疾病去世，只有 45 岁，刘备听说之后非常伤心。不仅册封法正的儿子法邈以关内侯的爵位，而且还还追谥法正为翼侯，这也是刘备政权建立之后首个有谥号的大臣，由此可见，刘备是多么怀念法正。

第七章

才华横溢的荆州郎将——庞统

谋士档案

☆姓名：庞统

☆别名：字士元，号凤雏

☆出生地：汉时荆州襄阳（今湖北襄阳）

☆出生日期：公元179年

☆逝世日期：公元214年8月29日

☆主要成就：辅佐刘备入蜀得川

☆谥号：靖侯

☆生平简历：

公元179年，庞统出生在汉时荆州襄阳，也就是今天的湖北襄阳。

公元209年，庞统在周瑜手下担任功曹。

公元210年，刘备任命庞统为耒阳县令，后经鲁肃推荐，刘备任命其为治中从事，并与诸葛亮同为军师中郎将。

公元212年，刘备屯驻在葭萌关，庞统就战略问题，向刘备献计，结果刘备诱斩杨怀、高沛后，进军成都。

公元214年8月29日，庞统在围攻雒城的战斗中，中流矢而死，时年36岁。

人物点评

古人云:"得卧龙凤雏便可得天下。"这句话中的"卧龙"是指诸葛亮,而"凤雏"则是指庞统。诸葛亮的才华一直受到后人的称赞与敬仰,可以算得上是家喻户晓了。而这里将庞统与诸葛亮相提并论,由此可见,庞统也应该是一个足智多谋的人才。

西晋史学家陈寿将庞统与法正共列一传,放在了关张马黄赵之后,他是这样评价庞统的:"庞统雅好人流,经学思谋,于时荆、楚谓之高俊。法正著见成败,有奇画策算,然不以德素称也。儗之魏臣,统其荀彧之仲叔,正其程、郭之俦俪邪?"由此可见,就才能来说,庞统确实是一个不可多得的人才,与荀彧不相上下。但是,非常可惜的是,他英年早逝了。

生平故事

一夜成名

庞统清高雅正,善于鉴定人才是他最大的特长。荆楚的贤才能人,他大多数都见过。

有一天,水镜先生司马徽刚刚爬到树上准备采桑子,来了一个年轻人坐到树下,开始与他交谈。刚开始的时候,司马徽并没有把这个人当回事,没有想到,这两个人是越聊越投机,心中都有一种相见恨晚的感觉。就这样,他们一个在树上,一个在树下,一直聊到了深夜。

司马徽问他:"你叫什么名字?"

庞统回答："本人姓庞，名统，字士元。"

"恩，名字非常霸气啊，要成为天下谋士的元首，统管天下。不过，以你的才华，可以在南州，也就是荆州与扬州，做一个士元。"

这下，庞统在一夜之间成了名人。

不过，对于这个庞统与司马徽交谈而出名的故事，有一些人认为根本没有此事，完全是有心人杜撰的。但是，不管有没有这样故事，庞统确实有才华，这一点是不容置疑的。

虽然庞统早年的名气不是很大，但是，他的叔父可是一位了不起的人物，鼎鼎大名。庞德公教了不少弟子，其中一个弟子是他最喜欢的，并且他还给这个弟子起了一个雅号——"卧龙"，这个弟子就是诸葛亮。而在庞氏家族中，庞德公认为庞统是最有才能的，所以，也给他起了一个雅号——"凤雏"。可以这么说，诸葛亮与庞统很早的时候就已经认识了。

知人识人

别人不一定能深刻的认识庞统，但庞统却十分喜欢对别人进行评判。只不过，通常他对别人都是表扬，很少会批评，往往表扬的内容都超过了那些人的真实才能。所以对于他这种评人这法，很多人都颇有微辞。

对此，庞统是这样解释的："现今天下大乱，道德也已经沦丧。世道是好人少坏人多。为了扭转这种不良的社会风气，所以，我只能加大宣传好人好事。相信好人多了，大家都会向他们学习的。这样，被表扬的人自己也会更努力奋发向上。"这件事上充分的表现出庞统的巧言善辩。

刚开始，庞统归附于周瑜的麾下，为周瑜出谋划策，其中的一个计策就是让周瑜将刘备扣留下来。虽然当时周瑜同意了，但是孙权却不同意，所以刘备才得以安全地返回。周瑜去世之后，庞统到吴地去送葬。当地士人也都知道庞统的大名，想要看看他的风采，所以，当他要返回荆州的时候，很多知名人士都聚集在昌门，为他送行。这些个名士中包括陆绩、顾劭、全琮等人。陆绩是陆逊的叔叔，在六岁时就非常有名了，顾劭是丞相顾雍的长子，全琮也是个文武才全的人。庞统看到这三个人的面相之后，说出了这样的结论：

"陆绩可以说是驽马有逸足之力，也就是走不快的马，但脚力强劲；顾劭可以说是驽牛能负重致远；而全琮好施慕名，有似汝南樊子昭。虽然智力不多，亦一时之佳也。"这三大名士在庞统眼里，有两个是笨马呆牛，最后一个是智力不多。

全琮问庞统："你说，马比牛的作用更大，也就是说陆绩比顾劭好对吗？"庞统说："驽马再好，但是只有一个能坐。驽牛一天行走三十里，负载着的可不是一个人的重量。"

平日里，庞统称赞人，总是超出别人的正常能力，而庞统对这三大名士的定位比较准确中肯，褒贬得当。不过，这三个人听完庞统的高论之后，并没有生气，反而与之坐在一起，谈心畅饮，并且约定倘若天下太平了，再坐在一起，把酒对月，谈论天下英才。非常可惜的是，这个约定并没有实现，四年之后，庞统就命失西蜀，顾劭和陆绩也在十年内先后去世，真是天妒英才。当然，这些都是后话了。

顾劭与庞统谈得非常投机，其他人都走了，他留了下了，继续与庞统聊天。顾劭就问庞统："你素有善于知人之名，但是，我推荐了不少人才都成功了，所以，我感觉我在这个方面并不是比你差，你怎么说？"

庞统说："说道陶冶世俗，甄综人物，我的确是比不上您。但是，如果谈论帝王治国安邦的政策，发现天下兴衰转换的规律，你也就比不上我。"

"先生说得没错。"对于庞统的回答顾劭不但没生气，反倒觉得非常中肯，所以他和庞统成了非常好的朋友。

巧设连环妙计

　　刘联合抗曹，曾经与曹军在赤壁展开了一场非常有名的赤壁之战，最终大获全胜。这场战役之所以能够取得胜利，与庞统的连环计有着非常重要的关系。那么，庞统到底是怎样做到的呢？

　　当庞统大摇大摆地走进了曹营时，曹操还以为凤雏是来帮助他的，事实上，是藏在他身边的一颗定时炸弹。庞统见了曹操之后，与曹操高谈阔论，对于曹操的各种发问，也是应对如流，这让曹操十分敬佩，并且使其迫切地想要将庞统收为己用。庞统看着时机差不多了，就假装问曹操："军中可有良医？"曹操不明白庞统为何有此一问，还以为他身体不舒服，便问道："先生有何不适？"

　　庞统说："水军多疾，须用良医治之。"

　　那个时候，曹军因为水土不服，都有呕吐之疾，并且死了很多人。曹操正在为这件事情担心，忽然听到庞统的话，连忙向他问计。而庞统似乎没有听见一般，就拐到其他话题上了。曹操再三请问，庞统说："某有一策，使大小水军，并无疾病，安稳成功。"曹操听后非常高兴，赶忙问他有何妙策。

　　于是，庞统就趁机献上了连环计，即将所有战船用铁索连接起来，增加船的稳定性，这些船被称为"连环战船"。曹操听完庞统的这个计谋之后，立即下席，感谢道，"非先生良谋，安能破东吴耶？"

　　庞统见自己的目的已经达到，就想着如何安全脱身，以免周瑜的大火烧起来的时候，将自己误伤。于是，他对曹操说："我看江东豪杰，有很多怨周瑜的人。某凭三寸舌为丞相说之，使皆来降。周瑜孤立无援，必为丞相所擒。瑜既破，则刘备无所用矣。"

　　曹操没有怀疑，又非常高兴地采纳了庞统的这个建议："如果先生真的能够成功，曹操将会请奏闻天子，封为三公之列。"而庞统则假装淡定

地说道："某非为富贵，但欲救万民耳。丞相渡江，慎勿杀害。"曹操听完高兴地都不知道说什么好了。

为了使得事情更加逼真一些，庞统还统拜求了榜文，以安宗族。庞统拜谢之后就离开了。当庞统即将要安全到家的时候，忽然有人从背后抓住了他，说道："庞统，你好大胆子！黄盖使用苦肉计，阚泽送来诈降书，你又献上了一个连环计，是唯恐大火不能将曹兵烧尽吧！"

庞统听了这话以后，吓得两腿哆嗦。他连忙回头想看看到底是谁，原来是他的老朋友——徐庶。庞统一看是故人，自然就放心了。为了缓解气氛，他故意开玩笑地说："如果你识破了我的计策，那么江南八十一州的百姓都会因你而送命！"徐庶也笑着说道："那此间的八十三万人马的性命该怎样呢？"

见说不过徐庶，庞统只得放下身段来问徐庶："你是真想破我的计吗？"徐庶说："我可以不破坏你的计谋，但我现在随军在这里，如果兵败了，我也就没命了。所以你必须得给我想出一个脱身的办法，不然我就把你的秘密说出去。"

庞统一听，原来是这样啊，于是，他就徐庶耳边悄悄滴说了几句话，然后，徐庶就非常高兴地拜别了庞统。庞统与徐庶分别之后，就下船回江东去了。

赤壁之战的胜利的原因，有周瑜的火攻，当然也有庞统的连环计。这两个条件一个也不能少。正如《三国演义》中所言："赤壁鏖兵用火攻，运筹决策尽皆同。若非庞统连环计，公瑾安能立大功？"

投奔刘备

庞统的三个好朋友，分别是程昱、徐庶和诸葛亮。程昱是曹操的创业元老。徐庶和诸葛亮都是刘备非常亲密的谋士。后来徐庶因为母亲的原因归降了曹操。

庞统曾经在周瑜的手下做事，人脉非常广，所以做孙权的谋士应该更加名正言顺一些。虽然东吴人才济济，但是庞统确实有真才实学，研究的是帝国治国安邦之策。所以，他认为自己一定可以打动孙权，成为东吴最重要的大臣的。于是，庞统当着孙权的面，想要说明自己的本事远远超过周瑜。而孙权刚刚失去周瑜，必定需更多更好的人才。

这个时候，孙权正处于失去周瑜的悲痛当中。听到庞统如此非议周瑜，心中非常不快，所以，并没有重用庞统，直接将他打发走了。

庞统心想：我得罪了曹操，现在又得罪了孙权，看来只能投奔刘备了。于是，庞统来到了刘备的营中。但是，刘备见到庞统之后，并没有如庞统所期待的那样，给予重用，而是直接将庞统打发到耒阳当县令去了。

庞统觉得自己是治国的人才，怎么可以让我来治理县呢？所以，庞统到了耒阳县之后，不理政事，整天饮酒为乐，把耒阳县搞得一团糟。

刘备听说这件事情之后，非常生气，就派张飞与孙乾前去调查。当张飞和孙乾刚到耒阳县的时候，城中军民官吏都出城欢迎，但是却不见县令的身影。张飞就问："县令庞统呢？"大家一致回答："昨天晚上县令喝多了，现在应该还在家里睡觉呢。"

张飞听完大怒，立即派人将庞统押过来，并且严厉地责备他喝酒误事。庞统见了张飞之后，丝毫没有认错，还问张飞自己到底误了什么事情。张飞说："你上任都三个月了，整天喝酒，不理政事，你耽误了多少事情呀？"

庞统却说："一个百里小县，不过都是一些鸡毛蒜皮的小事。我处理这些小事，就好比将书放在手上阅读一样，相当容易。来人，将需要办理的公事都呈上来。"庞统只用了半天的时间，就将一个月的政务都完成了，并且处理得井井有条。

张飞对此深感佩服，连忙夸赞："先生真是高才啊！"这个时候，刘备也来了。原来，刘备接到鲁肃的一封信。信中写道，庞统是一个不可多得的人才。只有让他担任治中、别驾等职务，才能够使其充分发挥出自己的才能。倘若让他做别的工作，实在太委屈他这个人才了。

刘备看完信后非常吃惊，说道："屈待大贤，吾之过也！"于是，刘备亲自来到耒阳县请庞统，先任命他为治中从事，后来，又拜他为军师中郎将，与孔明一起为刘备出谋划策。庞统侧重于军事，而诸葛亮则侧重于内政。

庞统的加入，为刘备实现"隆中对"提供了人才保障。刘备计划着跨越荆、益两州，既能两地防守，还能分两路北上攻打曹操。军师中郎将不但能参谋决策，还可以统御兵权。刘备具有两个军师中郎将，也就是说，攻防都做了非常充分的准备。

有一次，刘备与庞统闲谈。刘备问他："有一件事情，我想要问问你，请你千万不要有任何的隐瞒。"庞统说："主公请讲。"刘备说："前几年我去吴国的时候，周瑜曾经给孙权写了一封密信，让孙权将我扣留下来。听说这个主意是你出的，不知道是不是真的有此事？"庞统听到刘备这样说，感觉有几分尴尬，说道："是的，的确有这样的事情，不过，当时孙权并没有采纳这个计谋。"

刘备叹了一声气，说道："唉，那个时候，我正处在危急之中，有求于孙权，必须去见他。当时孔明也极力劝阻我，让我不要去，想来也是怕孙权会将我扣留下了。而我当时却认为，北面的曹操才是孙权所要提防的人，他应该很希望我做他的援手，所以，我才会坚持去见他的。现在想想，这的确是一步险棋。这件事情与你有一定的关系，但是主要还是周瑜拿的主意，他这个人一向对我有看法。"庞统回答："是啊。周瑜一直小看了主公。"

向益州进军

公元211年，法正听从了益州牧刘璋的命令到荆州，迎接刘备进入益州一同抵抗张鲁。私下里法正向刘备捐献了一条秘计，请求刘备借这个机会谋取益州。

对此，刘备再三犹豫，一时无法决断。这时，庞统劝说道："主公你应该知道，荆州和益州有着天壤之别。荆州破败荒凉，东北两面分别有孙权和曹操，很难有较大的发展，而且益州民众百万，土地也肥沃，物产非常丰饶。若是真的能够夺得这个地方作为我们的根基，那么也就能够成就大业。"

刘备说道："这个道理其实我是知道的。我这一生当中最大的敌人就是曹操。曹操如果性急，那么我就宽厚。曹操如果暴虐，那么我就仁慈。曹操如果狡诈，那么我就忠诚。正因为我什么事情都和他相反，所以我得到了民心。如果现在我接着帮助刘璋的名义占领他的益州，那么我不就失信天下了吗？"

庞统说："现如今属于乱离之世，不能墨守成规，困住了自己。若将弱小的蜀国吞并，将无能的政权推翻掉，虽说是逆取，但却能够顺守，我们对百姓施以仁政，这也是圣人认同的。到时候，我们封还刘璋一块土地，这样就不会再有谁说三道四了。更何况法正现在已经来了，这是个非常难得的好机会。主公万万不可错过！"刘备说："庞军师的话非常有道理，那么我就亲自带领庞军师率领数万的士兵进入益州。诸葛亮和关羽等人在荆州镇守。"

刘备进入益州地界之后，就与刘璋约好，在涪城举行"双刘会"。这个时候，庞统建议刘备，在酒宴上，直接将刘璋刺死，或者将刘璋扣下来作为人质，然后将他的兵马接管，再盗用他的兵符。这样一来，兵不血刃，就可以直下益州。

如果刘备真的接受了庞统的建议，那么益州数月就可以拿下。但是，这个计谋也有非常大副作用。倘若蜀国的军民知道实情之后，心中必然会不服。即便接管了成都，他们也会造反生事的。而刘备还背上了一个不仁不义的骂名。刘璋是朝廷任命的关员，如果刘备杀了朝廷命官，那么，刘备就成了反贼。

再三考虑之后，刘备还是拒绝了庞统的建议。他和刘璋进行了友好

亲密的会谈。刘璋曾经拨给刘备很多的人马粮草和军用物资，就连战略要隘白水关也交给他来管理。刘璋在交代完这些以后，就直接回成都了。

这时刘备的实力大增，已有三万多的兵马，兵甲鲜明，粮草充足。但他并没有马上去攻打张鲁，而是停在葭萌，以便收买民心。

有一天，庞统忙完军务，回到营帐中，发现有一个男人躺在自己的床上，这人是谁啊？来人没等庞统发问，就直接说道："我现在很饿，你先管我吃一顿饱饭，我自然会告诉你的。"

庞统没有与他计较什么，就好吃好喝招待了他。之后，二人在聊天中，庞统才得知这个人名叫彭蒙，是一个非常有才华的人。于是，庞统就将他推荐给了刘备。

冬去秋来，就这样，一年多的时间一晃就过去了。庞统忍耐不住了，他找到刘备，说："主公啊，我们现在不能再等了。现在，曹操与孙权在濡须对峙，不管谁最后能够取得胜利，对于我后方来说，都是一个很大的威胁。谁胜谁负，现在到底该进还是该退，你必须要拿一个主意啊。"

刘备说："军师说得非常有道理，我也感觉时机差不多了。但是，我们下一步该怎么办呢？"

庞统回答："主公，我已经拟好了三条秘计，请过目。"

刘备展开一看，上面写着：

第一计：悄悄地挑选精兵，昼夜兼程，突袭成都。刘璋武力贫乏，又没有防备，大军忽然到了成都，必定可以一举拿下，这是上策啊。

第二计：杨怀与高沛是刘璋手下的名将，各自带领着强兵，据守在关头。我已经派人打听过了，他们几次力劝刘璋，让我们回荆州。我们可以派一个人告诉他们，就说我们荆州有急事，需要立即回去。他们两个人听说之后，必定会前来送我们。到那个时候，我们再见机行事，一举将他们二人擒获，然后再收了他们的兵马，直接逼向成都。这属于中计。

第三计：我们退回白帝，驻在荆州和益州之间，然后再找机会夺取益州，这属于下计。

"主公，如果你现在还不能下定决心，那么我军就非常危险了。"庞统说。

其实，这上中下三计都是可以实行的。上计看上去似乎很冒险，但是却不失是一个奇计。下计属于一个保底的计策，不管怎么说，也要占一块军事要地，为以后再一次入蜀或者防御刘璋的入侵作好准备。而中计的斩首行动相当到位地分析了对方的心理与行动。

为了更加稳妥地拿下益州，刘备最后选择了中计，结果，没费多少功夫就拿下了第一个关隘。

在庞统、法正的辅佐之下，刘备军从葭萌出发直接向成都进军，所经过的关隘都是战无不胜。刘璋的手下刘璝、冷苞、邓贤、吴懿等人率领大军在涪城与刘备交战，全部以失败告终，吴懿投降。

刘备在涪城，大摆轻功宴，和兵将们一同饮酒作乐。刘备想：我一生戎马，很少有声张的时候，但如果现在攻城掠地，定会所向披靡，实属惬意。庞统却说："如果以伐他人之国为乐，这不属于仁者所为。"刘备听了大怒，他说："武王在伐纣的时候，也是前歌后舞，难道说他不是仁者吗？你在这里胡说八道什么？快快滚出去！"庞统于是起身告辞。

第二天，刘备酒醒之后，手下的兵士将昨天的事情告诉了刘备。刘备听了之后，非常后悔，见了庞统，连忙向他道歉。而庞统却回答说："我们君臣两个人都有不对的地方。"刘备大笑起来，两个人又恢复如初了。

不幸早亡

刘备包围了雒城，庞统率领部众攻城，不幸被飞箭射中而亡。那一年，他仅仅只有 36 岁。

不过，《三国演义》上说庞统因为争功心切，死在了落凤坡，而《三国演义》连续剧说是庞统为了给刘备伐蜀找一个适当的理由，自己心甘情愿做出牺牲的。其实，这些都不是历史的真相。庞统并不是死在落凤坡，而是死在雒县。

传说是刘备亲自给他选的墓地，能够坐北看南，是一块风水宝地，现在，那里还有一块墓碑。在庞统墓大约两千米的地方，有刘备给他修建的祠墓，三进三出的四合院布局，为石木的结构，造型古朴敦厚，庄重肃穆。

有人曾经怀疑庞统是否真的具有过人的军事才能，而且指责他没有能力攻下雒城。事实上，刘备的进展可以说是非常顺利的。但是，刘备的人马不是很多，而且对地形也不是很熟，所以说，想要攻占这样一个大州，并非一件容易的事情。直到后来诸葛亮、张飞、赵云和马超等人一同上阵，这才逼得刘璋投降了。

刘备的伤心

刘备对于庞统的死非常痛惜，每每说到庞统就泪流满面。为了表彰庞统的功勋，刘备任命他的父亲为议郎，后来升任谏议大夫。刘备还追赐庞统为关内侯，定他谥号为靖侯。

有一次，刘备与大家一起商量大事的时候，忽然说起庞统的才能来。广汉太守卫存向来不服庞统。当时，他实在憋不住了，就站了起来说，虽然庞统尽忠十分可惜，但是却违大雅之义。刘备听了之后，相当生气，大声训斥卫存，并且，罢了卫存的官职，将他撵了出去。卫存因为这件事情一直闷闷不乐，没过多久，就死了。

有人说，庞统死了，那么也就意味着荆州丢失，关羽也可能会早死，为什么呢？假如庞统没有死，那么，刘备就能够把收复西川的事情交给庞统，诸葛亮也就用不着离开荆州。在益州平定之后，刘备也就能够将治理西川的事情交付给诸葛亮，庞统自然也就能够回到荆州辅佐关羽。

庞统过去一直都担任南郡功曹，掌管着南郡官员的任用，甚至是整个荆州人才的选拔。他曾经在曹仁和刘表以及周瑜的手下担任过官职，出入幕府，深知机密。如果让他来辅助关羽镇守荆州，那就再合适不过。这样一来，东吴虽然有吕蒙、陆逊这样的人才，但是也很难再发挥作用了。

第八章

神机妙算的治世能臣——诸葛亮

☆姓名：诸葛亮

☆别名：孔明、卧龙

☆出生地：琅琊阳都（今山东临沂市沂南县）

☆出生日期：公元 181 年农历七月二十三

☆逝世日期：公元 234 年农历八月二十八

☆主要成就：帮助刘备建立蜀汉基业，治理蜀地，平定南蛮，制作孔明灯，发明诸葛连弩

☆代表作品：《出师表》《诫子书》

☆封爵：武乡侯

☆谥号：忠武侯

☆逝世地点：宝鸡岐山五丈原

☆祠庙：武侯祠

☆生平简历：

公元 181 年农历七月二十三，诸葛亮出生在琅琊阳都，也就是今天的山东临沂市沂南县。

公元 195 年，诸葛亮叔父诸葛玄担任豫章太守，诸葛亮与弟妹随叔父赴豫章，也就是现在的南昌。

公元 197 年，诸葛玄病故，诸葛亮与弟妹投奔荆州刘表，开始了躬耕于南阳的生活。

公元 199 年，诸葛亮与友人徐庶等师从水镜先生司马徽。

公元 206 年，刘备三顾茅庐，诸葛亮出山辅助刘备。

公演 208 年，诸葛亮出使东吴，说服吴主孙权抗曹。

公元 209 年，诸葛亮担任军师中郎将。

公元 214 年，刘备攻占成都，诸葛亮任军师将军，署左将军府事。

公元 218 年，诸葛亮留守巴蜀，供应在汉中作战的刘备。

公元 221 年，刘备称帝，国号"汉"。诸葛亮任汉国丞相，领益州牧。

公元 223 年，刘备兵败白帝城，永安托孤于诸葛亮；刘备死，刘禅即位，封诸葛亮为武乡侯，领益州牧（刘禅称诸葛亮为宰父抑或相父）。

公元 225 年，诸葛亮率军南征，平定南蛮。

公元 227 年，诸葛亮上《出师表》给刘禅，屯兵汉中，即日北伐。

公元 228 年，北伐失街亭，诸葛亮斩马谡，自贬为右将军，行丞相事。

公元 229 年，诸葛亮再次北伐，夺取武都、阴平，恢复丞相职位。

公元 230 年，诸葛亮再次北伐。

公元 231 年，诸葛亮北伐攻祁山，大败魏军，在木门道伏杀魏名将张郃。

公元 234 年农历八月二十八，诸葛亮因积劳成疾，病故于五丈原。

人物点评

提起三国的谋士，大家可能会异口同声地说出一个名字——诸葛亮。在不少人心中，诸葛亮是中华民族智慧的象征，也是后汉三国时期最杰出的谋略家。

唐朝诗人杜甫曾在《蜀相》一诗中这样写道："出师未捷身先死，长使英雄泪满襟。"这句话可以说是对诸葛亮一生伟大人格的高度赞扬。

诸葛亮一生都在努力实现自己在"隆中对"中提出的战略目标——北伐中原、统一全国。对内稳定蜀汉的朝政，大力发展经济，加强军队的训练；对外积极与东吴联盟，一起抵御强大的曹氏集团，并且在蜀汉政权的中期数次发动北伐战争，尽管最终未能实现其政治理想，但是却表现出了一位优秀政治家的独特风采。

但是，就其军事成就来说，诸葛亮并非一位非常了不起的军事家。终其一生，诸葛亮所取得的胜仗寥寥无几，后期发动的好几次北伐战争几乎都是无功而返，其间还出现过非常重大的失误，致使原本就国力不强的蜀国在其死了之后，越发显得衰弱，并且成为三国之中最早灭亡的王朝。

陈寿在《三国志·蜀书·诸葛亮传》中写道，诸葛亮堪称是治国的良才，可以与管仲、萧何这样的名相相提并论。但是他连年兴师动众却无法实现北伐的成功，究其根由，估计是因为随机应变和用兵谋略并不是诸葛亮的特长吧！虽然陈寿的评论对于崇拜诸葛亮的人来说，有点儿刺耳，但是从诸葛亮一生的谋略及其成就来看，这个评论还是比较中肯的。

多灾多难的童年

虽然诸葛亮是徐州琅邪阳都人，不过，他的祖籍并不在阳都，而是在诸城。而且，他的家族原来也不是姓诸葛的，而是姓葛。据说在很久很久以前，他的整个家族就从诸城迁徙到了阳都。非常巧的是，在当时的阳都有一人家也姓葛，为了加以区别，人们就将诸葛亮的先祖叫作"诸葛"。

在西汉时期，诸葛亮的家族就已经是官宦之家了。其先祖诸葛丰曾做过司隶校尉，是一个省部级的高官，职位很高，有很大的权利，并且一生刚正不阿。但是，在诸葛丰之后，他的家族就极少有高官与名人出现了。

到了诸葛亮的祖父这一辈就慢慢地变成了十分普通的地方官吏阶层。诸葛珪，也就是诸葛亮的父亲做过泰山郡的郡丞。郡丞在那个时候就有着很大的名望与地位。但是，诸葛亮的童年生活并不是很美满，4 岁的时候，他的母亲章氏就因病去世了，父亲只好续弦。当诸葛亮长到 8 岁的时候，父亲诸葛珪又因为疾病去世了，一家人只能依靠继母拉扯，勉强地维持生计。幸亏有叔叔诸葛玄经常接济，才不至于整天为生活担心。

关于诸葛亮的叔叔诸葛玄，在史料中的记载非常少，只知道这个人在汉末有一定的知名度，与那个时候汝南的袁绍、袁术家族以及皇室后裔刘表家族关系都非常好，但是他在徐州期间具体担任过什么职务却没有任何记载。

诸葛亮的童年正是汉末社会发生巨大变革的时代，中平元年（184）诸葛亮4岁时，黄巾起义爆发，从此之后，汉末政局变得更加混乱不堪。到了中平六年（189），大将军何进所带领的外戚集团想要秘密谋杀宦官集团，然而，没想到消息走漏，均被宦官张让等人所杀。这个时候，袁绍等人趁机发难，在京城洛阳大力追杀宦官并且将其悉数消灭。就这样，在一夜之间，影响东汉政局一百多年的外戚和宦官两大集团忽然消失了。然而，还未等到以袁绍、袁术等人为首的官僚、士大夫集团庆祝胜利的时候，凉州军阀董卓却凭借进京勤王的名义来到了洛阳，并且开始把持朝政。迫于董卓的淫威，袁绍、袁术等人先后从京城逃了出来，后来又组织关东联军对董卓进行讨伐，从此出现了汉末群雄角逐的局面。

对于诸葛亮的家乡徐州来说，汉末局势的变化对此地有着巨大的影响。黄巾起义时期，徐州属于重灾区之一，纷飞的战火严重影响着徐州的社会安定与经济问题。之后接连不断的农民起义也让徐州的地方官吏非常头疼，徐州地区变得越来越混乱了，百姓流离失所，痛苦不堪。

幸运的是，这种局面由于新任刺史陶谦的到来而一度得到很大改善。陶谦到任后，严厉打击境内的农民起义，同时，他还大胆提拔徐州本地士人与豪族，并且兴修水利、恢复生产，从而促进了经济的发展。在他的有效管理之下，徐州慢慢地改变了以前"世荒民饥"的局面，不过数年之间，徐州的发展就出现了欣欣向荣的景象，不但人口众多、谷物丰收，而且就连各地的流民也纷纷逃过来，这里似乎成为了汉末乱世中原地区唯一的一个世外桃源。

徐州地区短暂的和平与繁荣也让幼年的诸葛亮有了一个相对安定的成长与学习环境。同时，一直在外地游学的诸葛瑾也回到了阳都，一边与继母共同承担一家人的生活，一边照顾弟弟诸葛亮。虽然史料中并未提到诸葛亮在徐州的成长与学习过程，但从后来诸葛亮撰写的文章中能看出来，少年时期的诸葛亮接受了良好教育。但是，这个阶段在诸葛亮14岁时因为战争而突然终止了。

兴平元年（194），占据兖州的曹氏集团第二次大规模地进攻徐州。面对曹操猛烈的攻势，陶谦拼命地抵抗，但却没能阻挡，曹军占领了包括诸葛亮的故乡琅邪在内的很多郡县，徐州的局势变得非常混乱。曹军疯狂地在徐州境内进行杀戮，使得百姓人心惶惶，同时也引发了徐州的难民潮。

面对这样的情况，诸葛亮一家被迫做出了一个艰难的决定：继母和哥哥诸葛瑾一同离开阳都，到江东地区避祸，至于家族的其他成员则由叔叔诸葛玄代为照顾。但是，徐州地区的局势日渐紧张，诸葛玄对此很是担忧，他开始利用早年的关系与一些割据诸侯频频联系，准备尽早离开这个是非之地。

在诸葛玄的不断努力下，最终换来了一个机会，这个时候，割据淮南地区的袁术向他发出了邀请，让他去做豫章太守。于是，诸葛亮与两个姐姐及弟弟诸葛均等人，随着叔叔诸葛玄离开了这个战火纷飞的徐州，前往扬州豫章郡。然而，这次的远行并没有结束诸葛亮一家人的颠沛流离。没过多久，豫章太守之争爆发，又让年仅14岁的诸葛亮再一次感受到了汉末社会的混乱和无序。

诸葛玄能够担任豫章太守的原因是，淮南军阀袁术的指派，而袁术这样做，除了与诸葛玄有私交之外，主要是为了在扬州地区进一步扩大自己的势力范围，对于诸葛玄的任命完全出自袁术的私授，朝廷对此并没有认可。在诸葛玄任豫章太守之后没多久，当时担任扬州刺史的皇族成员刘繇非常恼怒袁术安插在豫章的这颗钉子。在刘繇的活动下，很快，朝廷就任命朱皓为豫章太守。

这样，诸葛玄这个豫章太守就成了"山寨版"。不但如此，为了尽早把"山寨太守"诸葛玄赶出豫章，刘繇直接命令朱皓调用扬州的军力对豫章发动攻击。

结果，诸葛玄战败。在无奈之下，**诸葛玄只好带着诸葛亮、诸葛均以及诸葛亮的两个姐姐前往荆州投靠故友，即荆州牧刘表。**从此之后，诸葛亮的一家人就定居在了荆州，这一待就待了 14 年。

出山之前的生活

诸葛玄到达荆州的时候，刘表控制着荆州。刘表，字景升，汉景帝的儿子鲁恭王的后人，早年投身于汉末经学大师——王畅门下，深受清议风气的影响，早年就积极投身于汉末社会风潮中，并切成为了其中很重要的代表人物之一。

初平元年（190），原荆州刺史王睿被孙坚所杀，董卓控制之下的东汉政府下诏任命刘表担任荆州刺史。那个时候的荆州形势非常混乱。

刘表单人独骑上任后，得到了荆州本土豪族势力的支持，利用本地豪族的力量平定了荆州地区的各种割据势力以及地方武装，没用几年就稳定了荆州的局势，"南收零、桂，北据汉川，地方数千里，带甲十余万"，成为汉末比较大的割据势力。

在刘表的控制之下，荆州地区保持了十分稳定的社会、经济局势，各地流民争着涌入，也成为很多知识分子与失意官吏的避难场所。对于诸葛玄来说，除了看中刘表是自己早年的故交外，荆州所展现出来的宁静大概也是他的重要考量之一吧。

史料上并未对诸葛玄在荆州数年的经历有过多的记载，不过在此期间，他为诸葛亮一家做成了两件大事：第一，诸葛亮的大姐嫁给了荆州六大豪族之一，即蒯家的子弟蒯祺；第二，把诸葛亮的二姐嫁给了荆州另外的一家豪族，即庞家的子弟庞山民，这两件事对诸葛亮的前半生来说有着非常重大的意义。

刘表之所以可以控制荆州，主要就是依靠了荆州的两大家族——蔡家与蒯家，所以，这两大家族也成为荆州的主要政治势力。蒯家的蒯良和蒯越是刘表时期的代表人物，而诸葛亮的大姐夫蒯祺就是蒯家的子弟，后来还做了房陵太守；诸葛亮的二姐夫庞山民，则出自荆州有名在野政治领袖与文化名流庞德公家族。尽管庞德公在刘表当时期权拒绝为官，但是在荆州各界却有着很高的地位，与此同时还是荆州著名的文化领袖。后来与诸葛亮一同为刘备效力的著名谋士——庞统就出自这个家族。

诸葛玄为诸葛亮所成就的这种复杂的姻亲关系极大地影响着诸葛亮的未来。诸葛玄妥善地安排了年幼的诸葛亮，将他送至刘表所创办的学业堂读书习字，使其可以继续完成学业。

不过，在建安二年（197）诸葛玄因为疾病去世了，诸葛亮一家霎时失去了常年庇佑的一棵大树。此时，年轻的诸葛亮作出了一个大胆的选择：与弟弟诸葛均一同搬到了距离襄阳城西十多里地的隆中，开始了长达十年的耕读生活。

在隆中期间，诸葛亮除了参加田间耕作外，还广泛地阅读了儒家及其他诸子百家的一些非常经典的著作，并且慢慢地形成了一套独特的阅读方法：观其大略，也就是掌握书中的基本观点与精髓，不拘泥于死记硬背。这套学习方法后来也在诸葛亮所著的《论诸子》中得到了充分的体现。

除了自己苦读之外，诸葛亮也开始慢慢地在襄阳附近地区游学，和不少荆州的学子进行交流。但是，那个时候的人对诸葛亮的评价褒贬不一。

原来，诸葛亮在与人交流时常常将自己比作春秋战国时期的名人管仲、乐毅，这难免让很多人都感觉他年少轻狂，但是也有一些人认为诸葛亮的确有这个潜质。这几位是博陵人崔州平、颍川人徐庶及石广元以及汝南人孟建，后来，他们与诸葛亮成为了好朋友。客观地说，这个时候诸葛亮的性格也确实有些张扬，即使在这几位好朋友面前，也经常显示出自己是多么与众不同。

有一次，诸葛亮在与这几位好友聊天的时候，对着徐庶、石广元、孟建说："将来你们几位如果要去做官的话，我看凭借你们的才干能够得到刺史或郡守这样的职位。"而当众人问到诸葛亮是怎样给自己的仕途定位的时候，诸葛亮却笑而不答。由此可见，成为刺史、郡守不是诸葛亮对自己的定位。在年轻人中非常容易产生这种心高气傲的心态，即使是诸葛亮也在所难免，好在这几位都是诸葛亮的好朋友，平日里，已经习惯了他自比管仲、乐毅的一贯腔调，早就习以为常了。

诸葛亮在隆中耕读的这几年间，还解决了自己的终身大事。但是，他的这段婚姻却引起了很多人非议与讥笑，因为他这个公认的帅哥却娶了一个十分丑陋的女子为妻。后来，这件事就成了人们茶余饭后的一个笑料。这个故事被收录在东晋人习凿齿所撰《襄阳耆旧记》中，故事的大意是这样的：

沔南人黄承彦十分欣赏诸葛亮的才华，主动向诸葛亮提亲并且告诉诸葛亮："听说你还没有娶妻，我有一个女儿，模样不好，头发黄，面容黑。但她却有一些才学，人品也不错，许配给你我觉得很合适。"

没想到诸葛亮竟然答应了这门亲事，并且很快就与这位相貌丑陋的黄氏成了亲，这让不少人感到很意外。于是，后来有好事者还为此编出了一句顺口溜："莫作孔明择妇，止得阿承丑女。"

为何诸葛亮要娶一个丑女为妻呢？除了很多人坚持认为的诸葛亮重才重德不重相貌之外，还有一个十分重要的原因，那就是他的岳父黄承彦在荆州的身份非常特殊。黄承彦是荆州沔南地区名声斐然的名士，同时也是荆州六大豪族之一的黄家的代表人物。虽然史料中并未介绍其生平，但是从其家庭背景中不难推测出这个人在汉末期间做过一定的官职，同时在荆州地区享有盛名。黄承彦的妻子姓蔡，父亲蔡讽，在汉末时期，蔡家已是荆州著名豪族之一，刘表手下的重臣蔡瑁就是蔡讽之子；蔡讽的姐夫是曾担任过尚书令、大司农、太尉、司隶校尉等职的汉末名臣——张温，而蔡讽的幼女又成为了荆州牧刘表的后妻。

这样一来，黄承彦就成为蔡瑁的姐夫，与此同时还是刘表的连襟。诸葛亮与黄氏联姻后，刘表就成了诸葛亮的姨夫，而刘表的三个儿子就是诸葛亮的表兄弟。再加上，之前诸葛亮的两个姐姐，诸葛亮几乎与荆州的政要、首脑、名士等都成了姻亲。这对于诸葛亮的未来有着极大的帮助。所以，各种因素综合在一起，诸葛亮的这段婚姻就成为了一种必然的结果。

很显然，诸葛亮在荆州的游学经历以及出乎意料的婚姻在荆州引起了很大的反响，很多人开始留意起诸葛亮这个之前一直默默无闻的年轻人。

客居荆州的颍川名士司马徽与诸葛亮成了好朋友，荆州士人领袖庞德公也公开称赞诸葛亮为"卧龙"，另一位荆州的青年名士，被庞德公誉为"凤雏"的庞统也成为了诸葛亮的座上客，还是荆州六大豪族中的马家与习家也有很多人与诸葛亮成了好朋友了。一时之间，诸葛亮成了荆州地区年轻人的楷模。尽管这样，当时担任荆州牧的刘表对于诸葛亮似乎没有太大的兴趣，史料上也未记载刘表与诸葛亮有接触。可能是刘表认为诸葛亮还未达到自己的要求，又或者是诸葛亮瞧不上刘表这位姨夫而不愿意做官。

总而言之，直到建安十二年（207）已经27岁的诸葛亮依旧在隆中地区耕读。就在诸葛亮高卧隆中的时候，一位十分特殊之人来到了荆州，这个人后来成为了诸葛亮追随一生的明君——刘备。

诸葛亮出山

刘备，字玄德，涿郡涿县人，原本是汉景帝的儿子中山靖王刘胜的后人，有着皇族的背景。但是到了刘备的父亲时早已没落了，刘备的父亲刘弘只做过东郡范县的县令，在刘备少年的时候就去世了。刘备只得与母亲"贩履织席为业"，事实上，其状况与寒门没有什么两样，尽管不能说是一无所有，但已经没什么社会地位了。

　　刘备青少年时期，正是东汉王朝统治末期，朝廷政治十分腐败，社会、民族矛盾也异常尖锐，内部的农民起义以及异族的入侵接连不断。尽管刘备的家乡涿郡属于边地，但是依旧摆脱不了社会大环境混乱的影响。不管是农民起义还是异族入侵都对涿郡产生了很大的影响。为了自保，涿郡各地相继建立起了由地方豪强、村民以及流民等作为主体的地方武装。这个时候，年轻的刘备紧紧抓住这个机遇，跟随校尉邹靖一起参加了征讨叛军的战斗，并且从此登上了汉末的政治舞台。刘备在历任安喜县尉、下密县丞、高唐尉、高唐令等低级官职后，在初平二年（191）投靠了自己的同窗，也是当时中国北方地区最大的割据势力，即公孙瓒集团，并且被任命为平原相。在此期间，刘备由于礼贤下士、关心百姓、治理有方而名声大震，使得很多人对他刮目相看，并慢慢地成为各大割据势力拉拢的对象。

　　兴平元年（194），就在诸葛亮一家为了曹操血洗徐州而担忧的时候，刘备奉公孙瓒的命令进入徐州对陶谦施以援助，虽然其军事实力不是曹氏集团的对手，却给陶谦留下了非常好的印象。后来陶谦推荐刘备做了豫州牧，还在去世的时候遗命将徐州拱手相让。虽然刘备在中原地区赢得了良好的声望，但是其弱小的军事实力却在战火纷飞中多次铩羽，先被袁术与吕布联手赶出了徐州，后来又在吕布追杀之下被迫投靠了曹操。再之后，刘备又利用曹操和袁绍之间展开官渡决战的大好时机，重新夺回了徐州并且举起了抗曹的大旗，但是在曹操强大兵力的打击下连连败退，只得依附袁氏（袁绍）集团。虽然后来刘备趁曹操后方兵力空虚的时候将汝南等地夺了回来，但是因为立足未稳又被曹操打败了。建安六年（201），走投无路的刘备只得南下荆州投靠刘表。在闯荡中原的十几年时间中，虽然刘备屡战屡败、没有办法立足，但是却树立了自己的政治想想，建立了很大的政治威望，并且也通过在平原、豫州、徐州等地的杰出表现，成为了不少人心中礼贤下士、关爱百姓的仁德之主。与此同时，刘备也建立起了自己的政治、军事集团的基本班底。关羽、张飞、赵云等人就是这个班底的主要成员。

刘表对刘备的到来表示热烈的欢迎，同时还给刘备提供了一些兵力，让其镇守荆州的北大门新野，同意刘备作为一个相对独立的军事实体在荆州生存。

刚开始，刘备十分感激刘表的临危扶持，表现非常卖力。建安七年（202），刘备在博望打了一个相当漂亮仗，不但为自己的生存，而且也为荆州的稳定立了一大功。同时，刘备还利用刘表的举棋不定，快速在荆州地区招兵买马，积极增强自己的力量。

刘备不仅与荆州六大豪族中的庞、黄、马等家族都建立了十分密切的联系，而且还与不少在野的荆州士人建立了很好的关系。在刘备巨大政治声望的感召下，很多荆州士人相继加入刘备的阵营或者积极地向刘备推荐人才。

也正是在这个时候，诸葛亮的好朋友徐庶投奔了刘备。在司马徽与徐庶的极力推荐之下，诸葛亮成为了刘备大力争取的对象，于是，这才发生了历史上相当著名的经典求贤故事——"三顾茅庐"（当然了，历史记载中可能还有一个所谓的"毛遂自荐"的版本，说是诸葛亮自己求见刘备的）。

为了请诸葛亮出山，刘备曾经屈尊三顾茅庐，与诸葛亮在茅庐中畅谈天下局势与发展。在"隆中对"中，诸葛亮非常精辟地分析了汉末天下局势，认为不管是曹魏集团还是孙氏（孙权）集团都将继续在汉末政治舞台上扮演非常重要的角色，在这种大势下，一定要采取联吴抗曹的策略才能获得生存与发展的空间，实现鼎足三分的中期目标；为了取得能够与这两大集团相抗衡的力量，就一定要将发展的重点放在荆州与益州，实现"跨有荆益"的近期目标；在夺得荆州与益州地区后，再继续富国强兵，抓住有利的时机兵分两路夺取中原地区，最后实现统一全国、复兴汉室的目标。

虽然诸葛亮在"隆中对"中所提出来的策略仅仅使一种战略构想，

其中有很多不确定性，但是很显然刘备已经了解了诸葛亮的能力，并且对其产生了极大的信任。在刘备的反复劝说之下，诸葛亮终于离开了自己隐居十年的隆中，正式成为刘氏（刘备）集团的谋士。这一年是建安十二年（207），诸葛亮只有27岁。

荆州失利

诸葛亮加入刘氏（刘备）集团后，受到了刘备的非常高的礼遇，史料中用"情好日密"来形容刘备与诸葛亮之间的关系。不过，没有想到，这引起了刘氏（刘备）集团中关羽和张飞两员主要将领的不满。这个时候，刘备向关羽、张飞解释，说是自己有了诸葛亮这样的谋士，"犹鱼之有水也"，刘备还公开表示，让关羽与张飞两个人闭嘴。从这个细节中也能够看出刘备是多么器重诸葛亮。

不过，这个时候的诸葛亮并没有在意关羽和张飞的不满，而是一心想着怎样迅速壮大刘氏（刘备）集团。所以，在投靠刘备后不久，诸葛亮就开始苦思冥想如何增加收入、扩充兵源，没多久就想出了一个好办法。

在诸葛亮的建议下，刘备向刘表提出，将荆州地区的流民登记入户。刘备劝说刘表，如果在册人口多了，那么，税收也就多了，就能为荆州增加财政收入。刘表毫不犹豫地满口答应下来。这么做表面上看来，刘表的财富增加了，而暗地里刘备却利用这个机会将不少流民招募进自己的队伍，一段时间后，刘备的军队就扩张到了数万之众。

这样一来，刘氏（刘备）集团的主要成员们自然都非常高兴，不再怀疑诸葛亮的能力了。（当然了，这里我们要附带着说一句，小说中写的"火烧博望"、"火烧新野"并不是历史的真实，而是后人杜撰出来的）。

在积极扩大队伍的同时，诸葛亮还充分利用自己在荆州的亲属关系，悄悄为刘氏（刘备）集团寻找政治同盟。诸葛亮的表弟，即刘表的长子刘琦，成为了诸葛亮大力拉拢的主要对象。

在刘表的三个儿子中，大儿子刘琦与二儿子刘琮就成了继承人的主要人选。依据传统的继嗣方法，大儿子刘琦日后接替刘表成为荆州主人的可能性最大，然而，这种情况却由于刘表娶后妻蔡氏而发生了很大的变化。蔡氏十分喜欢刘琮而讨厌刘琦，后来又让刘琮娶了自己的侄女，而蔡氏的弟弟蔡瑁和刘表的外甥张允都常常在刘表面前夸赞刘琮，诋毁刘琦。刘琦继承人的地位非常危险，随时都有可能被刘琮、蔡瑁等人暗算。

在此情况下，刘琦被迫找到了表哥诸葛亮询问计谋，而这个时候的诸葛亮使用了一个一箭双雕的计策，不仅成功地将刘琦的生命之忧化解，而且还为刘氏（刘备）集团的进一步发展埋下了一个伏笔。后人称这个故事为"去梯问术"，故事的过程大致是这样的：

刘琦察觉到自己随时都有可能遭到蔡瑁、张允等人暗算之后，数次找到诸葛亮询问脱身的计谋，但是诸葛亮却故意推脱。无奈之下，刘琦再一次邀请诸葛亮到后园游赏并且一起登上了高楼饮宴的时候，忽然命令手下将梯子撤走，然后对诸葛亮说，现在上不着天下不着地，也无外人打搅，能够达到完全保密的效果，希望诸葛亮告诉自己怎样才能脱离目前的险境。

这个时候的诸葛亮只是平静地向刘琦讲述了春秋时晋国的太子申生在国中遇险，而他弟弟重耳在外流亡却最终获得安全的典故，刘琦听后恍然大悟。没过多久，刘琦借着江夏太守黄祖被孙权杀死之机，向刘表申请并且得到同意，出任江夏太守。

单从这个故事本身来看，诸葛亮这么做只不过是为了替自己的表弟献计脱困，但是不久诸葛亮的真实意图就显露出来了。刘琦就任江夏太守后，刘备的大将关羽也来到了江夏，并且以协助刘琦的名义建立了一支万余人的水军部队。这样一来，刘氏（刘备）集团不仅在荆州地区将刘琦变成了自己的同盟，而且还还进一步壮大了自己的队伍，可以说是一举两得、一箭双雕。

在诸葛亮加入刘氏（刘备）集团的半年间，刘氏（刘备）集团的发展十分顺利，其实力也得到了不断地增强，同时，这也是诸葛亮"隆中对"中所提出的"跨有荆益"战略构想的第一个十分关键步骤——占据荆州的具体实施。但是，这个实施过程却由于第二年荆州地区出现了巨大的变故而意外地终止了。这个时候，中国北方地区长达十多年的混战局面已基本结束，曹氏（曹操）集团脱颖而出成为中原霸主。一心想要平定战乱的曹操终于忍耐不住要尽早将全国统一的雄心了，在建安十三年（208）七月发动了征讨荆州的战争。

荆州之战刚开始的时候，曹操假装公开出兵进攻南阳宛县与叶县，其实却悄悄地从小道轻装前进，绕开刘表重兵防御的南阳，快速地进入了荆州地区。就在这个时候，刘表意外地因病亡故，他的儿子刘琮继位并且向曹操投降。这对于刘氏（刘备）集团以及诸葛亮个人来说是一个十分沉重的打击，这也就意味着刘备与诸葛亮通过寄寓荆州发展自己的势力，然后从荆州内部和平演变的预定策略失败了。不仅这样，在曹操强大兵力的逼迫之下，刘备被迫放弃了驻守地樊城，朝着江陵方向仓皇逃去。面对这样出人意料的局面，诸葛亮十分着急，并向刘备提出了一个十分大胆的设想：乘乱向荆州及襄阳进攻，将刘琮消灭，占领荆州。但是，刘备拒绝了诸葛亮的这个主张。刘备对诸葛亮只是说自己不忍心消灭刘琮，并未解释其中的根本原因。

从当时荆州的局势来看，刘备的决定的确是十分正确的。那个时候的荆州内部的整合已经趋于逆转，军队开始分裂，即便刘备夺取了襄阳，固守一时，也没有办法照顾整个荆州的战场。与此同时，驻守章陵的荆大将文聘倾向于刘琮，现在刘琮已经投降，如果曹军进攻襄、樊不利，就会转向安、随方向。文聘被招降后，如果攻陷枣阳，从东西向汉水逼近，争夺宜城，不但有丢失汉水的风险，而且还可能斩断襄阳与江陵之间的联系。如此一来，即便攻下襄阳，也会让自己陷入孤立无援的局面。守着襄阳这样的一座孤城，其结果是一定会失败的，并且还会加速自己的灭亡。从诸葛亮这次的献计中就能看出，在突如其来的意外状况面前，年轻的诸葛亮也会出现顾此失彼的状况，幸亏刘备最后拒绝了诸葛亮的建议，才使得刘氏（刘备）集团避免了一次灭顶之灾。

在刘备向南撤军的过程中，荆州十多万百姓先后加入，致使队伍行动十分缓慢，一天只能够走几十里路。曹操得到刘备向江陵撤退的消息后，立刻命令大将曹纯率领五千名曹军精锐——虎豹骑迅速追赶，并且在当阳长坂地区追上了刘备。经过一番混战之后，刘备的军队大败，十多万百姓被曹军冲散了，刘备的两个女儿被曹军抓住，徐庶的母亲也被曹军擒获。为了救自己的母亲，徐庶只好忍痛含泪与刘备、诸葛亮告别，只身前往曹营归附了曹操。而遭到如此沉重打击的刘备也被迫放弃了原本制定的撤退江陵的计划，与张飞、诸葛亮一同向汉水方向撤退。

途中，刘备遇见了东吴集团派遣吊唁刘表的使者——鲁肃，鲁肃建议刘备立刻派人前往江东与孙权结盟，一起对抗曹操。随后，刘备又给鲁肃介绍认识了诸葛亮。在诸葛亮的"隆中对"中，联吴抗曹本来就是既定方略，对于鲁肃的这个提议，诸葛亮自然是十分赞同的。鲁肃与诸葛亮见面后，声称自己与诸葛亮的哥哥诸葛瑾是十分要好的朋友，使得双方的关系更近一步。这个时候的诸葛亮马上萌生了与鲁肃一同前往江东联合孙权抗曹的想法。

当刘备、诸葛亮以及鲁肃等人与关羽的水军会合并且一同撤退到夏口之后，诸葛亮立刻表示想要去江东与孙权进行会谈，争取尽快实现联吴抗曹的战略构想。到这个时候，一场对汉末政治格局影响巨大，危及刘氏（刘备）集团生死存亡的大战开始了。作为这场战争的参与者和见证人的诸葛亮，对战争的发展与结果发挥了非常大的作用。这场战争就是人们非常熟悉的"赤壁之战"。

联吴抗曹

　　诸葛亮与孙权在豫章郡的柴桑城中相见。面对吴主孙权，诸葛亮决定利用激将法来对他进行刺激。于是，诸葛亮说道："现在天下大乱、诸侯纷争，将军在东南起兵，刘备将军则在汉水以南招募军队，与曹操一同争夺天下。如今，曹操已占领荆州大部地区，威镇寰宇，在曹操十分强大的军事力量面前，英雄也没有任何用武之地，所以，刘将军才被迫撤退到夏口，以便暂时避其锋芒。按照现在的形势来看，我觉得将军应当对自己的军事力量进行一下评估，然后再采取相应的对策。倘若将军想要以江东之众与曹操对抗，还不如早些与之断绝关系；倘若将军自认为力所不及，还不如尽早向曹操投降。而如今表面上将军与曹操关系不错，但是内心却犹豫徘徊。在这个紧急关头倘若还是如此的话，很可能就大祸临头了。"

　　果然，诸葛亮的话让年轻气盛的孙权很生气，他忍不住反唇相讥："假如真的像先生所说的那样谁都敌不过曹操，那么，刘将军为何不向曹操投降，非要不自量力与曹对抗呢？"

　　诸葛亮昂着头地回答："古人田横，只不过是齐国的一名壮士，他尚且可以守义不辱，宁死不降，更何况刘将军乃是皇室后裔，盖世英才，即使败在曹操的手下，那也只是老天的意思，怎么能够向汉贼曹操投降呢？"

　　诸葛亮的激将法果真收到了良好的效果，这个时候的孙权情绪早已经变得十分激动，他激动地回答："我早已经下定决心了，无论如何都不会将江东地区拱手让给曹操这个奸贼的！必定和曹操决一死战！天下之大，也唯有我孙权与刘备将军能够抵挡曹操了。不过，刘将军刚刚兵败于荆州，他还有力量对抗曹操吗？"

看到孙权已经表明了立场，诸葛亮立刻冷静而客观地分析了当今的形势。诸葛亮认为：

尽管刘将军在长坂地区遭遇失败，但陆续回来的士兵以及关羽的水军加起来还有万余名精兵。荆州江夏太守刘表的大儿子刘琦手中也有兵士万余名，这些军队都可以作为对付曹军的生力军。曹操的兵马从中原远道而来，早已经十分疲惫，听说这一次为了追赶刘将军，其虎豹骑竟然一天一夜长途奔袭三百多里，犯了兵家大忌。更何况北方人不习惯水战，在江南地区没有办法将其陆战的实力发挥出来。虽然荆州的百姓在曹操的淫威下被迫曲意顺从，但是内心深处还是愤恨曹操的。有了这些有利条件，将军只需要安排精兵强将和刘将军一起作战，双方齐心协力，必定可以打败曹操这个强敌！一旦曹操兵败只能退回北方，不管是刘将军还是孙将军都可以让自己的力量迅速壮大起来，到那时就会形成鼎足三分的格局。而这一切的关键，就在于将军是不是能够下定决心和刘将军联盟一起对抗曹操了。

诸葛亮的这段话说得既坦诚直接，又不卑不亢，将孙权对刘氏（刘备）集团实力的担忧与顾虑都打消了，孙刘正式形成联盟。当然了，这里我们需附带着提一句，在历史上，小说中的"舌战群儒"是不存在的。在真实的历史中中，江东的重要谋士张昭不但没有与诸葛亮进行唇枪舌剑，反倒是在孙权面前对诸葛亮的才能给予很高的赞赏，并且建议孙权把诸葛亮留在江东为东吴服务，这也是智士之间的惺惺相惜了。

建安十三年（208）年底，赤壁之战终于开始了。就像诸葛亮所说的，交战初期曹军就大范围地出现了水土不服的现象，曹军军营发生很大规模的瘟疫，战斗力急剧下降，再加上新编水军以及新附荆州水军很难磨合，士气十分低下，所以没多久就被周瑜的水军打败。曹操被迫将水军引至江北和陆军会合，将战船停在北岸乌林一侧，操练水军，等待时机。与此同时，为了解决士卒坐不惯船的问题，把舰船首尾连了起来，这样，士兵在船上就好像在平地一样。不过，这却给了孙刘联军可以利用的机会。周瑜手下大将黄盖立刻献上诈降之计，骗得了曹操的信任。到了作战的那一天，黄盖准备了十艘轻利之舰，满载薪草膏油，外用赤幔伪装，上插旌旗龙幡。那个时候东南风急，十艘船在中江顺风而前。在距离曹军二里的时候，黄盖命令士兵点燃柴草，火烈风猛，船如飞箭，烧尽北船，蔓延到岸上各营。片刻之间，大火冲天，曹军有无数的士兵被烧死、溺死。对岸的孙刘联军趁机横渡长江，大败曹军。曹操看到败局已经没有办法挽回了，立即将剩下的战船自焚，率军沿着华容小道退向江陵方向，而周瑜、刘备的军队水陆并进，一直在后面跟着追击。曹军伤亡非常大，回到江陵之后，害怕赤壁失利而导致后方政权不稳定，立刻自己回了北方，留下曹仁、徐晃等继续在南郡驻守，后来委任乐进守襄阳、满宠代理奋威将军，屯于当阳。孙刘联军在赤壁之战中取得完胜。

曹操败于孙刘联军，主力也从荆州的大部地区撤出。荆州突然就成为一片权力真空地区。建安十四年（209），刘备抓住周瑜无暇南顾的机会，要求孙权同意他将南方四郡收复。这个时候的孙权尽管不太满意刘备的这个建议，但由于自己在江陵与合肥同时进行着与曹操的第二次较量，没有时间顾及其他，所以也就同意了。于是刘备率领部众南下收复四郡的地盘。没多久，零陵郡、桂阳郡、武陵郡以及长沙郡就被刘备控制在手中。不久，刘备以自己的部队没有立足之地作为借口，要求周瑜给他分一些地盘。周瑜同意将南郡的南岸地分给刘备。刘备在油口将军营改建为公安城。同年，刘表的大儿子，刘备最为忠实的盟友刘琦因病去世，刘备自封为荆州牧。从此之后，刘氏（刘备）集团在荆州站稳了脚跟，实力也得到了极大的提升。

因为诸葛亮在赤壁之战中起到了联络孙权、建立孙刘联盟的作用，刘备论功行赏，给予诸葛亮在刘氏（刘备）集团中第一正式的职务——军师中郎将。这个职务介于将军和校尉之间，督理零陵、桂阳、长沙三郡，征调赋税以及负责后勤工作是其具体的职责。诸葛亮除了很好地完成本职工作外，还积极主动地参与到刘氏（刘备）集团内部稳定的具体事务中。

零陵、桂阳以及长沙三郡中生活着不少少数民族，人们称之为蛮人。因为之前朝廷的残酷剥削与压迫，这些蛮人和当地居民及官府间的冲突不断，对于当地百姓的安全与经济发展产生了极大的消极影响。诸葛亮到任之后，改变了之前所使用的对策——敌对政策，而是采用抚绥政策，很好地改善了与少数民族之间的关系，同时专门在三郡地区划出特定的区域，建立了四个营地，积极与这些蛮人保持十分密切的联系。诸葛亮还数次前往蛮人居住地进行视察，对于稳定局势产生了极大的影响。

在诸葛亮的帮助之下，刘氏（刘备）集团所占据的荆州地区社会与经济的发展十分稳定，很多荆州的异士能人也纷纷加入了刘氏（刘备）集团，这其中就包括了谋士庞统、马良以及武将黄忠等人，这些人的加盟不仅为刘氏（刘备）集团的壮大提供了充足的人员储备，而且还成为不久后爆发的益州之争的生力军。

益州争夺战

建安十六年（211），刘备接受了益州牧刘璋的邀请，率领军队进入益州，这次入川的大都是刘氏（刘备）集团在荆州时期所吸收的能人异士，比如前文提到的庞统、黄忠等人，而刘备的嫡系，比如关羽、张飞、赵云等人都在荆州留守，其目的十分明确：刘备相当看重自己的大本营荆州，将自己的心腹与重要谋士诸葛亮都留在了荆州。

刘备入川的目的并不是像刘璋想象的那样去对抗张鲁，而是与益州本地实力派张松等人秘密地夺取益州。所以，刘备入川的一年时间内，一直在向刘璋要钱、要粮、要兵，与此同时，在益州地区努力扩大自己的影响力，为日后夺取益州作准备。这也是实现诸葛亮所说的"跨有荆

145

益"战略的重要步骤之一。所以，诸葛亮在荆州除了进一步贯彻由他提出来的联吴抗曹的既定策略外，还时刻关注益州的局势，正是在此时，诸葛亮的声名传遍了中原以及江东地区。之前非常欣赏诸葛亮的孙权也常常派人前来通好，使得双方之间的同盟关系得到了进一步的稳定，而远在中原的曹操也听到了诸葛亮的声名，派使者送来了五斤鸡舌香。在汉代，尚书郎"含鸡舌香伏奏事"是一项十分风雅的宫廷礼仪规定，象征着在朝为官、面君议政。曹操送给诸葛亮鸡舌香，主要是在暗示他口含鸡舌香为朝廷办事。当然了，面对曹操的拉拢，诸葛亮并未理会。在诸葛亮看来，只有刘备才是真正的"明君"，帮助刘备实现复兴汉室、统一天下是诸葛亮最大的心愿。

建安十七年（212），因为张松给刘备的密信让他的兄长张肃截获，并且交给了刘璋。从此，刘备与刘璋反目成仇，益州争夺战爆发。刘备在将刘璋大将杨怀等人斩杀之后，立刻派遣黄忠、卓膺率领士兵南下，进攻刘璋。没过多久，刘备所部就占领了涪县地区，并且与刘璋派来的刘璝、冷苞、张任、邓贤等人展开了一场十分激烈的战斗。刘璋的军队遭损失重大，只好退守绵竹。后来，奉命对绵竹增援的刘璋军队将领——李严又率领部众向刘备投降，大大增强了刘备的实力，使得刘备很快向益州腹地展开攻势，但是随后遭到了刘璋的拼死抵抗。刘璋派刘璝、冷苞、张任死死守着雒城，成都的最后一道防线。虽然刘备在围攻雒城的时候俘获了益州名将——张任，但是并没够顺利地拿下雒城，双方在雒城地区形成对峙的局面。为了尽早结束战争，刘备急忙给镇守荆州的诸葛亮去信，让他快速率军进入益州，对刘璋进行两面夹击。建安十九年（214），诸葛亮率领张飞与赵云兵分两路来到益州。

在诸葛亮的指挥之下，张飞沿着嘉陵江向成都进军，赵云则溯长江而上，经过岷江与沱江往成都方向进发。在两位将军的努力冲杀下，荆州方向的援军快速占领了巴西、江阳、德阳以及资中等地，与占领了雒城的刘备一起，包围了成都。不过，令人感到遗憾的是，刘氏（刘备）

集团的另外一名十分重要谋士——庞统却在雒城战役中不幸中箭身亡、这让刘备与诸葛亮都十分悲痛。但是，庞统的死并未丝毫影响战局，刘备夺取益州已经为期不远了。

在诸葛亮大军入川后，益州之战发生了根本性的转变，刘备占领了益州的大部地区，刘璋的老巢——成都也陷入了重重的围困。虽然成都城内还有三万精兵，充足的粮草，能够支撑一年，但刘璋看到大势已去，在刘备围困成都后不久就开城投降，从此，刘备就成为了益州的主人，诸葛亮"跨有荆益"的战略即将变成现实！战后论功行赏，诸葛亮不仅与法正、关羽、张飞一起被刘备授予了五百斤金、千斤银、五千万钱、千匹锦的奖赏，同时被提升为军师将军、益州郡太守，与法正一同执掌刘氏（刘备）集团的内政大权。

但是，军事的占领并没有将益州内部复杂的社会政治格局完全理顺，在诸葛亮的建议之下，刘备成立了五人委员会，成员分别为法正、诸葛亮、李严、伊籍以及刘巴，专门负责制定与颁布法令、法规。在这种背景下，《蜀科》诞生了。《蜀科》的主要特点是严明赏罚，革除刘焉父子时期法纪松弛、不可激励善者、不可惩治恶者的弊端。针对益州地区常年存在的尖锐矛盾，诸葛亮提出了"先理强、后理弱"的六字方针。所谓先理强，就是指严格依法办事，对于益州豪强地主的不法行为进行限制与打击，缓和内部矛盾。所以，诸葛亮在执法时十分严厉。没过多久，阻力就产生了。

一部分豪强地主的既得利益遭到了损害，他们自然不会甘心。一时间反弹的声音迅速响起。这些人不仅在底下议论，说诸葛亮刑法峻急，没有度德量力，并且利用各种关系给诸葛亮施压。有的益州的高级官员也开始支持他们了，其代表人就是身居扬武将军、蜀郡太守的法正。法正公开找到诸葛亮，劝说诸葛亮将正在实施的法令放弃。

法正说："从前高祖皇帝刘邦入关之后，将秦朝的严酷法律废除，并且约法三章，宽禁省刑，关中的百姓们对他的恩德都十分怀念。倘若我们刚刚借用武力占领益州，还没有垂恩于地方，就已经是滥用权威，这样做是错误的。我们应当采用怀柔的政策，放宽刑罚与禁令，这样才能够更好地安抚他们。"

诸葛亮见法正这样说，心中非常清楚，倘若不能从根本上将问题解释清楚，不仅解决不了问题，而且还会给以后益州地区的综合治理留下很大的隐患。经过慎重考虑，诸葛亮终于决定，用一封公开信的形式向法正以及整个益州解释依法治理的迫切性与重要性。

对于诸葛亮与法正之间的这场争论，刘备十分重视，并且赞同诸葛亮的观点。有了刘备这个最高领导的支持，诸葛亮也就更加大胆地去实施各种法律法规，这极大地改善了益州内部的社会秩序。

对于诸葛亮来说，占领益州只不过是实现"跨有荆益"战略的中的一步，占领由割据势力张鲁控制的汉中地区，并且将其作为北伐中原的桥头堡才能够使得这个战略完全实现。然而，就在诸葛亮用尽心思治理益州的时候，曹操已抢先进攻汉中地区并且收降了汉中，这不仅给"跨有荆益"这个战略目标带来了消极影响，而且还给刚刚壮大的刘氏（刘备）集团带来了十分严重的隐患，这个时候，刘氏（刘备）集团不得不将注意力放到了汉中地区，一场大战即将展开。

汉中之战

诸葛亮很熟悉汉中以及它的主人张鲁。早在刘备三顾茅庐时，诸葛亮就已经把汉中列入刘备鼎足三分到最后统一华夏最重要的基地之一。汉中是一个四面环山的盆地，战略位置十分重要，而且它还是益州的北大门，对于刘氏（刘备）集团的生存非常重要。就在刘氏（刘备）集团与刘璋展开最后决战的时候，建安十九年（214），曹操也率领大军攻打汉中，张鲁的军队被击败。同年的十一月，张鲁向曹操投降。曹操只用了短短四个月的时间，就将汉中地区收于囊中。

曹操占领汉中后，刘备迅速派遣黄权向依附曹操的汉中夷帅、巴东太守朴胡进攻。与此同时，对于曹操手下将领张郃孤军深入，到巴西地区进行掠夺人口的行动，刘备令巴西太守张飞率领精锐万余人应战。黄权的行动非常顺利，他攻破了杜濩、朴胡诸军，将三巴地区收复。而张飞面对张郃这支孤军，也采取了出奇制胜的对策，率领一万多精兵截击敌军，一下子将张郃军截成两段。张郃军首尾不能相顾，被打得落花流水。张郃丢弃马匹，进入山中，与手下十多人从小路逃走，然后收拾残部退回了南郑。这样一来，曹操对益州地区的危险暂时得到了解除。曹操在同年年底率军返回了邺城，只留下夏侯渊、张郃以及徐晃等人镇守汉中，万分紧张的局面终于得到了缓解。

建安二十二年（217），刘备的大军开始进攻阳平关，与此同时，张飞、马超等人屯兵武都下辨。而曹军主帅夏侯渊则在阳平关镇守，并且派出大将张郃屯兵广石，同时派曹洪攻打下辨，这场战斗从刚开始就陷入了胶着的状态中。同年年底，刘备进军汉中，直到第二年三月仍然没有取得很大的进展，甚至在三月份出现了曹军大将曹休在下辨地区击败张飞、马超军队的意外情况，大将吴兰也因此阵亡。四月，曹军大将徐晃又在马鸣阁道将大将陈式击败，刘军损失惨重。没过多久，双方又在在阳平关一带展开一场激烈的大战。为了应付逐渐吃紧的汉中战事，刘备急忙命令诸葛亮快速从益州增派援军。为了这件事情，诸葛亮专门派人将蜀郡从事杨洪请了过来以便商量对策。

杨洪见到诸葛亮后，马上表明了自己的态度：汉中是益州的咽喉，存亡的关键，如果丢了汉中，也就等于失去蜀了，这是家门前的祸患，对发兵没有任何疑问。

杨洪的话坚定了诸葛亮的信心。他火速把益州大部分的留守兵力与新征集的青壮年新军组织起来立即赶往汉中支援。同时，诸葛亮十分欣赏杨洪在这关键时刻的意见，在派出援军的同时，建议刘备任命杨洪为蜀郡太守，代替现在正在汉中前线辅助刘备作战的原太守法正，以便增强对蜀郡这块京畿重地的管理。杨洪受诸葛亮的任命担任蜀郡代理太守之后，"众事皆办"，将各项事务都处理得井然有序，得到了诸葛亮与蜀郡军民的称赞。杨洪上任没多久，又将自己门下的书佐何祗推荐给诸葛亮，声称他很有才干。诸葛亮在考察之后报请刘备，何祗被提升为广汉太守。经过这几件事情后，益州人士对于诸葛亮都深感佩服，认为诸葛亮可以充分使用那个时候的人才。

建安二十二年（217）九月，曹操亲自到达长安指挥汉中之战，双方陷入了胶着的状态。到了第二年的正月，老将黄忠在定军山力将曹军汉中主将夏侯渊斩杀，汉中之战的胜负天平已经偏向刘氏（刘备）集团。到了建安二十四年（219）五月，曹操率领大军返回长安，汉中之战，刘备最终获胜。

随后不久，刘氏（刘备）集团又将发展方向放到了东三郡地区。所谓东三郡，实际上是指西城、上庸与房陵三郡。这个地区原来是汉中郡的属县，在献帝时期才被升格为郡。尽管该地区道路崎岖，环境恶劣，但是因为地处襄阳以西，是连接汉中至襄阳非常重要的通道，战略位置相当重要。控制了东三郡，就相当于打通了从汉中到襄阳这段的汉水。为了尽早占领东三郡，刘备派出宜都太守孟达率军进攻东三郡，后来又将自己的义子刘封派往东三郡地区协助作战，想要一战成功。战事的进展很顺利，短短数月，刘封与孟达就占领了东三郡中的两郡。当地官员相继投降，申耽被刘备任命为上庸太守，申仪则为西城太守，刘备终于控制了东三郡。

到了这个时候，诸葛亮在"隆中对"中所说到的"跨有荆益"的战略目标已变成了现实。建安二十四年（219）七月，刘备在汉中自立为汉中王，终于实现了和曹操、孙权这两大集团鼎足而立的局面。

不过，就在这样好的形势下，刘氏（刘备）集团的根据地荆州却忽然发生重大的变故，关羽不仅将荆州丢了，而且还命丧孙权手中。刘氏

（刘备）集团的实力在顷刻之间遭到严重的打击，苦心经营多年的孙刘联盟也彻底破灭了。这个突如其来的变故不仅让整个刘氏（刘备）集团陷入一片慌乱当中，而且就连神机妙算的诸葛亮也没有料到：这一切似乎来得太突然了！

关羽失荆州

关羽在荆州镇守，是当年诸葛亮率领部众进入益州增援的时候，刘氏（刘备）集团作出的重大决策。就那个时候刘氏（刘备）集团的人员能力、威望以及战功来说，关羽无疑是最佳人选。不过，诸葛亮心中却对关羽桀骜不驯的性格十分顾虑。刘备攻下益州之后，曾任命原凉州军阀首领马超为平西将军。但是，关羽对于马超这位早已经闻名天下的一代名将很不以为然，而且还专门给诸葛亮写了一封信，询问马超的才能能与谁相媲美。很显然，这个事件就是关羽的自傲心态在作怪。诸葛亮收到关羽的来信后，迅速做出了反应。他立即给关羽写了一封回信，信中充满了恭维与奉承的言语。

诸葛亮在信中是这样写的：

"马超这个人文武双全，雄烈过人，属于一代豪杰，可以与汉初名将黥布、彭越相媲美，与张飞并驾齐驱。但是，与髯公你这样绝伦逸群相比，他还是略逊一筹。"

在现存诸葛亮的所有文章中，这封信件的语气可以说是绝无仅有的。这固然是关羽在刘氏（刘备）集团中拥有崇高地位与威望的一种体现，也是诸葛亮为了避免集团内部不和而不得已为之的一种举措，这也说明诸葛亮无法掌控关羽的性格，只得委曲求全，尽可能地安抚。但是，在此事之后，关羽的心态却变得越来越没有办法控制，不久后甚至差点导致刘氏（刘备）集团内部的严重不和。

　　建安二十四年（219），刘备在汉中地区自立为汉中王，并且任命关羽、张飞、马超、黄忠等人为前、右、左、后将军。在正式颁布这个任命之前，诸葛亮就显得非常担心。黄忠的名望没有办法与其他三人相比，让其与这三人并列，关羽肯定会强烈地不满。但是，刘备却胸有成竹地说自己必定可以说服关羽。不过，当刘备的使者——费诗带着对关羽的任命与印绶来到荆州的时候，诸葛亮所担心的事情还是发生了：关羽勃然大怒，不仅公开指出黄忠不配与自己同列，而且还准备拒绝接受印绶。多亏了费诗对此早有准备，有礼有节地说服了关羽，这件事情才得以妥善解决。由此可见，对于关羽的狂妄性格，诸葛亮是十分担心的。

　　关羽在镇守荆州的几年当中，除了与曹氏集团在荆州地区发生过几次规模不是很大的冲突之外，还与刘氏（刘备）集团的盟友——孙氏（孙权）集团发生过十分严重的冲突，并且酿成了建安二十年（215）发生的东吴夺取荆州三郡的事件。虽然之后刘备亲自出马与孙权达成了协议，但关羽对孙氏（孙权）集团的强烈不满与敌视已经没有办法改变了。后来，孙权为了缓和与关羽间的矛盾，主动派出使者请求与关羽结成儿女亲家，但是关羽不仅对此拒绝，而且还公然地辱骂孙权，这就更加引发了孙氏（孙权）集团的不满，再加上这个时候孙氏（孙权）集团的发展目标已经从曹氏集团所占领的徐州转向了由关羽占据的荆州，双方之间一场生死之战就难以避免了。

　　建安二十四年（219），关羽发动荆襄之战，向曹仁与吕常镇守的襄阳、樊城发起了大规模进攻，并且取得了水淹七军的重大胜利。孙氏（孙权）集团见夺取荆州的时机已成熟，就故意以当时没什么名气的陆逊代替吕蒙担任东吴荆州地区的最高指挥官。陆逊上任后，立刻写了一封信给关羽以便麻痹他。陆逊在信中的奉承让关羽得意忘形，认为陆逊将继续实行鲁肃在位时与自己保持的友好关系，于是不假思索地把镇守荆州以防备东吴偷袭的军队调向襄樊前线，全力对付曹军。这样一来，荆州的守备力量霎时变得非常薄弱。同年十月，吕蒙白衣渡江，偷袭成功，

与陆逊一起很快占据了江陵与公安等地，随后又相继攻下了宜都、秭归、枝江、夷道、房陵以及南乡等地，将荆州地区与益州之间的通道封锁，并且包围了关羽。这个时候，远在襄樊前线的关羽猝不及防，在知道荆州被袭后依旧犹豫不决，直到曹操的援军在襄樊一线成功地进行阻击，眼看夺取两地无望的时候，关羽才如梦方醒，急忙率领大军回援，但这个时候已经晚了。关羽回军的路上数次遭到东吴军队的重重堵截、追击，军队人数不断下降，士气低落，最终兵败麦城，与关平、赵累等被东吴军队俘虏，并且在同年年底被杀。就这样，荆州也落入了孙氏（孙权）集团的手中。

关羽的失败是汉末三国纷争中刘氏（刘备）集团的一个悲剧。它不仅将三国的政治版图改变了，而且使得诸葛亮的战略构思变成了泡影。从建安二十四年七月到十二月，短短的五个月之内，威震华夏的关羽就死于非命了。这个突然的变故让人忍不住想到了另外的一个话题：为何诸葛亮没有营救关羽呢？难道他是故意坐视不理吗？实际上，历史的真相并非如此。

第一，关羽所发动的襄樊之战并不是诸葛亮"隆中对"中所提到的开始对曹操进行两线作战、彻底消灭曹军的最好时机。就像之前所说的，关羽发动襄樊之战，主要是由于看准了曹氏集团内部不稳、在凉州与淮南地区疲于奔命的有利形势，而且针对襄樊地区曹军守备不强而发动的。其主要目的并非要一举拿下中原地区，而是利用以上各种有利条件尽早占领襄樊地区，为以后发动两线作战，拿下襄樊这两个重要的桥头堡作准备。就襄樊地区曹军防守情况而言，依靠关羽的军力完成这个战略目标并非一件很困难的事情，并不需要刘备大规模的增援。但是，关羽的这个战略愿望因孙权快速结束合肥之战，曹操能够从合肥、淮南地区调集军力增援襄樊而破产。然而，即便在这样的情况下，关羽还是取得了"水淹七军"的重大胜利。因为荆州距离益州十分遥远，关羽从失败到被俘隔了不足两个月的时间。在这样短的时间内，刘备、诸葛亮是否能够得到关羽及荆州方面的确切消息尚且存疑问，更别说前去援救了。

第二，在《三国志·吕蒙传》与注引《吴书》中还有非常两个重要的记载，这两段记载中说明了一个相当重要的事实：吕蒙从开始偷袭关羽的时候，就已经完全破坏了关羽后方的联络、通信系统，导致身在樊城的关羽居然不知道江陵、公安的情况。同理，远在益州的刘备与诸葛亮收到消息的时间就更晚了。所以，没有来得及营救也是正常的。

在丢失荆州没多久，东三郡地区也传来噩耗：东三郡守将孟达和刘备义子刘封之间发生内讧。孟达在与刘封的争斗中失败，害怕刘备给自己降罪，就带领自己的部下归降了曹氏，并且在不久后反戈一击，带领曹氏大将夏侯尚、徐晃一同攻打刘封所占领的房陵、上庸及西城三郡。刘封抵抗不住，只能舍弃三郡，率领残部逃回了成都。刘封兵败回到成都后，诸葛亮大力鼓动刘备将刘封杀掉。诸葛亮认为刘封这个人过于刚猛，担心等到刘禅继位时控制不了。刘备在诸葛亮的极力劝说下，最终决定将刘封赐死。

对于蜀汉政权原定战略来说，东三郡的丢失是一个致命的打击。这三个郡对于蜀汉的战略意义实在是太重大了。此地处于蜀汉的东北边陲，东临襄阳，北靠长安，是汉中的门户，占据这三个郡，不管是对曹魏，还是对孙吴，都有着一种威慑作用。荆州失守之后，这个地区能够作为进攻的桥头堡与防守的前沿。三郡的丢失，就意味着在战略上失去了从汉中东出、沿沔水而下东击曹魏、威胁孙吴的地理优势。其历史影响力仅仅次于丢失荆州。这三郡的丢失让后来诸葛亮攻打曹魏的道路只剩下北出汉中一条路，在战略上失去了选择。

在短短半年之内，刘氏（刘备）集团突然从巅峰坠落，这一切不仅让诸葛亮痛心致极，而且也让刘备寝食难安。怎样挽回颓势就成为了刘氏（刘备）集团的当务之急。就在这个时候，从中原地区传来消息，一代奸雄曹操因病去世了。这个时候，刘氏（刘备）集团就面临了两个选择：第一，趁着曹操新亡的有利之机进攻中原地区；第二，夺回荆州，向孙氏（孙权）集团讨还血债。

东征失败

对于刘氏（刘备）集团接下来应该怎么走，不管是刘备还是诸葛亮都没有仓促地做决定。从失荆州、东三郡开始，刘氏（刘备）集团就在认真且谨慎地考虑着下一步的行动方案。上文已经提到，关羽在建安二十四年（219）年底丢失了荆州，没过多久，东三郡也丢失了。第二年正月，曹操因病去世，直到这一年的七月，刘备才决定了最终的行动：发兵讨伐东吴。在这段时间内，刘备做的最为重要的举动就是在黄初二年（221）四月在成都称帝，其目的就在于为了扩大自己的政治影响力。同年七月，刘备正式命令车骑将军领司隶校尉张飞率领万余人马从驻地阆中出兵江州，等待自己一同发兵东征东吴。这个时间段大约有一年又八个月，由此可见，刘氏（刘备）集团内部对是北伐还是东征做出了一番争论与研究。从史料中看，在朝臣中，只有寥寥数人反对刘备东征孙权，最具代表性的就是耆将赵云。而诸葛亮，这个身为蜀汉第二号人物到底是什么态度，史料中却无任何记载。

张飞受命率兵从阆中出发进军江州，打算在与主力会师后进攻荆州，没有想到，在临行之前却被部将张达、范强所杀，其首级也被这两个人送到了东吴。刘备命令诸葛亮在成都留守，赵云屯兵江州作为后援，亲自率领大军御驾亲征，展开了与孙氏（孙权）集团争夺荆州地区的战争。刘备的先头部队进展得十分顺利，在同年的八月打败李异与刘阿，并且占据了秭归，其主力也陆续地向秭归方向集结。与此同时，荆州武陵地区的蛮夷各部也相继派出使者请求帮助刘备将荆州夺回。孙氏（孙权）集团则以陆逊作为统帅率五万大军与之对抗。战争初期，刘备进展很顺利，在占据秭归后，又在章武二年（222）正月派出将军吴班、陈式率领水军沿三峡东进，并且占领了荆州长江上游重镇夷陵，镇北将军黄权则奉命屯兵江北地区以保护大军的侧翼，刘备亲自率领主力向夷陵以南的猇亭地区挺进。在短短七个月之内，吴军从巫县、秭归等地向后退了将近六百多里，直至退到了猇亭地区。刘备占据夷陵后，一时间想不出解决吴军依险固守的局面的办法，于是沿巫峡至夷道一线依山扎营，前后建立了五十多个营寨与东吴军队进行对峙，从此战争也进入了相持阶段。

两军在猇亭地区对峙了好几个月，天气也转入盛夏时节。因为天气酷热，久战也没能取胜，刘备军队士气慢慢下降、疏于防范。这个时候，陆逊抓住有利时机，用大火烧了刘备绵延数百里的营寨，对刘备大军发起反攻。刘备猝不及防，数百里的营寨一下陷入了火海中，很快，四十多个营寨就被吴军攻破，手下大将张南、冯习、沙摩柯以及傅肜相继被杀，杜路、刘宁投降，数万兵士战死，在长江北岸留守的黄权所部在无可奈何下也投降了曹魏。刘备本人也被围困在马鞍山上，最后趁着夜色才侥幸地突出重围，仓皇逃回了白帝城。到这个时候，夷陵之战，孙氏（孙权）集团大获全胜。

在得到刘备兵败夷陵的消息后，诸葛亮意味深长地说了一句话，这句话被记录在《三国志·蜀书·庞统法正传》中，原文是这样的：

> 章武二年，大军败绩，还往白帝。亮叹曰："法孝直若在，则能制主上，令不东行；就复东行，必不倾危矣。"

诸葛亮的这句话大致意思是这样的：倘若法正还健在的话，他必定能够阻止刘备东征；即使刘备发动东征，也不会遭受如此失败。从这段话中能够看出，诸葛亮对刘备的东征，并非坚决反对的。他认为只要有法正这样的智士在刘备的身边为其出谋划策，东征还是可以取得胜利的。在多年的相处之后，诸葛亮和刘备间早已形成一种高度的默契。诸葛亮非常了解刘备的作风，所以，当刘备决定东征的时候，诸葛亮认为这已经是不可改变的事情，也就极有可能没有极力劝阻刘备。

刘备兵败夷陵后，退回了白帝城，他的生命也走到了尽头，最后在建兴元年（223）因病去世了。在这将近一年的时间内，刘备提拔了益州本土势力的代表人物李严为尚书令。在刘备病危的时候，诸葛亮奉命来到白帝城接受刘备临终的托孤，这就是非常著名的"永安托孤"。

永安托孤的故事，源于《三国志·蜀书·诸葛亮传》，书中是这样记载的：

> 章武三年春，先主于永安病笃，召亮于成都，属以后事，谓亮曰："君才十倍曹丕，必能安国，终定大事。若嗣子可辅，辅之；如其不才，君可自取。"亮涕泣曰："臣敢竭股肱之力，效忠贞之节，继之以死！"

《三国志》的作者陈寿在记录"永安托孤"的故事之后，还专门在《三国志·蜀书·先主传》中写了一个评价，认为此事是"古今之盛轨"，是一段千古流传的佳话。但是，后来这个故事引发了争议。有人认为这是刘备不放心诸葛亮，才通过这个特殊的手段逼着诸葛亮为了自己的儿子刘禅鞠躬尽瘁、死而后已，迫使诸葛亮从此之后再也不敢有改朝换代的念头。当然了事实究竟如何，还需要进一步考证。

建兴元年（223），刘备病逝后，他的儿子刘禅即位，后人大多将其称为后主。诸葛亮被封为武乡侯，以丞相开府治事，并且兼领益州牧。从此之后，诸葛亮正式成为了蜀汉王朝的第一顾命大臣，全面掌控了蜀汉朝政，蜀汉政权的"诸葛亮时代"开始了。

平定叛乱

诸葛亮主持朝政初期，蜀汉政权正是内外交困的时候。因为夷陵之战的惨败，蜀汉国力被削弱了很多，其政治与经济也都处在十分动荡的时期。益州境内不但有一些豪强地主公开表示不满诸葛亮厉行法治的举措，而且还出现少数豪强勾结东吴集团发动叛乱的事情。同时，南中地区的少数民族也趁机举兵反叛，严重威胁着蜀汉政权的稳定。素来与蜀汉为敌的曹魏集团也趁机发难，曹魏大臣王朗、华歆、陈群等人分别给诸葛亮写信，要求蜀汉政权归降于曹魏。而在夷陵之战后立刻与曹魏集团反目的孙氏（孙权）集团虽然在刘备病逝前不久曾就双方恢复联盟关系和蜀汉政权进行了试探性的接触，但是也没有能够取得实质性的进展，双方的敌对关系并没有就此解除，孙权甚至还公开对蜀汉境内的叛乱进行支持。这一切，都是诸葛亮主政初期所面临的重大难题。这个时候，作为汉末三国时期出色的政治家、外交家，诸葛亮展现了其杰出的处理危机的能力与水平。

为了将蜀汉内乱平息，诸葛亮一边积极主动地挑选德才兼备的官吏充实到各级机构，达到消除益州豪强对蜀汉政权态度摇摆的目的；一边改善司法制度，坚决主张厉行法治，绝不宽禁省刑，强调执法严明公正，并且将刑法与教化结合在一起，不仅使得法令可以得以贯彻实施，而且也让违法之人刑而不怨，迅速将一些益州豪强的不满情绪平息了。为了使国力尽早恢复，诸葛亮详细地部署了农田水利、工商业、冶炼以及盐业等，与此同时，还大大增加了蜀锦的生产销售。除此之外，诸葛亮还兴修水利，从而保障农业生产的顺利进行。

在诸葛亮不断的努力下，只不过短短几年之间，益州的社会、经济秩序都得到了较大的改善，蜀汉政权也慢慢地趋向安定。诸葛亮在稳定内部的同时，还在建兴元年（223）九月公开发表《正议》一文，义正言辞地回击了曹魏集团的劝降。

诸葛亮的这封信，是一次对蜀汉政权未来外交路线的公开表态，表明了蜀汉政权将继续贯彻刘备时代制定的抗曹路线与方针。这也为不久后的孙刘联盟的重新恢复奠定了坚实的基础。同年九月，诸葛亮派尚书

邓芝作为使者前往东吴，和孙权达成协议，恢复了破裂已久的孙刘联盟，孙氏（孙权）集团自然也就终止资助益州境内的各个反叛组织，这对诸葛亮下一步解决南中地区的叛乱提供了很大的便利。

在慢慢地恢复蜀汉政权的稳定、恢复与东吴之间的同盟关系后，诸葛亮在建兴三年（225）三月开始南征，亲自率兵讨伐南中四郡的叛军。

南中四郡，主要包括益州、永昌、牂柯、越嶲四郡等的大片区域，是那个时候夷、越等少数民族的重要聚居地。早在秦始皇时代，那里就已被划入华夏的统治范围，汉武帝也曾经在那里设置郡县，并且从巴蜀迁入很多汉民，推动了这个地区的经济、文化发展。该地有着丰富的物产，肥沃的土地，手工业也十分发达。不过，因为东汉政府政治比较腐败，派往南中的地方官员大多数都十分贪婪残忍，为了搜刮民脂民膏用尽了一切手段，繁杂的赋税，沉重的徭役，当地各族民众奋起反抗，大小不一的动乱就如同燎原的星星之火，此起彼伏，民族矛盾非常尖锐。在刘备占领益州后，曾经派遣荆州南郡人邓方去管理南中地区，邓方死了之后，益州郡的当地人李恢接任。尽管李恢在任期间将南中的一些小动乱平息，但是因为其接触面只限于外围而没有能够深入到山区内地，所以也没有办法从根本上缓和该地区数百年来的对抗情绪。刘备死了之后，益州郡的地方豪强雍闿趁机公开发起叛乱，牂柯郡太守朱褒与越嶲郡的少数民族首领高定也相继加入了叛军之中。

鉴于南中地区位置偏远、地势险要以及矛盾由来已久的特点，诸葛亮接受了手下谋士——马谡参军的正确主张，采用"攻心为上，攻城为下；心战为上，兵战为下"的对策，将南中地区的叛乱彻底解决了。在诸葛亮的亲自部署之后，南征大军兵分三路进攻叛军。东路以牂柯太守马忠为首，从川南的僰道进入牂柯郡，讨伐朱褒；中路以庲降都督李恢为首，由平夷地区向南，直捣叛军的腹地益州郡，消灭雍闿主力，并且完成对雍闿所部的战略包围；西路则由诸葛亮亲自领兵，从成都到安上，会合守将龚禄，从水路向越嶲逼近，征讨首先煽动叛乱的高定，然后从西侧将益州叛军包围。三路大军完成自己的任务之后，在滇池会师，接着对残留的叛军发起总攻。

同年九月，诸葛亮终于克服了各种困难，成功地将南中四郡的叛军消灭与收服，使蜀汉国内的形势更加稳定了，这也为随后的北伐奠定了的基础。下一步诸葛亮要做的，就是"隆中对"的发展策略中的北伐，也就是北上消灭曹魏集团。就在诸葛亮南征取得胜利，并且进一步稳定蜀汉内部政权后没多久，来自曹魏降将李鸿的一番话使诸葛亮更加坚定尽快进行北伐的决心。李鸿对诸葛亮说："原本投降曹魏的孟达曾对我表示十分钦佩与敬重诸葛亮。"这让诸葛亮忽然产生了一个十分大胆的念头：策反孟达，将曹魏集团的注意力转移，以便保障北伐的成功。于是，诸葛亮立刻对孟达开始了一系列的策反工作。

策反孟达

孟达，原来是刘璋手下的将领，同时也是法正的好朋友。当初法正决心背叛刘璋并且联合张松密谋将刘备迎接入蜀的时候，孟达早已是法正的支持者，所以在刘备夺得益州后，刘备对孟达也是礼遇有加，后来还任命其为宜都太守并且担任夺取东三郡这个战略要地的统帅。但是，自从刘封受命对孟达进行协助后，孟达的日子一天不如一天，因为刘封仗着刘备是他干爹，根本瞧不起孟达，并且多次公开对孟达进行侮辱，而此后没多久，孟达的好友法正因为疾病去世了，孟达顿感失去了靠山，面对刘封的欺凌只好忍气吞声。后来，关羽久攻襄樊不下派人前来求援，而刘封以东三郡地区形势复杂作为理由拒绝了。没过多久，关羽兵败被杀，刘备对这件事十分不满，孟达十分担心刘封会把这个责任推卸给自己，于是就给刘备留了一封信投降了曹魏，东三郡地区也由于孟达的投降而失守了。不过，诸葛亮十分清楚这件事情的来龙去脉，所以不仅没有将孟达留在蜀汉的家小诛杀，反而对他们进行了妥善安排，这也让孟达非常感激。

孟达投降曹魏后，魏文帝曹丕十分欣赏孟达的才华，任命他为散骑常侍、建武将军，封平亭侯。曹丕还把房陵、上庸与西城三郡合并为新城，提升孟达担任新城太守，所以孟达也就摇身一变成为了曹魏集团在东三郡地区的最高军政长官。但是，在魏文帝曹丕的病逝之后，曹魏集团内部有很多猜疑孟达的为人，魏兴太守申仪又与孟达不和睦，经常在背后告状，弄得孟达心神不定。所以才有了李鸿转达的对诸葛亮的感谢之意。

建兴四年（226），诸葛亮先让孟达当年的好朋友，当时担任尚书令的李严试探性地给孟达写了一封信，随后又派人给孟达送上了一封自己的亲笔信。诸葛亮在信中向孟达表示：当年，孟达是由于受到了刘封的欺凌才背叛蜀汉朝廷的。诸葛亮还赞扬孟达向来有大志向，绝不是那种为了空名虚位就背叛谋求富贵的人。与此同时，诸葛亮还说自己对当年与孟达间的友谊十分怀念。孟达看完这封言简意赅而又充满真情的书信之后，非常感动。这样一来，双方之间的书信往来就慢慢地变得频繁起来。

在积极策反孟达的时候，诸葛亮治兵讲武，开始为将要开始的北伐做着积极的准备。建兴五年（227）三月，诸葛亮向后主刘禅上书，宣示了北伐的开始，这就是历史上非常著名的《出师表》。

诸葛亮在该表中表明了自己"北定中原"、"复兴汉室"的理想与必要性，与此同时，还提醒年轻的刘后主要"亲贤臣，远小人"，保证蜀汉政权的内部稳定。从《出师表》中能够看出，诸葛亮非常自信能取得北伐战争的胜利。诸葛亮上表后，任命张裔担任留府长史，与参军蒋琬共同处理丞相府事务，同时还让侍中费祎、侍郎董允负责处理宫中事务，自己则率领大军前往汉中，完成大战前的所有准备工作。

但是就在此时，原本诸葛亮积极策反的孟达态度发生了反复，一直不愿意公开举兵归顺，这让诸葛亮十分着急。而且，这个时候，魏兴太守申仪知道了孟达和蜀汉之前的秘密联系，并上表告发了孟达，而负责处理这件事情的是当时担任骠骑大将军、都督荆、豫两州军事的司马懿。司马懿以迅雷不及掩耳之势发兵新城，直接将孟达斩首示众，诸葛亮秘密策反孟达夺回东三郡的计划彻底的宣告失败。到这个时候，诸葛亮只有从北线向曹魏发动进攻这一条路可走了。不过，就在诸葛亮和文武大臣商量进军路线的时候，有人却提出了不一样意见，使得这一场还没有开始的大战就充满了各种变数。这到底是怎么回事呢？

建兴六年（228）春天，诸葛亮的大军展开了第一次北伐中原的战争，这就是后人俗称的"一出祁山"。不过，这次战事的结局完全在诸葛亮的意料之外。诸葛亮不但没有取得战争的胜利，反而损兵折将，被迫撤退回了汉中。不仅这样，诸葛亮的心腹马谡也在这场战争中被诸葛亮斩首。那么，所有的事情又都是如何发生与发展的呢？

街亭失守

建兴五年（227），诸葛亮开始在汉中屯兵，为将要开始的北伐作最后的准备工作。战争爆发之前，蜀汉的文武百官在南郑召开了一次会议，为进攻制定战略。这个时候，魏延向诸葛亮提出了一个十分大胆的建议：由他率领五千精兵，从褒中出发，沿着秦岭向东前进，经过人烟稀少的子午谷地区向曹魏在西北地区的战略要地——长安发动突然的攻击。魏延表示，虽然这个时候镇守长安的安西将军——夏侯楙是曹魏名将夏侯惇的儿子，也是曹操的女婿，但是不仅年纪不大，没有一点儿作战的经验，而且他还是一个胆怯无谋之人，之所以能够坐上安西将军的高位，完全是靠着裙带关系。魏延认为依靠自己所率领的五千精兵，再带上后勤人员五千，用不了十天就能够出其不意地抵达长安城下。一旦无能的

夏侯楙遇上这样的突发情况，他肯定会吓得弃城而逃。这样一来，长安城中就会陷入群龙无首的局面，长安城破是没有任何问题的。如果长安城被破，那么占领该城的蜀汉将士就能通过横门邸阁的库存粮食与老百姓的散粮保证供应，对于坚守十分有力。曹魏的援军倘若想要收复长安，至少需要二十天的时间才能聚集完兵马。而诸葛亮的大军则能利用这段时间从斜谷地区出发前往长安城内协助设防。魏延认为，只要将长安城拿下，诸葛亮就能非常容易地占领咸阳以西的地盘，使北伐战争取得胜利。

不过，诸葛亮否定了魏延的这个建议。诸葛亮觉得子午谷道路十分崎岖，不一定能在计划的时间内赶到，而且魏延选择的子午谷出兵的计划太过凶险。最后诸葛亮决定，从祁山地区发动攻击，占领陇右。

魏延兵出子午谷的建议是不是正确的呢？对于这个问题，后人已经争论了上千年，依旧没有得到一个统一的答案，这就说明这个计划也存在一定的可行性。其实，不管是兵出子午谷还是兵出祁山，都不能直接说哪个是对的，哪个是错的。关键还在于作为北伐大军统帅的诸葛亮究竟采用哪个战略。据历史记载，诸葛亮这一次北伐的主要目的并不是想要取得什么决定性的战略胜利，而是把目标固定在陇右地区。这也就意味着诸葛亮所使用的是蚕食战略，很显然，魏延兵出子午谷的战术和这个战略有非常大的悖逆，诸葛亮不接受这个建议是十分正常的。但是，在北伐大军中，作战经验十分丰富的魏延对于诸葛亮的拒绝充满了怨气，认为诸葛亮太胆小了，不能使自己的才能得到充分发挥。而这种心态也为他日后的悲剧埋下了伏笔。

依据诸葛亮制定的战略，北伐大军在建兴六年（228）兵出祁山，开始了第一次北伐战争。在这里需要特别指出的是，这一次北伐，诸葛亮的主要对手并不是《三国演义》中说的司马懿，这个时候的司马懿还驻守在荆州地区，并没有来到祁山前线和诸葛亮进行交锋。诸葛亮的主要对手有两个，即当时曹军的统帅曹真与曹魏名将张郃。因为诸葛亮在北伐开始之前就派赵云、邓芝率领一支偏师作为疑兵占领斜谷南侧的箕谷并且成功地引诱曹真率领主力东移，换句话说，诸葛亮真正的对手也就只有张郃了。

战斗开始后，曹魏集团来不及防备，接连失利，北伐大军的进展十分顺利。诸葛亮先后拿下了天水、安定及南安地区，震惊了整个曹魏政权。为了对付诸葛亮的攻击，魏明帝曹叡亲自在长安坐镇，派遣曹魏名将——张郃赶往陇右地区进行增援。张郃援军快速从关陇通道向西前进，准备从街亭地区进入陇右。这个时候的街亭就成了双方争夺的要点。如果诸葛亮将街亭守住，就相当于切断了关陇的通道，阻止了曹魏援军增援陇右地区。与之相反，倘若街亭失守，那么，曹军可以随时切断诸葛亮的北伐大军的后路，极有可能包围并消灭北伐大军。所以，对于北伐来说，街亭之战有着非常关键的作用。

那么，到底应该派谁去镇守街亭抵挡张郃援军呢？当时随军的蜀汉谋士与将领们一致认为，只有作战经验丰富的魏延与吴壹这样的老将才可以担当此任，就纷纷向诸葛亮推荐魏延与吴壹。但是，出人意料的是，诸葛亮最终不仅没有接受众大将的推荐，而且还让没有丝毫实战经验的马谡担任先锋，前往街亭去抵挡张郃。

马谡到达街亭后，违背了诸葛亮的战前部署，以高翔屯兵列柳城、王平在山下扎营，自己则统率大军主力驻守街亭附近的南山上面，准备以逸待劳，迎击张郃的援军。张郃来到街亭后，马上就发现了马谡这个部署有一个致命的缺陷，并且迅速采取了相应的措施：对于驻守南山的马谡军队主力，实行围而不攻，切断水源的策略，使其主力不战就已经自乱。与此同时，张郃还派郭淮部突袭驻守列柳城的高翔部，并且，很快占领了列柳城。直到这个时候，张郃才对早已人心惶惶的南山马谡主力发起总攻，没过多久，就将其彻底击败。除了王平所部的一千兵士外，马谡其余各部都是伤亡十分惨重，被迫放弃了街亭这个战略要地而仓皇逃了回去。张郃的援军随后快速地进入陇右地区，立即改变了该地守军

的被动局面。因为张郃在街亭之战取得了胜利，陇右形势发生了逆转。诸葛亮看到已经不可能取胜了，就下令全军撤回汉中，原本被诸葛亮占领的天水、安定、南安三郡也随后被曹魏军队夺回。可以这么说，正是由于街亭之战的失利，才致使诸葛亮一出祁山的失败，不仅诸葛亮经过多年精心准备而发动的一出祁山的战略构想蒙受了巨大的挫折，而且也让曹魏政权从此增强了对陇右及凉州地区的防御力度，导致诸葛亮在以后好几次发动的北伐都失去了突然性。所以，在街亭之战后，马谡就成了众矢之的。而最终诸葛亮将马谡斩首的做法也引起了很大的争议。

马谡，字幼常，是蜀汉重臣马良的弟弟，襄阳郡宜城人氏，兄弟五人都很有才名。刘备占据荆州的时候，马谡与他的哥哥马良一起被刘备召为州府从事并且随着刘备一同入蜀征战，先后担任绵竹、成都令、越隽太守的职位。史书记载，马谡才气过人，喜欢谈论军事，诸葛亮十分欣赏他在军事计谋方面的才能，经常引见谈论，并且委以重任。尽管先主刘备临终的时候，曾经告诉诸葛亮：马谡这个人言过其实，不能重用，但是诸葛亮始终不以为然。由此可以看出，诸葛亮对于马谡的信任与器重是非常明显的。那么，马谡究竟做了何事让诸葛亮对其如此信任呢？史书只记载了一件事情。诸葛亮南征的时候，马谡曾经献计：

南中地区依靠地势偏僻与险要，长期以来始终与朝廷对抗。即使暂时打败叛军，用不了多久，他们仍旧会死灰复燃。现在我朝的重心放在北伐中原上，他们知道朝廷内部十分空虚，叛乱的进程会慢慢加快。倘若无情地将其消灭以绝后患，不仅不是仁义之举，而且也不是在仓促之间能够办到的。为今之计应该是："攻心为上，攻城为下；心战为上，兵战为下。"如此一来才可以达到一劳永逸的结果。

马谡提出的这个民族政策，有着非常高的战略眼光。诸葛亮接受了马谡的主张，所以在将孟获击败之后，使用了怀柔的方式将其释放，从此，南中地区的形势才从根本上得以好转。站在这个角度来看，诸葛亮信任并重用马谡也是有一定道理的。而就在诸葛亮下定决心要诛杀马谡的时候，蜀汉十万大军闻讯之后都为其垂涕，由此可见。马谡在蜀汉军队中的声望也是很高的。诸葛亮的心腹之一蒋琬曾经毫无顾忌地在诸葛亮面前夸奖马谡是蜀汉的能臣，这也代表了蜀汉政府的高官对于马谡的评价。马谡的能力是不需要怀疑的，但是他擅长军事谋略而不擅长现场指挥也是一个不争的事实，兵败之后被斩首也算是罪有应得。但是对于马谡之死，诸葛亮有着不可推卸的责任。诸葛亮欣赏马谡，认为他是一个人才，并且给予重用，这并没有什么错。诸葛亮错就错在没能看清马谡这个人才不是一个文武全才，而有着非常明显的局限性：马谡担任帐前参军，出谋划策也许眼光是十分独到的，但不一定能够上阵杀敌，攻营拔寨。在对于马谡的培养上，诸葛亮"每引见谈论，自昼达夜"，反复进行观察。在信任方面，诸葛亮也可以说是用人不疑。但是偏偏就在使用上面，却忽略了使用他的长处，或者说就根本没有发现马谡的弱点，将马谡用错了地方。为了让马谡这个极少或者从来未上过战场的心腹爱将快速成长起来，立下战功而服众，错误地派遣马谡亲自镇守街亭，并且盼望着他能凯旋归来，用事实来证明自己决定与判断是正确的。很显然，诸葛亮对于马谡的认识与了解不是全面的，最终导致事与愿违，被迫来了一个"挥泪斩马谡"。

虽然诸葛亮的第一次北伐最终失败了，但是他也获得了一个意外的收获：在凉州地区非常有威望的年轻将领姜维归降了蜀汉，经过诸葛亮的悉心培养，姜维也慢慢地成为了诸葛亮的心腹。

出师未捷身先死

建兴六年（228）年底，诸葛亮在得到曹魏率领大军在江东地区和孙权展开了一场激战，关中地区兵力空虚的消息之后，发兵数万从故道经散关突袭曹魏的西北重镇——陈仓。原来负责曹魏西北防务的张郃这个时候已经率兵东下对江东战事进行增援，由曹魏大将军曹真取而代之。早在诸葛亮出兵之前，曹真就已经把陈仓作为未来两国交锋的战场，所以，他事先已经安排了大将郝昭在这里镇守。郝昭到任后，精心部署了城内的防御工事，所以在诸葛亮大军兵临城下的时候，郝昭并没有慌张，而沉着应战。在开战之前，诸葛亮先后两次派出郝昭的故旧靳祥到城中进行招降，都被郝昭直接拒绝了。于是，一场力量十分悬殊的战事在陈仓城下拉开了序幕。一方是拥有数万兵将的攻方诸葛亮，一方是仅仅只有千余兵将的守方郝昭，然而，战事的进展却完全出乎所有人的预料。

攻城开始后，诸葛亮大军采用云梯、冲车对陈仓进行强攻，而郝昭则采用火箭焚烧云梯，用石磨击毁冲车，击退了诸葛亮的第一波攻势。诸葛亮看到攻城不力，又制造了井阑，并且利用井阑射箭对郝昭进行压制，与此同时，还搬运大量的泥土将城外的城堑填平，并且攀城而上进行攻击，而郝昭则用在城中加筑重墙进行防御。后来，诸葛亮又想到了挖掘地道进入陈仓的计谋，结果也被郝昭看穿了，郝昭命令部将在城中挖沟进行拦堵。一场原本力量相差十分悬殊的战争居然打成了平手。双方激战了二十多天之后，诸葛亮没能跨进陈仓半步。这个时候，诸葛亮大军的粮草即将吃完，再加上得知曹魏多路大军正在赶往陈仓进行支援，万般无奈之下，诸葛亮只好率领大军撤回了汉中。在撤退的过程中，诸葛亮用计将前来追击的曹魏将领王双斩杀了，总算为这场在仓促之间发动的并且没有丝毫进展的第二次北伐增加了一点亮色。

建兴七年（229）春天，诸葛亮发起了第三次北伐，这一次北伐吸取了前两次的教训，其目标仅仅是与汉中地区临近的武都与阴平两郡，其目的就是为了打开北伐大军从祁山进攻陇右的通道，并且将进入汉中的入口关闭。

第三次北伐开始后，诸葛亮派将军陈式作为先锋，率领一队人马对武都进攻。曹魏雍州刺史郭淮得到消息之后前来救援。诸葛亮随即用主力迅速对建威发起攻击，摆出了一副要将郭淮后路切断的架势。郭淮看到情况不妙，立刻向后撤退，武都、阴平两郡由于孤立无援，从此被列入了蜀汉的版图之中。这一次北伐目标的有限，再加上战事时间比较短暂，曹魏根本来不及增援，所以取得了全胜。

建兴九年（231）二月，诸葛亮经过两年时间精心准备，发动了第四次北伐。在出征的时候，诸葛亮还利用自己数年的研究发明了"木牛"为军粮运输工具，以便解决长期以来一直困扰蜀军的粮草供应较为缓慢的问题，打算与曹魏军队进行长期的较量。不过这个时候，诸葛亮的对手已经不再是之前的曹真，而是在曹魏的著名将领司马懿。

战争刚开始的时候，诸葛亮命令大将王平一部进攻祁山，自己则亲自率领魏延、吴班等将领用主力迎战司马懿。在上邽以东地区，双方不期而遇，司马懿采用据险坚守的战略，并不和诸葛亮交战。曹魏将领都嘲笑司马懿这是避战战术，并且多次向司马懿请战。司马懿在无奈下，只好领兵出战。同年五月，双方在卤城地区展开了一场十分激烈的战斗，诸葛亮获胜，斩杀了魏兵三千多人，缴获了大量的军用物资。此战之后，魏军整天坚守，再也不和诸葛亮发生大规模战役。而就在这个时候，从汉中传来消息——后主刘禅要求诸葛亮立即撤军，与此同时，军队的粮草供应再一次出现紧张状态，诸葛亮只好率领大军撤回了汉中。在退军的过程中，诸葛亮巧设计谋，斩杀了曹魏名将张郃，可以算是第四次北伐战事中的最辉煌的胜利。

但是，当诸葛亮回到汉中后发现，这个所谓的后主刘禅要求自己撤军的消息竟然不是真的，而是当年被刘备委以重任，与诸葛亮共同辅佐刘禅的托孤之臣李严假传的。当时，诸葛亮将李严调往汉中专门负责北伐大军的粮草供应，而李严因为粮草供应出了问题，居然想出了假传圣旨来欺骗诸葛亮，导致第四次北伐无功而返，这让诸葛亮相当愤怒。不久后，诸葛亮上书后主刘禅，将李严的职务罢免。在完成了蜀汉内部这次重大人员调整后，诸葛亮再次把自己的重心放到了北伐大计上面。三年后，诸葛亮发起了第五次北伐。但是，这次的北伐却成为诸葛亮人生

的终点。

　　建兴十二年（234）春天，诸葛亮集结十万大军展开了第五次北伐。诸葛亮命魏延担任先锋，兵出斜谷口，同年四月到达渭水以南地区并且在渭水南岸的五丈原扎营。对手司马懿仍旧像上次那样避而不战，双方在渭水僵持了百余天，诸葛亮对此十分焦虑。为了引诱司马懿出来作战，诸葛亮派人送了一套女人的衣服与首饰给司马懿，想以此将司马懿激怒，不料，司马懿仍然不为所动，坚守不出。为了很好地安抚手下的将领，司马懿还用向魏明帝曹叡上书请战作为理由。没过多久，曹睿就派辛毗作为军师来到了前线。得知此消息后，诸葛亮已经无可奈何司马懿这个坚守不出的战略了。

　　同年八月，诸葛亮病倒在了五丈原。后主刘禅得知诸葛亮病重的消息后，派尚书仆射李福前去问候。而这个时候诸葛亮的病情已经加重。当李福询问他的继任人选的时候，诸葛亮先后推荐了蒋琬与费祎。但是，当李福继续询问蒋琬与费祎之后的人选的时候，诸葛亮已经不再回答了。不久后，诸葛亮病逝于五丈原的蜀军军营，终年54岁。

第九章

闻名遐迩的忠肝老臣——张昭

谋士档案

☆**姓名**：张昭

☆**别名**：张子布

☆**出生地**：徐州彭城（今江苏徐州）

☆**出生日期**：公元 156 年

☆**逝世日期**：公元 236 年

☆**主要成就**：辅佐孙策、孙权稳定江东

☆**代表作品**：《春秋左氏传解》、《论语注》

☆**爵位**：由拳侯、娄侯

☆**谥号**：文侯

☆**生平简历**：

公元 156 年，张昭出生在徐州彭城，也就是今天的江苏徐州。

公元 175 年，张昭拒绝应试孝廉，而与名士王朗等人讨论时事，深受陈琳赏识。

公元 189 年，刺史陶谦举事招之，张昭不应。

公元 197 年，张昭担任长史、抚军中郎将。

公元 200 年，孙策身亡，将弟弟孙权托付给张昭，张昭率领群臣辅佐孙权。

公元 209 年，刘备表奏孙权为车骑将军，张昭为军师。

公元 236 年，张昭去世，享年 81 岁，谥号文侯。

人物点评

汉末天下大乱，曹操、刘备与孙权三大集团之所以能够在不断的角逐中脱颖而出，与他们的谋臣们有着密切的关系。曹氏（曹操）集团在创建时期最重要的谋士是荀彧，刘氏（刘备）集团在这一时期最重要的谋士是诸葛亮，而东吴集团最重要的谋士则是张昭了。张昭被孙策、孙权誉为"谋主"、"张公"，正是在他尽心尽力地协助下，孙策才得以白手起家，以迅雷不及掩耳之势将江东拿下，奠定了割据东南的局面；而孙权也才能在19岁时顺利接管江东大位，并且使其不断地发展壮大。即使到了三分天下后，在东吴政坛中，张昭依然发挥着不可替代的作用与影响力。

不过，令人吃惊的是，众望所归的张昭不仅没有被孙权任命为丞相，反而从建国后就开始直接或者间接地遭受打压。张昭多次与孙权发生激烈的冲突，甚至遭受孙权"黄土塞门、火烧其门"的羞辱，导致他这位老骥伏枥的江东老臣晚年不得志，不得不以著书立说来打发无聊的日子。

生平故事

隐匿于世　静待明主

张昭自幼勤于读书，曾经拜在白侯子安的门下，对书法颇有研究。张昭十几岁的时候，可就已经是赫赫有名的少年才子了，和赵昱、王朗等人来往甚密。

公元165年，地方举荐张昭为孝廉，可是20岁的张昭志不在朝堂，便婉言拒绝了此番美意。到了东汉末年，张昭和好友王朗参加了一次辩论大赛，思维敏捷、伶牙俐齿的张昭在这场辩论赛中大放异彩，从此闻名于四方。

应劭是东汉末年有名的儒学大家，也是此次辩论大赛的发起人。应劭认为，为了表示对历代帝王的尊敬，人们在取名字的时候对帝王的字应该有所避讳才行。当下便列出了汉建武以来的五十六位帝王、诸侯等人的名讳，希望人们加以参考，避免冲突。

张昭听说这件事后，还特意写了一篇文章反驳应劭的观点。张昭认为，时间飞转流逝，随着时间的推移，君王之间的君臣之礼、尊卑之分都会被人们慢慢淡忘，就好比春秋战国时期，就已经出现了君臣同名的现象。将这五十六位帝王诸侯的名字列出来，并且让后世人避讳其姓名称号，这不仅仅是违背了祖训，而且实施起来也比较困难。

张昭这片文章，一语切中要害，说的有理有据，条理清晰，很得民众的欢心。就连徐州有名的学者名士陈琳对这篇文章也是赞赏有加。年纪轻轻的张昭陷入了掌声的海洋中，此时的他完全没有意识到，不久之后的大动荡会给自己带来怎样的冲击和影响。

东汉末年，政治腐朽不堪，天下怨声载道，一片混乱。徐州等地都相继爆发了农民起义，可惜都被朝廷派兵镇压了下去。直到公元184年，黄巾起义爆发，最终动摇了东汉王朝，架空了东汉王朝的政权，使得东汉王朝名存实亡，皇权衰败，各地英雄自立门户、揭竿而起，很是热闹。

公元189年，奸臣董卓控制了东汉王朝，这也就引出了董卓和地方军阀之间的战争，由此群雄割据的局面正式拉开了帷幕。此时，张昭的朋友赵昱、王朗等人都在徐州刺史陶谦的手下为官，陶谦无心参与割据局面的争斗，只想着拉拢人才，能够守住自己在徐州的统治。陶谦一直想要把张昭也拉到自己的旗下，只是那个时候，张昭似乎并不想走向仕途之路，于是便一口拒绝了，这让陶谦很是恼火。

陶谦被张昭拒绝，总觉得失了天大的面子，于是便将张昭下入了大牢，想要治他的罪。幸好，张昭的几个朋友将他救了出来，张昭才算是躲过一劫。张昭被救之后，毅然决定隐居山林，再也不问世间事，更不愿意效力于朝廷。对于陶谦这个人，张昭也没有忌恨他，相反，陶谦死后，张昭还写了一篇文章来悼念他。张昭赞他是一个爱民为民的好官，是一个有着卓越政绩的清官。从这里也就可以看出，张昭并不是一个心胸狭隘之人。由此也引发了一个疑问，既然陶谦是一个爱民如子的好官，为什么他三番五次地邀请张昭出仕，张昭就是不肯呢？对于这一点，谁也不知道一个确切的理由，或许他和诸葛亮一样，都在等着心中的明君吧。

　　军阀混战结束之后，陶谦率领自己的部下和公孙瓒、袁术等人结为联盟，以此来巩固自己的统治，袁术、公孙瓒等人和袁绍、曹操一向不和，陶谦加入后，便也陷入了一场混乱中。公元 194 年，曹操率领大军攻打徐州，徐州一带尸首遍野，百姓流离失所、苦不堪言，而徐州守将陶谦根本就抵挡不住曹操大军的攻击，只能接连退缩，最后失了徐州。同年，陶谦也因病离世。在这场战役中，张昭所隐居的彭城也受到了牵连，战火轰鸣，失了宁静。被逼无奈之下，张昭只好带着家人又连夜迁到了扬州地区，那个时候，扬州还没有被波及，也算是个可以安心居住的好地方。这一年，张昭已经 39 岁了。在这里，张昭遇到了后来叱咤一时的大英雄——孙策。

少年英雄　东吴仲父

　　公元 175 年，孙策出生，他的父亲是东汉末年的诸侯。提起孙策，江东父老无人不知、无人不晓。孙策自幼便喜交各地英雄豪杰，知己更是遍布大江南北，名声显赫、闻名于江东。

　　公元 191 年，孙坚和驻守在荆州的刘表展开了一场激烈的战争，在这场争斗中，孙坚不幸身亡，担子落在了年仅 17 岁的长子孙策身上。孙策把自己的爵位让给了他的弟弟孙匡，自己则是带着家人搬到了曲阿。

由此，这个曾经风流不羁、直爽大义的少年开始走向了为父报仇的道路。

当时，孙策手中的兵力并不多，别说和袁绍、曹操相比了，就连自己的杀父仇人刘表都比自己的兵力强很多。为了扩大自己的势力，孙策便开始拉拢江东一带的名人志士，希望他们能够效力于自己。而在此隐居的张昭，自然就成了孙策的首要目标。

我们都知道，张昭可不是那么好拉拢的，否则当初早就投靠在陶谦帐下了。后来，在孙策的百般邀请下，张昭才算是踏进了孙策的大营，这让孙策高兴不已。孙策对他说道："如今天下大乱，群雄四起。要想为父报仇，就必须扩大我手中的权力，这就需要像先生您这样的能人志士辅佐才行。您能够来我的大营，孙策真是求之不得啊！"孙策为了留住张昭，在军事上，所有的大事都交给张昭全权处理，以此来表达自己对张昭的信任；而在生活中，孙策也是对张昭百般照顾。孙策以朋友、师长之礼来对待张昭，而且还亲自到张昭的家里拜访他的母亲，就好比一家人一样。当然，他这么做的目的，无非就是希望张昭能够尽心辅佐自己，成就一番大业。

孙策这一系列的做法对张昭的触动很大，从那之后，张昭便决定要尽自己最大的努力，帮助孙策达到他的目的。就这样，没多长时间，孙策便建立了一支属于自己的谋划班子，其中包括张昭、秦松、张弦、陈端等人，辅佐孙策统一江东。

张昭写了一手好字，于是孙策便将日常军务全部交给张昭处理。后来，一些文人便只知道军中有了张昭，却不知道江东有一个孙策了。有时，他们在给江东大营写信的时候，总是习惯将这些功劳全部都归结在张昭一人身上，这让张昭非常为难。如果将这些信给孙策，那么孙策心里肯定会不高兴，搞不好还会认为张昭是在刻意邀功；如果不把这些信给孙策看的话，以后再让孙策知道了，那事情肯定会更大，说不定孙策还会认为张昭心怀野心，想要谋权篡位呢。孙策知道这件事情后，把张昭叫来，笑着说道："你听说过齐桓公的故事吗？当初齐桓公将齐国事务全部交给管仲处理，而且还将管仲尊称为仲父。人们问及齐桓公的意见

时，齐桓公总是让他们去征求管仲的意见。有人就说，凡是都让管仲处理，你这个国君当得也太轻松了。齐桓公也说，没有管仲之前，我确实很难，而有了管仲之后，我也确实轻松了不少。其实，作为一国之君，也是有难有易的，国君的难就在于要收揽国家贤才，一旦把这贤才找到了，那么国君也就容易多了。"

孙策看了看周围的人，接着又说："齐桓公拥有了管仲，才会成就霸业，而我现在却有张昭，我又何愁没有功名，何愁不成功呢？"孙策这句话说的非常有水平，古时候，臣子最为担心的就是功高震主，由此惹来杀身之祸。可是孙策却用一个故事便解决了这一麻烦，而且还让张昭从此后死心塌地的辅佐自己，可谓是聪明至极啊。

公元195年，在张昭等人的辅佐下，孙策统一江东。张昭作为主要谋士立下了不可磨灭的功绩。在战场上威风八面的孙策，却在处理江东大族的事情上犯了大错，致使江东一带的人们很是不满。

面对江东暴乱，孙策采取了武力镇压的方法，这样一来就彻底惹怒了江东百姓。由此，一场惊心动魄的谋杀开始了。公元200年，在一次狩猎之中，孙策被许贡的门客伏击，身负重伤，不治而亡，终年只有26岁。孙策临终时，将自己的弟弟孙权交托给张昭，并且告诉各位大臣：现在天下局势大乱，而江东的势力也已经有所气候，希望各位大臣能够尽心辅佐孙权，凭借我们这些兵力，足够和他们争一争的。

后来，孙策又单独找来张昭，并且对他说：如果孙权无法担当大任，那么张昭就可以取而代之。自然，孙策的这番话并非真的希望张昭取代孙权，而是想要用这种方法来激励张昭可以对孙权尽心尽力，辅佐幼主谋得大业。单从这一点来看，孙策是极为看重张昭的，大有首席辅佐大臣之意。对于张昭来说，孙策的临终嘱托还是让他感到有些意外的，因为在张昭看来，继承孙策事业的最佳人选并不是孙权，而是孙翊（孙策的另一个弟弟）。尽管孙翊没有孙权大，但是他的性格特点和孙策十分类似，包括张昭在内的很多江东群臣刚开始都认为孙策会让孙翊继位。当孙策确立了孙权的领导地位后，张昭立刻采用多项措施，利用自己在江东的声望与地位，全心全意地辅助孙权，使其能够顺利接掌孙策的事业，保障江东的权力更迭可以顺利进行。

孙策去世的时候，孙权年仅 19 岁。江东无首，孙权又一味地沉浸在悲痛中，张昭见此情况，只能对孙权说："你是你哥哥亲自指定的继承人选，现在不是悲痛的时候，你应该做的是如何继续他的遗志，把队伍迅速发展起来，建立伟大的功业。如今，天下时局动荡不安，你又哪有时间去哭呢？"张昭说完后，便将孙权扶上马，带他前去检阅自己的军队。

与此同时，张昭立即对江东各集团发布诏书，宣告了孙权继位的事情。张昭的这一系列举措对于江东政权的稳定发挥了极其重要的作用。

孙权刚刚接掌大权，外部下属必定有不服之人，再加上孙权家族内部一些人员对于孙权的继任也是颇具有微辞，一时间弄得孙权焦头烂额、无暇顾及。就连孙权的亲生母亲都担心儿子是否能够管理好江东的事务，孙权家族内部甚至还有人暗中悄悄地与曹操进行联络，想要将孙权的地位颠覆。

就在这时，张昭又站了出来，帮助孙权化解危机、渡过难关。孙辅是孙权的堂兄，早些年跟着孙策南征北战，立下了不少功劳，在江东也小有名气。然而，在孙权继位初期，孙辅不仅没有尽力辅佐孙权，反而认为孙权没有能力掌控江东，背着孙权秘密地联络曹操。孙权知道之后，立刻与张昭一起召见孙辅，质问孙辅为何与曹操暗中进行勾结。孙辅矢口否认，张昭则将缴获的孙辅写给曹操的亲笔信拿了出来，孙辅哑口无言，一场还没有来得及发动的内部叛乱就这样彻底平息了。摆平了内部叛乱后，张昭又开始四处收揽人才，为孙权效劳。

因张昭当时的名气已经远在孙权之上，以他的名义号召群雄，确实起了不少的作用。由此，淮泗以及江东六郡一带的贤人才俊在听到他的呼吁后，纷纷投入孙权的麾下，原本在孙策时期郁郁不得志者取得了一次发挥自身才能的机会，很多原本十分敌对孙策的统治的江东大族子弟也纷纷加入了孙氏（孙权）集团，这对于加强孙氏（孙权）集团的实力有着相当重要的作用。

此外，张昭除了在幕后出谋划策外，有时也会带兵上战场。江东出现内部叛乱时，虽然孙权常常将张昭留在大本营居中调度，但是有的时候张昭也亲自率领兵将外出征战，并且取得了很好的战绩，将一些地方的反叛势力全部平定。豫章郡发生反叛的时候，张昭就亲自率兵出战，在南城将叛军将领周凤击败。对于这个有着杰出贡献的老臣，孙权也是极为尊重，以师傅的礼节厚待他。在掌权初期，孙权对于不少大臣都是直呼其字，而对于张昭则尊称其为"张公"。孙权的母亲吴氏在临终的时候也像孙策当年那样托孤于张昭。可以这么说，在这个时期，张昭在东吴的政治地位达到了巅峰。

张昭失势

在张昭为江东的稳定忙得焦头烂额的时候，中原局势早就悄悄发生了变化。在官渡之战中，曹氏（曹操）集团将袁氏（袁绍）集团击败，取得了中原争霸的主导性地位。随后的数年间，曹氏（曹操）集团乘胜追击，使得袁氏（袁绍）集团的力量大大削弱。公元202年，袁绍因病去世，他的儿子袁尚与袁谭发生内讧，由此一来，袁氏集团的消亡也就只剩下时间问题了。此时，曹操将目光投向了远在江东的孙氏（孙权）集团，准备趁着孙权继位没多久，政局还没有稳定的情况下进行要挟。

随后，曹操让人给孙权下了战书，让孙权把儿子送来作为人质，以表示孙权愿意归顺在曹操集团下。对于曹操的恐吓，年轻的孙权一时之间很难做出决断，就召集文武大臣共同商议。这个时候，张昭却表现得十分犹豫，他想让孙权接受曹操的条件。

但是，孙权心中所想与张昭相差甚远，他并没有打算把儿子送给曹操做人质，更不愿意处处受到曹操的控制。于是，孙权带着周瑜去见自己的母亲，希望母亲能够接纳自己的意见，打消张昭等人的归降观点。在吴氏面前，周瑜——列举了如今孙氏（孙权）集团面临的大好局势，明确指出依靠现在江东的军力与财力足以对抗曹军，完全没有必要受曹操的威胁与摆布。

权衡利弊之后，孙权的母亲也否定了张昭等人的观点，坚持站在了儿子这一边。由此事例能够看出，张昭没有信心与实力最强大的曹氏（曹操）集团进行对抗，这也与孙权所提倡的割据江东、静观天下变化的构思发生了很严重的冲突。

从那之后，孙权表面上还是对张昭礼遇万分，实际上却慢慢培养了自己的势力，将周瑜、鲁肃等人拉近了管理高层。而张昭的地位却慢慢地下降。此时，孙权决心进攻盘踞荆州的割据势力刘表，想要取得荆州地区的控制权。公元 203 年开始，孙权数次主动向荆州地区发起进攻，并且取得了一定的效果。在此过程中，东吴集团还有一个很大的收获，那就是收服了猛将甘宁。

甘宁一直盘踞在荆州一带，虽然心有大志，却无从施展。对于甘宁的到来，周瑜与吕蒙高度重视。虽然甘宁在荆州不得志，但是他在荆州生活多年，并且在黄祖手下任职数年，对于荆州特别是江夏的情况都十分了解。周瑜与吕蒙马上求见孙权，希望孙权可以优待甘宁。孙权的格外关照感动了甘宁，没过多久，甘宁就找到了孙权，提出了一套经过自己深思熟虑总结出来的未来东吴发展方略。

在甘宁看来，如今东汉灭亡的形势已经成了定局，东汉权臣曹操更是飞扬跋扈之辈，最后肯定会走上谋权篡位的道路。而荆州地区地势复杂多样，交通便利，是兵家必争之地。刘表是荆州守将，也是孙权的杀父仇人。刘表这个人胸无远虑，他的孩子都平庸无能，均不能保持荆州地区的安宁，迟早有一天，荆州会落到他人的手上。甘宁建议孙权应当尽快作打算将荆州夺过来，否则荆州非常可能落到曹操的手中。

甘宁还认为，如果想要得到荆州，当下最要紧的就是要把管理江夏地区的黄祖收服。黄祖年事已高，性情昏庸，江夏在他的管理下，形势一片混乱。他手下的将领们也常常欺骗愚弄黄祖，时常用黄祖的名义去索取财物，大部分士兵心有抱怨，无心作战，就连军用物资都疏于保养与维护，整个军队基本上已丧失了斗志与战斗力。倘若果断地发起进攻，黄祖所部必定会失败。如果能够打败黄祖，孙权集团的将士们肯定会士气高涨，而这时，便一鼓作气将楚关占领，扩大东吴势力，然后再谋划荆州。

公元200年，鲁肃曾经向孙权提出过"榻上对"这一战略，而甘宁所说恰巧和鲁肃的建议不谋而合。不仅如此，甘宁所说的建议，和诸葛亮提出的"隆中对"有着异曲同工的妙处，皆是利用荆州做跳板进而向益州发展，最终实现统一全国的理想。

甘宁之所以能够提出这样的建议，一是自己在荆州生活了十几年，对于荆州的形势和刘表其人还是有一定了解的，而另一方面，甘宁也心知孙权的伟大抱负，知道他不甘平庸，肯定是要继续发展的，由此甘宁也算是给东吴提供了一条长久发展之路。对于甘宁的这个建议，孙权也是深表赞同。但是，张昭再一次与孙权产生了很大的分歧。

张昭并不同意甘宁的意见，他认为，现在东吴的整个局势还都不太稳定，经不起大规模的军队调动，如果不慎，很可能会引发东吴内乱，最后落得满盘皆输。对此，甘宁反唇相讥，并且指责张昭：孙将军已把汉初萧何的重任交给了你，而你在都城坐镇却担心会出乱子，那你有什么资格与萧何这样的古人相提并论呢？甘宁可是一个饱读诗书之人，面对位高权重的张昭，他却没有一点胆怯之心，直白的表达出自己心中的不满，可嘉可表。张昭刚想起身反驳，就听孙权表示，要按照甘宁的计策行事，并且立刻着手准备实施。与此同时，希望甘宁不要受到张昭意见的影响，进一步为击败黄祖献计献策。后来，事情的发展态势也证明张昭的思想确实是太保守了。

公元208年，经过几年奋战，东吴集团在孙权的带领下，取得了江夏之战的胜利，不但斩杀了黄祖，而且还占领了荆州所属江夏郡东部的部分地区，使得东吴集团的势力范围进一步扩大，也为不久后进行的赤壁之战奠定了基础。同年七月，曹操发起荆州战役，只用了短短两个月时间就占领了荆州，荆州牧刘表因病去世，他的儿子刘琮率领部将投降曹操。

看此情形，在刘表帐下寄居的刘备集团也是慌忙逃窜，不敢和曹操正面交锋，一时间曹操风光无限。于是，曹操再一次给孙权写了一封信，恐吓孙权归顺在自己麾下。面对曹氏（曹操）集团强大的压力，在东吴集团内部引发了很大的争议，到底是应该战还是应该降呢？

以张昭为首的江东老臣认为，曹操权大势大，东吴根本就无法匹敌，一旦两方起了冲突，东吴必败。于是，张昭说："原本，曹操就是豺狼虎豹，现在又挟天子以令诸侯，动不动就用朝廷的名义发号施令，在政治上有着很大的优势。倘若我们和曹操为敌就更显得名不正言不顺了。更何况，以前我们能够和曹操叫板，主要依靠的就是长江这道天然屏障，如今，荆州已经被曹操占领，并且还接手了刘表的水军以及几千艘战船。曹操只需要让这些战船顺江而下，再和步兵一起前进，就能够将我们的长江防线打破，这样一来，我们根本就没有办法对抗曹操。所以，我们的意见是，最好迎奉曹操，投降朝廷。"

对于张昭的此番言论，孙权很是不悦。不过，顾及情面，孙权并没有当场发作。后来，孙权又单独召见了鲁肃，并且表示对张昭的言论非常失望。不久后，周瑜也向众位大臣说出了自己的观点，颇得孙权赞赏。

在周瑜看来，曹操"挟天子以令诸侯"，名义上是大汉的宰相，实际上却是大汉的叛徒，想要颠覆汉室。孙权将军是一个胸怀大略的人，再加上有他父亲和兄长打下的江山为基础，现在又占领了江东，领域达到了几千里，兵精粮足，自然有实力和曹操抗衡的。现在，曹操自动送上门来，哪有不战而降的道理？

如今，虽然北方地区均为曹操所占，但是其整个的局势还不是很乐观。函谷关一线有马超、韩遂等凉州军阀的部队驻扎，这可是曹操的心头大患。这样，曹操在攻打江东的时候，只能选择他们不擅长的水战，要说水战，他们怎么能和江东将士比呢？这就是江东的优势所在。

更何况现在正是寒冷的冬季，不仅战马草料匮乏，久居中原的曹军士兵也会由于水土不服而患上疾病，这些都是兵家大忌。在这样不利的局面下，曹操仍旧强行出兵，这就给了江东一个极好的机会，现在正是打败曹操的大好时机。周瑜说："恳请将军给我三万大军驻守夏口，我保证能够大获全胜，将曹操这个强敌击败！"早已经对张昭等人的投降言论憋了一肚子火的孙权，在听到周瑜的豪言壮语之后，有了一个宣泄的机会。对于周瑜和鲁肃的意见，孙权十分赞同，同时严厉地指责张昭、秦松等人只顾着自己，却不顾江东的利益，让自己非常失望。

随后，孙权拔出自己的佩刀，砍在几案上，对众位大臣说道："如果再有说投降的人，下场就如同此案！"孙权所指的"投降的人"，其实指的就是张昭。

多年后，孙权在和陆逊闲聊的时候，说起这件事情，感慨道："当初曹操仗着自己兵强马壮，几度威胁我东吴，并且扬言要带领十万大军征讨东吴。当时，我召集群臣商议，可气的是，朝中大臣害怕曹操的势力，竟然没有一个敢发言的。后来，张昭、秦松等人都说应当派使者手持文书向曹操投降。鲁肃立即反驳，劝我尽早将周瑜找回来，让他率领大军对抗曹军，现在回想起来依旧记忆犹新。"由此可见，当时张昭的投降言论对孙权产生了多么大的刺激。

最后，曹操和孙权之间的战争，演变为曹操和孙权、刘备联军之间的战争，而这一战役也就是历史上有名的赤壁之战。赤壁之战，曹操吃了败仗，带着部队退出荆州，而经过这一场战役，孙权的势力也大幅度提高。此时，作为东吴老臣的张昭已经彻底失势，再也没有办法回到江东的决策圈了。尽管如此，张昭在东吴依然是一个举足轻重的人物，依旧是东吴人心里的指向标。而孙权也没有亏待他，一如既往地尊重张昭。

赤壁之战，加深了孙权和刘备之间的关系，刘备上书汉庭，举荐孙权担任车骑将军，任职徐州牧，孙权则任命张昭为军师，算是对于这位忠心耿耿的托孤之臣的一种奖赏。而张昭也算是尽忠尽职，对于孙权一些不妥当的行为，他还是毫不顾忌地当众指责。由此，还引发了一件趣事。

有一次，孙权带队外出狩猎，这时有一只老虎冲出来惊了孙权的坐骑，幸好孙权机警，才顺利脱险。张昭知道后，专程找到孙权，训斥道："为人君者，要做的是统率群雄，招揽豪杰，你怎么可以在原野上和兽类比试呢，将军你这么做的原因又是什么呢？猛兽不通人性，将军如果你一旦有个万一，还不得贻笑大方啊？"看着张昭这般严肃的表情，孙权心里也有些紧张。他急忙向张昭道歉，并且再三表示自己年轻，没有把事情考虑周全，以后肯定注意。从那之后，每次见张昭的时候，孙权心里都有些打怵，他不敢和张昭顶嘴，害怕张昭再给自己来一次严厉教训。

迟暮英雄

赤壁之战算是彻底粉碎了曹操一统天下的梦想，与此同时也给了孙、刘两家一个很好的发展与生存空间。刘备集团更是趁着这短暂的安宁日子，休兵养息，壮大自己的势力，接连夺下了荆州好多地区，后来又占领了益州，势力也是一天天壮大，不容小觑。

东吴这边，孙权和曹操在淮南战役中陷入了僵持状态。后来，在吕蒙的提倡下，东吴集团将目光转移到关羽占据的荆州地区转变。

公元 219 年，孙权和曹操联手打败了关羽，夺得了荆州地区，致使孙刘联盟的彻底地瓦解了。为了夺回荆州，刘备集中兵力，公元 221 年，开始进攻东吴。这个时候，孙权果断地采取了联魏抗蜀的策略，主动向曹魏称臣，想要与曹魏形成一个短暂的联盟，以免两线作战的困境，以全力对付来自刘备的大举进攻。

同年八月，曹丕封孙权为大将军、吴王，使者邢贞看到孙权后，面露不屑，即使到了孙权宫门口，邢贞也没有下车。张昭对于邢贞如此怠慢孙权，心里非常恼火。只见他怒气冲冲地指责邢贞："人们都说，只有尊重了礼仪，法度才可以顺利施行，而你这个卑鄙小人，竟然不把我东吴集团放在眼里，欺负我们人少势寡，连最基本的礼仪都没有，难道你不知道见了将军要行礼的吗？还是你认为我们江东连一把执法的小刀都拿不起?"

这时，一直站在身后没有说话的东吴大将徐盛走了过来，对东吴大臣们说："要说收复洛阳、巴蜀、许昌等地，我们这些人确实没有为孙将军出上什么力，这才导致孙将军受到邢贞这个小人的怠慢，实在是我等人的耻辱啊！"在张昭和徐盛一席话下，东吴将士个个怒发冲冠，大有吃了邢贞的架势。

刑贞一看这情形，心中顿时没了主意，担心再这样下去势必会惹怒这些江东壮士。于是便收起傲气，乖乖地下车以礼相待。之后，邢贞曾经对底下的人说："东吴集团能够有那班将士，他们肯定不会甘心屈居于人下的。"

虽然这一次，众人在张昭的带领下，总算是赢得了一点颜面。但是在东吴集团内部，张昭的日子却并不如人意。孙权为吴王后，依据律法，是要设立丞相一职的。纵观整个东吴，能够担得起这个职位的，非张昭莫属。所以，众将士都推举张昭。可是孙权却另有打算，他将丞相一职给了不管从哪方面说都不及张昭的孙邵。

面对众将士心中的疑惑，孙权是这么解释的，他说张昭年事已高，丞相一职任务繁重，责任重大，十分伤身。念及张昭的身体，所以才选择了孙邵。

其实，众人都知道，孙权的这番说辞只不过是个场面话而已。后来，孙邵因病去世后，百官再次提出由张昭担任丞相，可是又被孙权拒绝了。这次孙权才说出了真正的原因。张昭是一个性情耿直的人，两人一起共事，难免会出现分歧，这样一来也会使孙权和张昭二人心生间隙甚至是仇恨，最后得不偿失。这对于孙权的统治来说，是非常不利的。

就这样，第二轮的选举也让孙权一票否决了，这一次的丞相位置落在了江东名流顾雍的身上。而张昭也落了一个闲职，负责收集大汉朝的礼仪，制定东吴王朝的礼仪制度。同时，张昭还成了太子孙登的老师。从这里也可以看出，孙权和张昭的距离正在一步步拉大。

公元 222 年，孙权召见群臣，在武昌钓台饮酒作乐，喝的是天昏地暗。而那些喝醉的官员，也被孙权用水泼醒，让他们继续狂欢，而且还说："今天必须不醉不归，要让人抬着出去才肯罢休。"百官无奈，也只能跟着孙权喝酒，只是张昭的脸色异常难看，也不喝酒，也不迎合，冷着一张脸坐到了车里。

孙权对此非常不解，于是便让人问其缘由。张昭说道："商纣之所以灭亡，就是因为他整日沉迷于享乐，在他看来可能仅仅是玩乐，实际上他却是在作恶，在自取灭亡！"张昭的这番话让孙权大为触动，于是立刻停止了酒宴。

虽然说孙权已经按照张昭的意思撤了酒宴，但是自己被张昭当众训斥，心里还是非常生气的。过了没多久，孙权便想要当众捉弄一下张昭，也好为自己挣回一点面子。

有一次，孙权设宴款待朝中大臣，让诸葛恪为众人敬酒，等到了张昭面前时，张昭那时已经有了几分醉意，不愿意再多喝了。可是诸葛恪却不听张昭的推辞，执意往他的酒杯里斟酒，这让张昭很不高兴。在张昭看来，诸葛恪的这一举动无疑是不尊敬他这个朝中元老。诸葛恪当下反驳道："当初，九十岁的姜太公照样带兵上战场，那个时候他还认为自己并非老者。如今在我们东吴，只要是军事方面的事情，都念及您年事已高，把您安排在后面，而凡是宴请之事，则都把您安排在前面。这怎么能说我不敬老呢？"张昭被这一番话说得无言以对，只能端起酒杯一饮而尽。

要知道，张昭可是东吴集团中资质最老的大臣，声望很高，可是却被一个后生在大庭广众之下戏弄了一番，可谓是颜面尽失。这一次的戏弄并没有让孙权解气。公元229年，孙权自立为帝，百官朝贺，东吴呈现出一片喜气洋洋的景象。作为东吴最有权威的老臣张昭，此时心中也是高兴的。当时，他已经74岁了。谁知，在庆功宴上，孙权却把东吴的建立全部归功在周瑜身上，甚至还当着众大臣的面对张昭说："如果当年依照张公的意思，现在别说是建立吴国了，连我恐怕也得要饭讨生了。"

张昭听了这话，心知孙权对自己主张投降曹操的事情还是心怀芥蒂，顿时大汗淋漓，蹲坐在地上。可是，就算当初张昭的决策大错特错，但是念在他对东吴的贡献和 74 岁的高龄上，孙权也应该权衡轻重，不该当众侮辱张昭。孙权这次的做法确实有失分寸。

这次张昭受到羞辱之后，几乎都绝望了，没过多久就向孙权申请把所有的职务都辞去了，连他统领的属吏和差役都全部退还给朝廷，从此以后不再过问政事。孙权也许也感觉到自己做得是有些过分，所以没过多久，他就授予张昭一个辅武将军的职务，尽管他的地位仅次于三公，但是很明显这知识一个荣誉的职称。

张昭基本上是没有什么事情做，他就在家中潜心研究学问，随后写下了《春秋左氏传解》、《论语注》等著作。虽然张昭自己非常清楚在东吴帝国已经被边缘化，但是他仍然把自己的余热发挥起来，积极主动地为东吴帝国做出最后的贡献。

张昭每次上朝议事都不顾自己已经失去的实权，依然言辞激烈，经常对孙权制定的政策提出自己不同的看法和建议，时间一长，孙权就感到很不耐烦，直接下令不让张昭朝见，以便于自己落个耳根清净。这样，张昭就真的彻底赋闲在家，没有任何事情做了。

有一回，蜀汉使者前往东吴出使，对蜀国的政绩表示大力的赞扬，东吴的群臣没有一个人能够出面应对。这时候，孙权想起了张昭，这个当年口若悬河才辩无双的人，不禁叹息道："若是张公在此，蜀国的使者怎么还敢这样自吹自擂？"

次日，孙权便派人去慰问张昭，把张昭请到宫里。刚一见面，张昭就向孙权传达了自己的歉意，并且非常激动地说："以前太后和恒王（即孙策）没有把老臣我托付给陛下，而是将陛下托付给了老臣，所以我总想着怎样才能尽心尽力地以报厚恩，使我在离世以后有能够为人所称道的地方。但可惜的是，我的思想较肤浅，违背了陛下的厚意，自以为因此会受到冷落，一直沦落到我离开这个世界，但实在没想到，现在承蒙陛下的召见，还能够在左右侍奉。只是，我的初衷是仗义执言，报效朝廷。若是想让我这个初衷改变，只为求荣华富贵来赢得陛下的欢心，这我是做不到的。"张昭这番话，充分地体现出一位老臣的爱吴心意，孙权听后非常感动，并且表达了自己的歉意。

可惜，这次的会谈只是让张昭和孙权之间的关系得到了很小的改善，在数年之后，双方之间爆发了更加严重的冲突，几乎导致君臣之间彻底的反目。公元232年冬，盘踞辽东的割据势力公孙渊派人来东吴，称要脱离曹魏向东吴俯首称臣，孙权信以为真，于次年大赦天下，同时派张弥等人率领兵将万余人，带着很多财宝对公孙渊进行赏赐，并将他封为燕王。

孙权的这个决定遭到满朝文武大臣极力劝阻，群臣们觉得不要轻易相信公孙渊，并希望孙权可以收回成命。这其中，张昭的言语是最激烈的。张昭直言不讳地表示："公孙渊是个做事朝三暮四的人，今天他害怕遭受曹魏的讨伐才想出了这么个主意，只是为了得到我们的援助，并非真心实意，假如有一天公孙渊突然改变主意，想向曹魏表忠心，那么我们派出的使者必定也是有去无回。这样一来，我们肯定会被天下人耻笑！"

以客观的角度来说，和公孙渊交好是孙权所作出的一项战略决策，孙权从公元229年5月起就已经派出使者去辽东，联络公孙渊，目的除了利用他牵制曹魏集团以外，同时希望通过这样的手段得到当时东吴最紧缺的战略物资，就是战马。

这时候，东吴群臣的反对明显违背了孙权的战略，孙权就和张昭争论起来。一边是孙权对张昭反复指责，一边张昭坚持自己的意见，而且得到了群臣的暗中支持，最终孙权没有压住心中的怒火，当中就把刀拔了出来，非常愤怒地对张昭说："我国的士人进宫就参拜我，出宫便参拜你，我尊重你也已经到了极致，为何你要屡次当众顶撞我，让我下不了台。于此，我不断地提醒自己，不要由于克制不住自己的情绪做出有害于你的事情！"

张昭看着气急败坏的孙权，依然不依不饶，态度坚定地说道："我知道陛下不会采纳我的进言，但每次都会竭尽愚忠地直言进谏，就因为当年皇太后在临终的时候把我召到她的床前，遗命让我竭尽一切的可能辅佐陛下，太后当时托付的话语现在好像还在我的耳边，老臣时刻不敢忘记丝毫。"说罢就老泪纵横。孙权也扔下佩刀和张昭相拥而泣。

可是，这场危机却并没有因此过去，虽然张昭和孙权在朝堂当中真情流露，但最后孙权还是在这年的三月让张弥等人前往辽东。张昭知道后非常生气，随即就称自己患病从此不再上朝。张昭此举也惹火了孙权，他认为张昭这样做是有意在向自己示威，让自己无法下台，于是，他下令，用土堵住张昭府邸大门。这让张昭忍无可忍，干脆就在门内用泥土把门彻底的封死了，于是双方这样僵持了半年多。

同年冬天，公孙渊杀死张弥、许晏等人的消息传来，而且还将此二人的首级派兵送给了曹操。听到这个消息后，孙权才意识到自己的决策是多么的错误，后悔当初没有听从张昭的意见。这件事情之后，孙权曾经多次派人前去向张昭道歉，但是张昭是个倔强脾气，怎么都不愿意开门相见。

为了表示自己的诚意，孙权亲自来到张昭家门前，希望张昭能够出门相见，可是好说歹说，张昭就是不愿意出来，而且还派人说自己生病在床，无法相见。这一下彻底将孙权激怒了，他让人烧毁了张昭家的大门，想要用这种方法来吓唬吓唬张昭。可是张昭却不为所动，依然躺在自己的床上。

无奈，孙权只能又命人将大火扑灭，自己则在家门守候。张昭的儿子看此情景，便将张昭从床上强行搀扶到门口，孙权把张昭接到了宫里，再三道歉。张昭见孙权情谊真挚，也就原谅了他。只是，这个时候的张昭已经是耄耋之年，身体日况愈下，除了偶尔参加朝会外，也就不再插手朝中政事了。

公元 236 年，张昭离世，死后谥号为文侯。

失势的原因

东吴集团的草创和建立，张昭都曾建立过不少的汗马功劳，同时他也是曾经东吴集团人士的领袖。这数十年以来，他的兴衰和荣辱，都和孙氏兄弟的命运紧密的相连着。孙策的个人魅力以及知遇之恩也深深地打动着张昭，使他一生都死心塌地的为孙氏家族效力，当时混得如鱼得水。也正恰恰是这个原因，张昭在孙权继位之后会竭尽全力地辅佐孙权。但是，因为张昭身受托孤之恩，他的心态也慢慢发生了一些变化。在孙权面前，张昭的这种"顾命大臣"的优越感被体现得淋漓尽致。也正因为这种优越感，束缚了张昭。在张昭的心里，好像他就是孙权的"仲父"一样，而孙权则是自己的孩子，自己则需要经常提醒、督促，这样才能完成孙策的遗愿，保障孙权不会从自己定下的作为君主标准当中偏离。如果出现张昭认为错的地方，张昭就会用"遗诏顾命之言"对孙权进行震慑，逼他去改正。

但让张昭没想到的是：在继位初期，孙权的确需要有这样一位经验丰富的"师傅"来辅导自己。但等到孙权的羽翼丰满，到了施展抱负的时候，张昭却没有及时调整好自己的心态，也没有顺利完成角色的转换。结果，孙权忍无可忍，双方的裂痕渐渐扩大，在发生无数次的口角和冲突之后，孙权被逼无奈采取了一些非常极端的手段对张昭进行打压，这使他在朝廷中的影响力降低。张昭在东吴发展的战略上出现过十分重大的失误，这也是导致他在东吴集团慢慢失势的关键原因。

张昭的地位之所以会下降，除了以上提到的原因，还有非常重要的因素，就是，在东吴建国的整个过程当中，孙权一直都在大力推行江东化的政权，作为淮泗士人的代表人物张昭在东吴集团被慢慢地边缘化也是一种必然发生的结果。张昭和孙权之间的复杂的内在关系是一种中国古代君臣之间十分常见的现象。不过，需要指出的一点就是，孙权晚年

的时候非常昏庸，而且多疑滥杀，有不少朝廷重臣都被孙权借故害死了，唯独张昭屡次触怒孙权，但是他丝毫没有一点事。从这个意义上来说，孙权对张昭的处理还算是得当，尽管他不再重用张昭，但对他一直都以礼相待，即使有时候实在是怒不可遏了，事后也会积极主动向张昭道歉，这充分地体现出一种豁达和大度，也是张昭可以安享晚年的非常重要的原因之一。

第十章

深谋远虑的江东谋士——鲁肃

谋士档案

☆姓名：鲁肃

☆别名：鲁子敬

☆出生地：临淮东城（今安徽定远）

☆出生日期：公元172年

☆逝世日期：公元217年

☆主要成就：为孙权策划天下大计联刘抗曹

☆代表作品：《榻上策》

☆相关典故：单刀赴会

☆生平简历：

公元172年，鲁肃出生在临淮东城，也就是今天的安徽定远。

公元179年，鲁肃率领部属百余人投奔孙权。

公元208年，鲁肃建议合纵抗曹，被孙权接受，孙刘联盟，共同抵抗曹操。

公元209年，鲁肃劝孙权借荆州给刘备，进一步巩固了孙刘联盟。

公元210年，周瑜病逝，孙权任命鲁肃为奋武校尉，接替周瑜统领部队，后来，又任命他为汉昌太守、偏将军。

公元214年，鲁肃跟随孙权攻破皖城，改任横江将军。

公元217年，鲁肃病逝，享年46岁。

人物点评

鲁肃是汉末三国时期的谋士，其地位十分特殊。在孙氏（孙权）集团早期发展过程中，他做出了突出的贡献；在三足鼎立形成的过程中，他发挥了非常关键的作用。之后，他又接替周瑜成为孙氏（孙权）集团大都督，在建立东吴帝国的过程中立下了汗马功劳。与此同时，他还是第一个提出孙刘联盟的人，正是在鲁肃的不懈努力下，孙氏（孙权）集团与刘氏（刘备）集团才能够顺利地联起手来，共同抗曹，在赤壁之战中取得了很大的胜利，使得孙刘两大集团都迅速地发展壮大起来。此外，刘备之所以能占领益州以及汉中地区，也与鲁肃有着不可分割的联系。因此，作为东吴谋士的鲁肃不仅仅在东吴的发展历史上起到了不可替代的作用，在蜀国的发展历史中，他的作用同样不容忽视！

生平故事

迁居江东

鲁肃的父亲在鲁肃还很小的时候就因疾去世了。鲁肃从小就跟着自己的祖母生活。因为祖母的悉心照料，鲁肃长得很快，也很壮实，在青年时期就已经身材高大魁梧，相貌也十分出众，再加上他家的家庭条件也非常好，所以，鲁肃很自然地就成为了乡亲们关注的对象之一了。

徐州是鲁肃的家乡，也是汉末时期十分少有的几个富裕地区之一。虽然朝政腐败所引发的社会矛盾一天比一天尖锐起来，农民起义也是此起彼伏，但是在徐州各任官吏的有效管理之下，徐州的政局依然保持着相对稳定的状态，全国各地的流民相继涌入徐州，这也在很大程度上促进了徐州的经济发展。特别是在陶谦担任徐州刺史之职后，徐州地区更是发展得十分好。但是这个时候已经20多岁的鲁并没有集中精力积累财富，他不仅没有用心管理偌大的家业，反而将自家的家产散发，将自己的田地变卖，以此来帮助穷人，同时也十分广泛地结交天下的英雄豪杰。对于鲁肃的这种十分仗义的行为，家乡的父老乡亲都是非常赞赏的。不过，这个时候，鲁肃的一些不同寻常的举动让乡人们感到很疑惑不解。原来，鲁肃除了自己十分用心地学习骑射与击剑之外，还将很多年轻人召集起来，为他们提供平时所需的衣食。鲁肃经常带着这批年轻人在南山一带活动，名义上是去射猎，事实上却是在悄悄地练习调兵布阵之法，俨然成了一支战斗力不弱的民间武装力量。乡人们都不理解鲁肃的这种行为，甚至有人悄悄地进行议论，说鲁肃的这个举动太放荡不羁了，简直有辱鲁家的门风。不过，对于乡人们的各种议论，鲁肃并没有当回事儿，因为在他看来，徐州表面上很富庶，很安定，但是却隐藏着很大的危机，他一定要提前为自己的家族做好打算。

鲁肃的担心不是多余的，尽管徐州被治理得很好，但是在东汉末年这样纷繁复杂的大环境下，徐州迟早会沦为其他割据势力抢夺的一块肥肉。从董卓掌控朝政大权开始，各大割据势力早就将中原地区作为战场而斗得你死我活，徐州自然也不可能躲过去。刚开始时陶谦和好几个地方诸侯联合起来，与凉州的军阀势力进行了几次厮杀。随后，曹氏（曹操）集团又疯狂地进攻徐州。只不过短短几年的时间，徐州换了好几次主人，陶谦、刘备、吕布等割据势力都为争夺这块土地而大打出手，使得徐州硝烟四起，持续不断。鲁肃见证了这场混战，非常担心自己家族未来的命运，于是，他暗暗地下定决心，只要情况不对就马上离开徐州。就在此时，鲁肃遇见了一位影响鲁肃终生的人物——东吴著名的将领周瑜。周瑜与鲁肃的相遇不仅成就了一个很有名的历史典故，而且还改变了鲁肃一生的命运。

周瑜，字公瑾，庐江舒县人，公元175年出生，出身相当显赫。他的曾祖周荣曾经做过两朝的尚书令，堂祖周景以及其子周忠曾经担任过太尉之职，周瑜的父亲周异担任过洛阳令，叔父周尚后来当过丹阳的太守。周瑜在少年时期就已经有了很大的名气，在江淮一带影响力非凡。与此同时，孙策，也就是后来的江东霸主还是他的好朋友，两个人从小玩到大，感情非常好。孙策开始征讨江东之后，周瑜不仅为孙策献计献策，而且还亲自上战场指挥将士们作战，为孙策夺下江东立下了不朽的功劳。在这一段时间内，周瑜曾受到淮南军阀袁术的威胁与逼迫，离开了孙策，来到了寿春，也就是袁术的老巢，在寿春待了好几年。为了更好地对周瑜及其家族进行拉拢，袁术准备提升周瑜为将军，但是，周瑜觉得袁术根本不是成大事的人，就找了个理由将这个任命给推掉了，反而自己推荐自己做居巢县的县长，其目的就在于尽早地回到好朋友孙策的身边去帮助他。愚笨的袁术并没有将周瑜的真实用意看出来，对于他的这个请求，很爽快地就答应了。

　　周瑜在做居巢县长的时候，为了筹集一批粮草物资而来到了当时鲁肃居住的东城。当他听说鲁肃这个人非常豪爽，又是当地有名的大户人家之后，马上带着手下人去鲁家拜访，希望鲁肃可以慷慨解囊，帮助他。鲁肃得知这一情况后，什么也没有说，直接将自己家中所储存的所有米的一半，大约三千斛大米都给了周瑜。周瑜被鲁肃这种慷慨行为感动了，有意想与鲁肃结交，没过多长时间，两个人就成了非常要好的朋友。这就是著名典故"将困相结"的由来。

　　很快，鲁肃与周瑜的故事就传扬开了。袁术也听说了这件事，觉得鲁肃是一个可用之人，于是，就让鲁肃做了东城的县长。但是，鲁肃并没有因为得到袁术的赏识而感恩，反而想要离开家乡。没过多久，鲁肃就将家人召集起来，说出了藏在自己心中很久的想法。鲁肃说："现在朝廷已经丧失了统治国家的能力，天下到处都是盗贼横行，我们世代生活的淮泗地区已经不再是安居的场所。我听说江东地区的土地十分肥沃，政局较相对比较安定，我们可以暂时前往那里避祸，你们愿意跟着我一起前往江东，观察一下时局的变化之后，再作进一步的打算吗？"大家都觉得鲁肃的这个建议不错，于是都同意了。于是，鲁肃带领自己的家人，也包括之前在南山上聚集的那三百多人一起去了江东。

　　为了照顾妇孺老幼，防止袁术的追兵追赶而出现意外情况，鲁肃将妇孺老幼安排在队伍的前面，将青壮年安排在队伍的后面，自己则走在队伍的最后面。果然不出所料，鲁肃一大群人刚走没多久，袁术就收到了消息。袁术非常生气，觉得鲁肃太不识抬举了，马上派出一队人马前去追击。

　　眼看着追兵不断地逼近，鲁肃却没有一丝的慌张，他先命令自己的手下做好迎战的准备，自己也手拿盾牌与弓箭注视着追兵的一举一动。在追兵到达他面前时，鲁肃非常冷静地说道："作为大丈夫就应当洞察天下大局，现在天下已经很乱了，即使你们将我拿下也得不到任何奖赏，将我放走也不会受惩罚，那么你们为什么死追着我不放呢？"鲁肃说完之后，又把手中的盾牌竖着立在地上，然后张弓搭箭射向对方的盾牌，一箭下来居然射穿了盾牌。这些追兵原来就很佩服鲁肃，现在又看到鲁肃如此神勇，非常害怕，都觉得没有能力抓住鲁肃等人，于是也就不再为难鲁肃等人了，骑着马离开了。

　　就这样，鲁肃等人平安而顺利地来到了居巢，找到了当年的好朋友周瑜。随后就与周瑜一同去了由孙策负责管理的江东地区。孙策听说了鲁肃的事迹后，对他也是相当佩服。不过，因为孙策此时正好在处理江东内部的复杂局势，非常忙碌，既没有和鲁肃进行深入的交谈，也没有让他担任一官半职，这让鲁肃感觉很不高兴。于是，鲁肃就暂时在曲阿居住了下来，同时也在认真地思考着自己对未来的打算。这段时期是鲁肃人生中最为低落的时期，直到公元200年，鲁肃的处境才发生了根本性的改变。

效命孙权

　　公元200年8月，东吴集团的首任领袖孙策因病去世，年龄仅有19

岁的孙权继位。此时，鲁肃正在为他祖母的去世而伤心不已。依据那个时候的风俗，鲁肃应该亲自护送祖母的灵柩回故土东城。正当办完丧事打算返回曲阿的时候，鲁肃当年在东城结交的好朋友刘晔写信给鲁肃。在信中，刘晔说道："如今天下豪杰并起，以子敬兄的才华，很适合在这样的局势下使自己的才能得以充分地发挥。你还是尽早赶回曲阿去迎接家人，不要在江东地区长久地滞留了。最近，巢湖一带出现了一个大英雄，名字叫作郑宝。他不但兵多将广，而且还有大量肥沃的土地，就连附近庐江等地的不少人都愿意依附他，其发展前景非常好。希望子敬兄好好把握这个千载难逢的机会，赶快去巢湖投奔郑宝吧。"

鲁肃读完刘晔的这封信之后，心中压抑已久的雄心壮志一下子就爆发出来了，很快，他就从东城前往曲阿准备带着自己的家人前往巢湖投靠郑宝。然而，等到他回到曲阿之后却发现，好朋友周瑜已经将自己的母亲接到了吴县，于是鲁肃又马不停蹄地赶到吴县找到了周瑜，告诉他自己准备离开江东前去投奔郑宝。没有想到，鲁肃刚刚将自己的计划说完，周瑜马上对此表示强烈的反对。

周瑜认为，当年著名将领马援曾经对光武帝刘秀说道："现在这个世道已经不再只是君主选择臣子，同样的，臣子也可以选择适合自己的君主。"如今孙权将军执掌江东地区，他年轻有为、求贤若渴，正在大力招揽天下的异士能人。自己也曾经听一些贤人悄悄地议论，他们都觉得大汉气数已经尽以后执掌天命替代汉朝的，一定兴起于东南，而孙权将军就是最佳人选，他最终肯定能够成就帝王之业。在这样的局势下，顺应天命，为孙将军效忠才是正道，也更适合鲁肃的才能的发挥。建议鲁肃安安心心地留在江东吧。至于那个郑宝，最终不会成就什么大事的，只是一个昙花一现的人物罢了。根本就不用在意刘晔的话。

由于周瑜的极力劝阻，鲁肃终于决定安心待在江东。没过多长时间，周瑜果然将鲁肃推荐给了孙权，并且在孙权跟前称赞鲁肃具有绝世才华，希望孙权能够亲自接见并且委以重任。于是，孙权马上召见了鲁肃，对鲁肃称赞不已。等到其他宾客都走了之后，孙权又单独地对鲁肃进行召见，就江东的大势向他问计。

这个时候的鲁肃早已经深刻地感受到了孙权的诚意，两个人坐在一个榻上喝酒，一同探讨天下大事以及江东未来的发展方向与策略，这就是历史上非常有名的"榻上对"。在"榻上对"刚开始的时候，孙权就向鲁肃提出了自己的看法。孙权表示，现在汉室已经衰落，天下早已经大乱了，自己继承了父亲与兄长的遗志，想要建立春秋时期齐桓公与晋文公那样伟大的功业，盼望鲁肃可以提出自己的看法。

其实，孙权所说的这些并不是什么新的战略，而是张纮在公元194年向孙策提出的，孙策时期也始终按照这个策略发展进行讨论。已经过去六年了，这个策略是不是还与当今的天下大势相符呢？鲁肃提出了自己的观点。

鲁肃表示："过去刘邦也一门心思地想要辅佐怀王，但他的愿望却一直没能实现，因为有项羽一直在横行霸道。而今天的曹操就相当于那个时候的项羽，将军是没有可能成为齐桓公或者晋文公的。根据我的判断，现在汉室想要复兴已经是不可能的事情，想在短期内将曹操的势力铲除也是不可能的。将军只有鼎足江东以观看天下的变化，相机行事，才可以力图长远。现在，北方地区正是多事的时候，曹操暂时没有时间南顾，应当抓住这个有利之机将江夏的黄祖铲除，然后，征讨荆州的刘表，尽可能地将整个长江流域的控制权拿到手，最后建号称帝，直到坐拥整个天下，这就是当年汉高祖刘邦所创立的伟大基业。"

鲁肃所说的这个意见，针对的是当年张纮向孙策提出的意见，同时也是东吴集团之前六年所采取的发展策略的否定。在经过中原一系列的战事后，汉末的局势早已经与之前不一样了，曹氏（曹操）集团力量逐渐增强，已经成为了中原的霸主，并且有着"挟天子以令诸侯"的政治优势。在这样的情况下，东吴集团之前所实施的策略早已经不适应形势的发展，需要有一种新发展战略来代替。而鲁肃所提出的建议非常符合新的形势，是十分适合东吴集团发展的新战略。

鲁肃的战略构思主要包括四方面。第一，鼎足江东打好坚实的基础；

第二，通过打败黄祖，将刘表集团对于江东地区的威胁解除，第三，进攻荆州以便攻占长江上游地区，增大东吴集团的控制范围；第四，建号称帝夺取天下。毫无疑问，这对于东吴集团来说，是十分及时与正确的，也表明了鲁肃的确是一名具有远见卓识的战略家。因此，当孙权听完鲁肃的意见后，感到非常欣慰，并且立即将鲁肃当作自己的心腹，与此同时，还赐给了他很多的财物。从此之后，鲁肃慢慢地取代了张昭的位置，得到了孙权的器重，成为了东吴著名谋士之一。

按照鲁肃提出的发展策略，孙氏（孙权）集团快速对发展战略进行了调整。从公元203年开始，孙氏（孙权）集团对荆州发起了三次规模很大的进攻，第一个选定的目标就是鲁肃在"榻上对"中所说到的江夏太守——黄祖。

到了公元208年，在赤壁之战的前夕，孙权终于将黄祖斩杀，在江夏战争中取得胜利。在赤壁之战前，江夏之战是东吴规模最大的一次战争，不但将江夏郡东部的一些地区占领，大大扩大了孙氏（孙权）集团的势力范围，而且使得荆州刘表再也不能威胁到江东地区了，初步实现了"榻上对"所说的第一步。与此同时，这也为"榻上对"的稳定与发展创造了非常有利的条件。

但是，不久后的赤壁之战却没有按照"榻上对"的战略构想进行，并且将"榻上对"的战略构想打乱了。在这场决定孙氏（孙权）集团生死的重大考验中，鲁肃再一次体现出了远见卓识，为汉末的政治走势作出了巨大的贡献，真不愧是三国时期杰出的战略家与外交家。

促成孙刘联盟

公元208年7月，曹操率领大军向荆州进攻。为了掩盖自己的作战目的，曹操接受了他的谋士荀彧的建议，假装要攻打南阳，向着宛县与叶县前进，曹军的主力部队悄悄地抄小路进入了荆州的腹地。刘表得到消息说曹操要进攻荆州之后，马上意识到曹操这次肯定是打定主意要将荆州据为己有了。

于是，刘表马上下令将兵力收缩进行荆州保卫战。没有想到的是，就在当年八月，刘表因为疾病死了。荆州的主人突然死了，一时间荆州也乱了，其形势可以说相当危急。这个时候，鲁肃得知刘表去世的消息之后，马上觉察到这可是一个千载难逢的好机会，孙氏（孙权）集团应当趁机进攻荆州。于是，他立即求见孙权，将自己的想法提了出来。

鲁肃表示："荆州挨着江东，交通非常方便，外面有长江与汉水环绕着，里面有非常险峻的山峰阻隔着。倘若能够将荆州占领，那么就有了成就帝王大业的稳固基础了。现在刘表刚刚去世，刘表的两个儿子一直不和，为了权利不断争斗，荆州内部也分成了两个派系，没有办法团结起一致对外，再加上寄居在荆州的刘备向来野心很大，与曹操有很深的积怨，同时与刘表也有了一些矛盾。在刘表死了之后，荆州没有主人的情况下，倘若刘备能够与刘表的两个儿子齐心协力对抗曹操，我们就能采取安抚的政策与之结为盟友一起对付曹操；倘若刘备想要借着这个机会在荆州发展自己的势力，那么就再作别的打算。"

鲁肃向孙权提出建议，自己马上去荆州，借着为刘表吊唁的机会，悄悄地窥探一下荆州内部的情况，尽量劝说刘备与刘表的两个儿子，让他们同意齐心协力对付曹操。如果让这个机会溜走了，曹操很可能就会捷足先登。孙权听了鲁肃的这个意见之后，最终给予了肯定，并且命令他立即出发赶往荆州。

但是，这个时候荆州的发展局势，是鲁肃根本没有想到过的。就在鲁肃赶到夏口的时候，曹操已经率领大军到达荆州的腹地了。鲁肃刚刚到南郡，刘琮，也就是刘表的小儿子就已经带着荆州士民向曹操投降了。原本，刘备是大力主张抗曹的，但是这个时候，他也从樊城撤了出来，向江陵方向进行转移。无奈之下，鲁肃只好将行程改变，寻找被曹操大军追击的刘备，最后终于在当阳的长坂坡地区遇到了落荒而逃的刘备。

这个时候的刘备依然一副枭雄本色，没有同鲁肃说实话。当鲁肃向刘备表示了孙权的问候之后，询问其接下来有何打算的时候，刘备用前往苍梧去投奔吴巨作为搪塞。对于刘备的言不由衷，鲁肃向刘备说出了自己的想法。

鲁肃说道："孙权将军仁义无双，礼贤下士，手中掌控着江东六郡，兵士精良，粮食充足，可以成就大事。依据我的看法，刘将军可以派自己的心腹去江东，与之进行结盟，一起对抗曹军，这样才可以干出一番经天纬地之业。至于刘将军所说的苍梧太守吴巨，仅仅使一个十分平庸的官吏，没有什么大才能，用不了多久就会被别人吞并，去投奔这样的人根本没有什么用。"

刘备看到鲁肃这样坦诚相告，心中的顾虑也没有了，两个人一拍即合，刘备派自己的军师诸葛亮与鲁肃一同前往江东，与孙权商谈结盟之事。诸葛亮来到江东后，很快就和孙权制定了孙刘联盟一起抗曹的战略，就这样，孙刘联盟正式拉开了序幕。鲁肃没有辜负孙权的期待，成功地推动了孙刘联盟的形成，改变了大汉末年的政治格局。

孙刘联盟形成没有多长时间，曹操派人给东吴送来一封威胁味十足的恐吓信。曹操在信中声称自己拥有大军八十多万、随时都可以向江东进攻。孙权立即将手下的文武大臣召来，一起商讨对策。以张昭为首的投降派大力主张应当放弃和刘备的联盟，向曹操投降，这个时候只有鲁肃不说一句话。他利用孙权上厕所的时候，追着孙权出来，并且说出了自己的立场与看法。

鲁肃认为："我刚刚听了张昭等人意见之后，觉得他们根本不能与将军一起共谋大事，只会耽误了将军。像我鲁肃这样的人完全可以向曹操投降，而将军却万万不能这样做。如果我向曹操投降，曹操就会将我送回我的家乡，给我来一个人物品评，为我安排一个小官职，我至少也能做一个功曹，有一个随从在我身边伺候着，出门可以坐牛车。随着时间的推移，我的官职也会慢慢地上升，也许还可以做一个州郡级别的官吏。但是，如果将军你向曹操投降，绝对不会出现像我这样的结果。希望将军尽快作出决定，千万不能被张昭等人的意见左右。"原本，孙权对张昭等人的投降言论十分生气，现在听了鲁肃的这些话之后，长长地叹了一口气，随即表明了自己的心迹。

随后，孙权召回了在外操练水军的周瑜。周瑜属于主战派将领，于是，就与鲁肃一起支持孙权抗曹。因此，孙权最终决定联合刘备一起抵抗曹军，并且当着众位大臣的面表示，谁也不准再说投降的言论，否则定斩不饶。

接着，孙权让周瑜做了东吴的大都督，对前线的战事全权负责，鲁肃则被任命为参军校尉，协助周瑜，为他献计献策。从这一年冬天开始，孙刘联军与曹氏（曹操）集团展开了一场规模非常大的战争。最终孙刘联军以劣势在赤壁之战中获胜。不仅将曹操从荆州大部地区赶了出去，使得东吴集团的长江上游防线得以稳定，而且使得孙刘联盟的力量得以壮大，为以后三足鼎立局面的形成奠定了基础。在这场战争中，鲁肃发挥了很重要的作用，对此，孙权给予了认可。

赤壁之战结束后，鲁肃返回吴郡，孙权对其礼遇有加，特意召集手下的文武百官一起迎接鲁肃。鲁肃将要进入殿门拜见孙权的时候，孙权起身行礼并且表示愿为鲁肃抓住马鞍让其下马，而且还问鲁肃如此的礼节是不是能够表达出自己对于鲁肃的敬意。鲁肃则说盼望着孙权可以尽快将天下统一，实现帝王大业的目标，到了那个时候，再使用迎接贤士的小车前来召见自己，那才是真正的荣耀。从这个细节中能够看出，这个时候的鲁肃深得孙权的尊重与器重，已经成了东吴集团不可缺少的重要谋士。

出谋划策

赤壁之战后，刘氏（刘备）集团得到了迅速的发展。刘备利用曹氏（曹操）集团在赤壁兵败，荆州陷入权力真空的机会，将零陵、长沙、桂阳、武陵四郡拿下。为了继续扩大自己的力量，刘备在公元210年，亲自来拜访孙权，并且希望孙权将南郡地区借给自己。刘备的这个请求在东吴集团内部引起了很大的分歧。周瑜认为，刘备是一代枭雄，手下又有熊虎之将——关羽、张飞，不可能长期屈居于人下，应当采取措施对刘氏（刘备）集团的进一步发展进行限制。所以，周瑜在刘备来访的这个机会，为其他修建了十分豪华的居所，又将很多美女与珍奇的玩物送给了他，以便消磨刘备的意志，企图把刘备留在江东，之后再找机会进攻刘备的地盘。倘若只是一味地借土地给刘备，这就相当于不断壮大了刘氏（刘备）集团的力量，以后想要限制他们的发展就更难了。对于周瑜的这个建议，孙权手下的另外一位谋士吕范也表示赞同。

不过，鲁肃对此极力反对，他拜见了孙权并且提出自己的不同意见。鲁肃表示：尽管曹操在赤壁之战中惨败，但是其实力依旧不容小视，在这样的情况下，将刚刚取得的荆州部分地区借给刘备，不仅能利用刘备在荆州百姓心目中的形象加以安抚，使得荆州的局势得以稳定，而且还可以借这个机会巩固孙刘联盟。鲁肃还将这形象地称为"多一个曹操的敌人就相当于多了一个东吴的朋友"。鲁肃的这个说法不仅形象，而且具有说服力，孙权听完后，也表示赞同。于是，孙权拒绝了周瑜与吕范的提议，把荆州南郡的部分地区借给了刘备，以便更好地巩固孙刘联盟。据说曹操得知此消息后，吓得连笔都掉在了地上。这也从侧面反映出鲁肃这样维护孙刘联盟的建议对孙刘双方来说都是十分有利的，是一个与当时局势非常相符的正确主张。

虽然周瑜、鲁肃二人在对待刘氏（刘备）集团的发展的问题上产生了很大的意见分歧，但是，这对周瑜钦佩鲁肃并没有任何影响。公元210年，周瑜病重，在临终前还专门给孙权上书，希望可以由鲁肃接替自己的职务。在这封临终上表中，周瑜表示鲁肃拥有过人的智谋，完全可以很好地处理与刘备的关系。而孙权后来也接受了周瑜的意见，让鲁肃担任奋武校尉，接替周瑜成为了东吴集团在长江上游地区的最高军事长官，并且把周瑜手下的四千将士以及四个县的奉邑都划给了鲁肃。鲁肃就职的初期，奉孙权之命镇守江陵，之后又在陆口驻扎。在此期间，他恩威并施，不仅使所属地区的社会秩序得以稳定，而且还使军队的数量得以增加，将这一支原本四五千人的军队扩充到了一万多人。后来，孙权又提升鲁肃担任武昌太守、偏将军，承担拱卫东吴西线的重要任务。

鲁肃在镇守荆州的时候，得知自己十分看好的一个名叫庞统的谋士，在投奔刘备之后只是被授予了十分低级的官职——耒阳县令，而且还被刘备给罢免了，感到非常惊讶。他专门给刘备写了一封信，极力向刘备推荐庞统，认定庞统拥有惊世的才华，只有担任治中、从事这种高层的职务才可以使他的才华展现出来。

在鲁肃的大力推荐下，后来，刘备特意和庞统进行了一次交谈，他这才意识到自己差一点就失去了这位与诸葛亮一样有才华的谋士。于是，刘备立刻提升庞统担任治中从事，后来又授予与诸葛亮一样的军师中郎将之职。从此之后，庞统也成为了刘氏（刘备）集团发展过程中一位非常重要的谋士，后来也在刘备争夺益州的战争中作出了巨大的贡献。从这个意义上来看，庞统的伯乐不是刘备，而是鲁肃。

除了帮助庞统在刘氏（刘备）集团得到重用之外，鲁肃在孙氏（孙权）集团也发现了一位相当难得的人才，后来在自己临终之前还建议孙权让这个人来接替自己的指挥权。这个人就是从小就在东吴军队效命，那个时候已经有一些名气的猛将吕蒙。后人将鲁肃和吕蒙间的对话概括为一句成语："士别三日，刮目相看。"这次对话的过程大概是这样的：

那个时候的吕蒙已经被封为偏将军，同时也担任着浔阳县令的职务，在鲁肃的手下效命。不过，鲁肃对于吕蒙的了解不多，只知道他是一名靠着勇猛成名的武夫，从心里有一点儿瞧不上吕蒙，在经过吕蒙的驻地的时候，也没有准备去见他，后来在手下提醒之下才勉为其难地去了。

在吕蒙为鲁肃准备的宴席上，鲁肃表现得非常冷淡。吕蒙十分真诚地问鲁肃："先生接替了周将军的职务，责任重大。现在与关羽的辖区相邻，不知道先生有什么好的计策来对付关羽呢？"鲁肃只是淡淡地回答："随机应变就可以了。"吕蒙严肃的说道："尽管刘备目前与我们是同盟，但是关羽这个人过于彪悍，又常常在边境制造事端，时时刻刻都在盘算着怎样增强自己的力量，倘若不早些做好应变的方案，到时候可就非常危险了。"随后，吕蒙又向鲁肃提出了五条应对突发事件的方案。鲁肃对于吕蒙的这些周详而且缜密的方案称赞不已，还拍着吕蒙的后背说："以前我觉得你只有武勇而缺乏谋略，现在一见才发现自己错了。你再也不是那个吴下阿蒙了。"而吕蒙则笑着回答："士别三日当刮目相待。"后来，鲁肃在孙权面前多次夸赞吕蒙，这也对吕蒙日后的升迁，起到了一定的推动作用。

在鲁肃成功地实施联合刘备的战略推动之下，东吴集团也把发展的重点转移到了淮南地区，与曹操展开了一场长达好几年的淮南争夺战。公元214年，孙权在淮南地区发起规模巨大的进攻，鲁肃又被临时调到了淮南战场，和孙权一同在皖城之战中取得完胜，并且因此被改任为横江将军之职。也就是在这个过程中，刘氏（刘备）集团的发展也出现了巨大的转机。

公元214年，刘备在经过三年的奋战之后，终于将益州从刘璋手中夺了过来，成为了汉末政治舞台上一支十分重要的势力。孙权对于刘氏（刘备）集团的发展，感到十分担心。就在刘备夺得益州后没多久，孙权就派中司马诸葛瑾作为使者出使成都，要求刘备将荆州数郡归还。而这个时候的刘备正意气风发，丝毫没有意识到潜在的危险，反而用夺得凉州后再归还荆州作为借口，拒绝了孙权的要求。也就是在刘备集结兵力夺取益州的时候，留守荆州的刘氏（刘备）集团主将关羽多次与鲁肃发生纠纷与摩擦，虽然鲁肃以大局为重尽可能采取安抚、忍让的对策，但是这已经对孙刘联盟产生了消极的影响。在这样的情况下，孙权决心对关羽控制的荆州地区采取军事行动，用武力将荆州数郡夺回来。

竭力维护孙刘联盟

公元215年，孙权强制向关羽管辖范围内的长沙、桂阳、零陵三郡遣派行政官员，意图对其进行控制，结果都被关羽遣了回来。孙权立刻让吕蒙带领徐忠、孙规等两万大军向这三个郡城进发，一心想要凭借武力攻克三郡。粗心的关羽对孙权发起的猛烈进攻毫无意识，而且在此之前，关羽也没有做好任何心理准备，再加上三郡本就势单力薄，所以根本无法抵挡吴军的猛烈进攻。吕蒙分别给三郡写了一封劝降书，桂阳与长沙两个郡城不战而降，只有零陵太守郝普进行了顽强抵抗，誓死不降。刘备在得知东吴大军发动进攻的时候，还没来得及展开行动，吕蒙已经将郝普劝降了，顺利控制了三郡。此时，孙权让鲁肃率领万余兵马赶往前线与关羽的军队对峙，以防关羽的军队发动突然袭击。

那么，怎样做才可以防止孙刘联盟的破裂呢？这个问题一直困扰着鲁肃。最终，鲁肃决定，自己与关羽见一面，尽自己的最大努力缓和当前的紧张局势，让孙、刘两家可以和睦相处。得知鲁肃要来关中面见关羽的消息后，鲁肃手下的很多将领都对此表示担心，劝说鲁肃不要前去，但是鲁肃执意如此，而且义正严辞地说："刘备已经攻占了益州，但却一直不肯将借的荆州地归还，已经十分失礼了，这个时候不敢对我无礼。现在双方的局势是我与关羽见面的最佳时机。"于是，鲁肃和关羽约好，双方带领的士兵都在距离约会地点的百米之外扎营，双方只可以独自前往。这就是历史上赫赫有名的"单刀会"。

鲁肃与关羽见面之后，关羽表示，在赤壁之战中刘备可以率领千军万马抵御敌人，就连晚上休息的时候都不肯将盔甲卸下来，与东吴联手将曹操击溃。赤壁之战后刘备得到荆州地区是合情合理的事情，倘若花费了那么多的心血反而一无所得才是罕见的事情。如今，东吴派人强行将刘备辛苦打下的荆州土地接管，当真是一件奇之又奇的事情！

面对关羽的责难，鲁肃丝毫不留情面，立刻给予反击。鲁肃认为：当年自己与刘备在长坂会面，刘备大军的人数已经很少、士气也很低落，想必连一校的兵马都没有办法抵抗。刘备本人也没有安身立命之地，在兵荒马乱的年代四处逃遁，如果不是孙将军将荆州之地借给他，只凭借一个小小的刘备，又怎么会有今天的地位呢？如今，刘备已经顺利攻克了益州，却迟迟不肯归还荆州，又是什么用意呢？现在，东吴退了一步，只要求他将长沙、桂阳以及零陵三郡归还，刘备却也不肯答应，难道这不是背信弃义的事情吗？

鲁肃对关羽也是一顿批评，他表示，自己一直相信贪婪与背信弃义是所有祸事的源头，关羽在刘备军营中的地位不容忽视，难道就真的要不分是非与吴军兵戎相见吗？这样的战争不但师出无名，再加上士兵的士气低落，在这场战争中的胜算又有几分呢？鲁肃的这番话让关羽百口难辩。就这样，一场剑拔弩张的单刀会最后以关羽的失利而告终。

没多久，因为曹氏集团对汉中地区发起了猛烈进攻，刘备刚刚夺取的益州受到了很大的威胁。刘备在万般无奈的情况下选择向孙权求和，双方将荆州的控制范围进行了重新的划分。双方经过商讨之后决定以湘水作为两国的分界线，一场极有可能导致孙刘联盟彻底瓦解的战争最终以求和告终。在这场殊死较量中，鲁肃不但维护了东吴的利益，还在"单刀会"中明确表示了东吴的观点与看法，同时，还为孙刘的继续合作做出了巨大的贡献。在之后的几年中，鲁肃依旧极力维护与刘备联盟关系。而且，鲁肃还极力劝说吕蒙断绝了夺取荆州的念头，与关羽形成强强联合之势，一同对抗曹操。

公元 217 年，鲁肃旧疾复发，不幸离世，享年 46 岁。鲁肃去世之后，伤心不已的孙权亲自为其举行了葬礼。不仅如此，就连远在成都的诸葛亮听到鲁肃去世的消息后，还为鲁肃举办一场哀悼会。由此可见，鲁肃在三国诸位英雄心目中的地位。

第十一章

风流倜傥的天纵之才——周瑜

谋士档案

☆姓名：周瑜

☆别名：公瑾、周郎、美周郎

☆出生地：庐江郡舒县（今安徽庐江县西）

☆出生日期：公元175年

☆逝世日期：公元210年

☆主要成就：赤壁破曹操，南郡败曹仁

☆相关典故："曲有误，周郎顾"

☆生平简历：

公元175年，周瑜出生在庐江郡舒县，也就是今天的安徽庐江县西。

公元195年，周瑜带兵粮到历阳支援孙策，与其一同作战，攻下横江、当利，击退刘繇，进入曲阿。而后周瑜还镇丹杨。

公元197年，袁术想要拜周瑜为将，周瑜只请求作居巢县县长。

公元198年，周瑜到居巢县赴任，趁机东渡回吴，加入孙策旗下。

公元200年，周瑜从巴丘回吴，以中护军的身份与长史张昭共掌国事。

公元206年，周瑜与孙瑜等讨麻、保二屯，枭其首领，俘获万余人。

公元207年，黄祖遣将邓龙将兵数千人入柴桑，周瑜讨击，生虏邓龙送吴。

公元208年，周瑜担任前部大督，再次征讨黄祖，黄祖战死。同年，周瑜又担任左都督，带兵与刘备共同抗曹，在赤壁之战中大破曹军。

公元209年，周瑜担任偏将军，领南郡太守。

公元210年，周瑜在去蜀途中病逝于巴陵巴丘。

人物点评

在三国谋士中，周瑜也是十分著名的人物。不过，看过三国演义的人都知道，周瑜虽然有才，但是他心胸狭窄，嫉妒心很强，最终被诸葛亮给气死了。其实，历史上真实的周瑜并不是这样的。他"性度恢廓，大率得人"，"雄烈，胆略过人"，"建独断之明，出众人之表，实奇才也"。在其他三国的史料当中，也没有任何记载表明周瑜"量窄"的。北宋的史学家司马光在《资治通鉴》中给予了周瑜非常高的评价。

周瑜一生征战沙场，有非常强烈的进取精神与横扫天下的伟大抱负；周瑜少年得志，风度翩翩，温文尔雅，在当时的社会上有着非常好的口碑。周瑜待人谦谦有礼，那个时候，孙权只不过是一个将军，诸将与宾客对待他的礼仪并不完备，可以说是十分草率，只有周瑜完全是依据君臣之礼来对待他的。周瑜文采卓绝，精通音乐，就算是在醉酒之后，依然可以听出乐人演奏的音乐中的十分细微的疏失，每当这个时候，他总是会转过头来看一看。因此，当时就有谣谚说道："曲有误，周郎顾。"

生平故事

总角的交情

周瑜出身于士族，他堂祖父周景、堂叔周忠，都曾经做过太尉。他的父亲周异，曾经担任过洛阳令。

初平元年（190），16岁的孙策跟着父亲孙坚北上征讨董卓，到了寿春，也就是今天的安徽寿县。周瑜就将自己家里的屋子腾出来，让他们父子二人居住。孙策只比周瑜大一个多月，所以，两个人十分谈得来。在这段时间内，周瑜和孙策经常一起升堂拜母，两家的关系相当亲密。

孙策自己也说，他与周瑜有着"总角之好"。古代儿童把头发分作左右两半，在头顶各扎成一个结，形状就好像是两个羊角，因此称为"总角"。通常情况下，14岁以下儿童才会有总角，因此，在这之前，周瑜与孙策就应该已经认识了。

初平二年（191），孙坚攻打刘表，不幸身亡，孙策就把自己的父亲葬在了曲阿。之后，全家迁往江都。周瑜与孙策第一次依依不舍地分别了。

兴平二年（195），孙策接受袁术的命令平定江东，周瑜率兵带粮到历阳，也就是今天的安徽和县西北对孙策进行支援。孙策看到周瑜时非常高兴地说道："吾得卿，谐也。"他们攻下横江、当利这两个军事要地，击退刘繇之后，进入了曲阿。孙策回兵之后，周瑜也去了丹阳，两人第二次依依惜别。

建安二年（197），袁术恬不知耻、自不量力地在寿春称帝。于是，孙策与袁术绝交，自立门户。没有过多久，袁术就派他的堂弟袁胤取代了周瑜从父周尚担任丹阳太守，周瑜只得跟着周尚回到了寿春。袁术发现周瑜很有本事，就想把周瑜收在自己的麾下，为自己效命。但是，周瑜却发现袁术没有什么真本事，不可能成就一番大业，因此，他只是请求做了居巢（巢湖）县长，以便借助这个机会渡江到江东发展。

有一次，周瑜军中的粮十分匮乏，士兵们也是人心惶惶。他听说当地有一个大户人家，十分有钱，就带领兵士前往，打算借一些粮食。没有想到，这个人相当豪爽，周瑜刚一说明来意，他毫不犹豫地将家中粮食的一半都借给了周瑜。这个人就是后来东吴非常重要的谋士——鲁肃。经过这件事情，周瑜与鲁肃成为了好朋友，两个人之间逐渐地建立十分深厚的友谊。

建安三年（198），周瑜经过居巢回到吴郡，也就是今天的江苏苏州。孙策听说周瑜来了，非常欢喜，亲自出去迎接。他任命周瑜为建威中郎将，调拨给他两千士兵，五十匹战骑。除此之外，孙策知道周瑜喜欢音乐，就赏赐给周瑜一支乐队，并且替周瑜修建住所，赏赐之丰厚，没有人能够相比。

孙策在发布的命令中说道："周瑜雄姿英发，才华超众，与我有着总角之好，骨肉之情。他率领将士，调发船粮，可以帮助我成就大业，给他再多的赏赐也不能够回报他对我的大力支持。"这一年，孙策与周瑜只有24岁，但是他们的感情已经超过了十年。吴郡人都称孙策为孙郎，称周瑜为周郎。少年英俊，人生得意，令人非常羡慕。

江东征战

由于周瑜在庐江一带威望很高，因此，孙策命令他出守牛渚，后来又让他兼任春谷长。不久之后，孙策想要夺取荆州，就让周瑜担任中护军，兼任江夏（治湖北新州西）太守，随军讨伐。

在这场战争中，两个人都有一个额外的收获。那个时候，孙策与周瑜攻破了皖城，得到了桥公两个女儿——大乔和小乔。这两个女子长得都是国色天姿。孙策与周瑜都动了心，于是，他们二人就娶了这两位女子为妻，孙策娶了大乔，周瑜娶了小乔。孙策对此事感到非常得意，他曾经对周瑜说："桥公的女儿，尽管饱受战乱流离之苦，但是能够得我们二人为夫婿，也应该感到庆幸了。"

随后，他们又向寻阳进攻，将刘勋打败，之后征讨江夏，又回兵平定豫章和庐陵，也就是今天的江西南昌和江西吉安。

建安五年（200）四月，孙策遭遇刺杀而身亡，享年26岁。他在临终之前，将军国大事都托付给他的弟弟孙权。他教导孙权，内事不能决定的，可以问张昭；外事不能决定的，可以问周瑜。

这个时候，东吴已经有了会稽、吴、丹阳、豫章、庐陵以及庐江六郡，也就是所谓的江东六郡。其中，只有征取吴郡、会稽郡的时候，周瑜没有参加，但是也有他的功劳，因为如果不是他帮助孙策渡江，将扬州刺史刘繇打败，吴郡、会稽郡也就不可能落到孙策的手中。

郭嘉曾经说孙策新并江东，"所诛皆英豪雄杰，能得人死力者也"。这也能就是说，孙策能够取得如此大成就的原因，就在于周瑜等人为他效命。

周瑜听到孙策亡故的消息之后，立即从外地带兵回来奔丧。面对孙策的灵柩，他非常伤心，痛哭不已："伯符啊，你才26岁，就赤手空拳打下了一大片江山。试问天下的英雄豪杰，有几个人能够与你相提并论？26岁，人生的画卷才刚刚打开，远大的前程也才刚刚开始起步。再过20年，谁能够料到你还会做出多么大的惊天伟业呢？我周瑜总是自命不凡，普天之下，没有几个人放在能放在我的眼里。可是，我就佩服兄长你！与你一起血战沙场，攻城略地，是我人生当中最大乐趣。现在，你走了，我周瑜一天的阳光就会少了一半。你仅仅比我大一个多月，却好像亲哥哥一样对我关怀备至，总是在我的背后默默地支持我。我周瑜唯一能够做的，就是拼命地让每一座城楼之上，都插上东吴的大旗。"

周瑜在经历丧失孙策这样的兄弟的悲痛后，留在了吴郡，在孙权身边担任中护军。那个时候的孙权不到20岁，其职位也只不过是一个讨虏将军。所以，手下诸将与宾客对待他的礼仪并不完备，甚至还有人想要造反。但是周瑜在对待孙权的时候，从来都是谨慎服侍，以君臣之礼来侍奉他。

当时，孙权曾经当面嘱咐周瑜，希望他扛起建设国家的重任。但是，周瑜却推辞说："我的才能还不能够胜任，恐怕会有负重托。但是，有一个人的才能远远地超过我，他必定能够成为建设吴国的栋梁。"

孙吴连忙追问："这个人是谁？"

一向心高气傲的周瑜诚恳地回答："我只佩服过一个人，他的名字叫鲁肃。"

投降风波

曹操在官渡之战将袁绍打败之后，志得意满。建安七年（202），他下书给孙权，责令他向自己投降，并且将儿子送到自己这里来当人质。

那个时候，孙权只有20岁左右。如果他有儿子的话，最多也就3~4岁，将这么小的孩子送到曹操那里作人质，作为父亲的孙权自然十分不愿意。但是，曹操可不是一个好惹的主儿，言明如果孙权不照办，就向江东发动攻击。

孙权一时间拿不定主意，于是，就将文武大臣召集起来一起商讨应对的方法。众大臣议论纷纷，各抒己见，有些人主张向曹操投降，并且利用送上人质，否则东吴的基业将会毁于一旦；而有些人则主张与曹操对抗，自己的地理优势，东吴不一定会战败。就这样，众大臣各抒己见，最终也没有得出一个统一的结论。

孙权看着天色已经很晚了，大臣们争论了半天，也没有结果，就宣布散会了。随后，孙权只带着周瑜一个人来到母亲的面前商量这件事情该如何处理。周瑜也属于主战派的，他的立场非常坚定，坚决地反对投降。

周瑜给孙权分析了局势，说道："当年楚君刚刚被封到荆山之侧的时候，地方还不足百里。他的后辈在郢都建立根基，扩张疆土，直到南海。子孙代代相传九百多年。现在将军您继承了父兄的余威旧业，统御六郡，兵士精良，粮草充足。我们铸山为铜，煮海为盐，人心安定，士风强劲，为什么一定要向曹操投降，送质子到他那里去呢？倘若人质一旦到了曹操的手中，我们就不得不处处受到曹操的挟制。到了那个时候，您所能够得到的最大利益，也不过就是一方侯印、十几个仆从、几辆车、几匹马而已，怎么可能与我们自己创立功业、称孤道寡相媲美呢？所以，我们万万不可向曹操投降，更不能送人质！为今之计，我们应当静静地观看曹操的动向与变化。倘若曹操能够遵行道义，整饬天下，那个时候，我们再归附于他也不算晚。倘若曹操骄纵蛮横，意图谋乱，那么他就是玩火自焚。到了那个时候，我们与曹操对战，到底最后鹿死谁手，还不一定呢?"

对于周瑜的分析，孙权表示十分赞同，并且心中也很高兴。因为血气方刚的孙权原本就不甘心投降，而且还要送上自己的儿子，他就更不愿意了。听完周瑜的这番话，孙权的心中也算有了底。孙权的母亲也十分赞同周瑜的意见。她对孙权说："公瑾的话非常有道理。他只比你哥哥小一个月，我向来把他当作自己的儿子对待，你也应当将他视为自己的兄长才是。"

抗曹的劝说

建安十三年（208），孙权准备征讨江夏，张昭以正在丧期作为理由，极力反对。正在这个时候，黄祖的大将甘宁前来投降，周瑜与他一起劝说孙权迅速发兵。

孙权最终接受了他们的意见，任命周瑜为前部大督都，将盘踞在那里的黄祖击败。这是东吴首先占领荆襄，然后再图谋天下的战略行动之一。

曹操看到孙权出兵，唯恐他占了先手，在同年九月，率领大军挥师南下，进攻荆州。正在这个时候，荆州之主刘表因为疾病去世了，刘表的儿子刘琮害怕曹操，还没有与之交战就投降了，将荆州送给了曹操。原本寄居在荆州，意图夺取荆州的刘备在这种情况下，也不得不率领部众向南逃去了。

就这样，曹操没有费吹灰之力就顺利占领了荆州，收降刘琮的八万余人马，再加上原有的十几万大军，实力猛然增大了很多。曹操感觉打仗还从来没有这么顺利过，于是，扬言要顺流而下，进攻江东。

面对这样非常危急的形势，东吴的文武百官都相当担心与惊恐。以张昭为首的大部分人都认为应该"迎曹"，只有鲁肃强烈地反对，他认真且详细地给孙权分析了当前的局势，分析了投降之后的结果，并且提出了应对方案，建议孙权将周瑜从外地召回来。

周瑜回来之后，对于张昭等投降派进行了痛斥。他说道："曹操虽然托名汉相，实际上却是汉贼。他表面上十分强大，实际上则没有多强的作战能力。一来，曹操北方还没有安定，马超、韩遂尚在关西，是曹操的后患。二来，从天时来看，现在正是严寒的季节，马没有藁草，对于作战非常不利。三来，从地利来说，曹操率领中国士众长路跋涉江湖之间，水土不服，必然会患上疾病。四来，从战术来看，曹操的大军下了战马，登上舟船，与我们进行作战，属于舍长取短的做法。他们的优势也就不存在了。纵观这四个方面，曹操犯了兵家的大忌。再来看看我们这边，将军您以神武之才，兼仗父兄之烈，割据江东，地方数千里，兵精足用，英雄乐业，正在此时。如今曹操亲自前来送死，我们为什么一定要投降呢？将军您只要给我周瑜三万精兵，我就能够为将军击败曹操。"

周瑜这番慷慨激昂的演说将 26 岁的孙权说得顿时感到全身热血沸腾。他对周瑜说道："这是上天把你送到我的身边。你说得不错，我就听取你的意见。"

从表面上看，对于周瑜提出的与曹操的对战，孙权同意了，但是，到底能不能取得最后的胜利？打胜？怎么打？孙权心里还是一点儿底都没有。

那一天晚上，周瑜又找到了孙权。他对孙权说道："很多大臣看到曹操的战书上写着拥有八十万水步兵，心中感到万分恐惧，继而丧失了所有的理智。曹操有一个外号叫阿瞒，他的战书上所写的数字可以相信吗？想当初，曹操在官渡之战的时候，对于从小就非常要好朋友许攸，也能够连眼睛不眨一下地将他骗了三次。根据我的估计，曹操手中所率领的中原士兵，最多也只有十五六万，而且还是经过长途跋涉、疲惫不堪的兵将。原来刘表手下的兵马，最多也不过才七八万，而且这一部分人尚且心中还怀有观望、怀疑的态度，并没有与曹操同心同德。曹操统率着这些疲惫病弱、狐疑观望的士兵，人数虽然不少，但是那又有什么可以畏惧的呢？我们只需要精良的兵将五万就能够完全将他打败了。您完全可以放心，不要再为这一件事情而犹豫不决了。"

听完周瑜的话，孙权原本悬在心中的一颗大石头终于落地了。他拍了拍周瑜的后背说道："公瑾的话，非常合乎我的心意！五万人，恐怕一时之间也难以凑全。但是三万人马却是现成的，船只粮草与各种战具现在就开始准备，你与鲁肃、程普立即就可以带兵出发。我会继续调拨人马与粮草，做你的后援。如果你能够一战击败曹操，当然是最好的了。倘若你在对抗的过程中遇到了挫折，你就回来找我，我将与曹操决一死战！"

那么，为什么周瑜要坚持对抗曹军呢？他到底有多大的把握取胜呢？根据史料记载，对于孙权称帝，周瑜的心里并不是十分支持的。在他看来，维护汉室才是最重要的。这个汉室，依据他的理想，是由孙氏统一天下之后，继续由刘氏为帝，孙氏为臣。而曹操篡权专政，对于汉帝非常不敬，是应当被铲除的汉贼。倘若向曹操投降，实际上就等于助纣为虐，这是周瑜最不愿意归降曹操的主要原因。至于究竟能不能打败曹操，其成功率可以说是五五开。周瑜虽然没有一定取胜的信心，但是将曹操的前锋抵挡住，与之对峙，周瑜对这一点还是非常有把握的。

赤壁之战

于是，孙权任命周瑜为左督，程普担任右督，鲁肃担任赞军校尉，统军三万，出征前线。周瑜与刘备的部队会和。当然，刘备的部队并没有多少人。刘备见到周瑜后，问道："将军带了多少人马？"

周瑜回答，三万精兵。

刘备说："兵马有点少。"

周瑜说："我的兵马不少了。将军你就看我如何击败曹操吧。"

刘备觉得周瑜有些自傲，两个话不投机，于是，刘备就要求与鲁肃见见，希望周瑜能够帮助安排。但是，他以鲁肃工作已经有了安排，不便干扰作为理由拒绝了刘备的要求。并且说道："倘若你非要见鲁肃的话，你自己与鲁肃进行联系吧。"

周瑜沿江而上，与曹军在赤壁一带相遇。曹操的大军刚刚到了江南，因为水土不服，很快疾病就流传来了，整个军队的士气非常低落。刚开始交战，就立刻被打败了，只好在江北驻扎下来。周瑜所部，首战就大获全胜，士气十分振奋，驻扎在南岸。在曹营的将士中，有不少人都不熟悉水性，为了克服这个弱点，曹操下令将战船用铁索锁在一起，上面铺上木板，连接成水上营寨，以便能够让兵将们像在陆地上一样行走。

周瑜部下老将黄盖看到这种情况之后，就向周瑜献了一条火攻的计谋，周瑜觉得非常有道理，就接受了。之后，黄盖又使了一个苦肉计，假装向曹操投降。周瑜在一个刮着大风的夜晚，命令黄盖带领数十艘战船，上面放着许多容易着火的东西，乘着大风向曹营进发。

曹军还以为是黄盖带着部下前来投降了，丝毫没有一点儿防备，只是在岸边进行观看。当船队行到距离曹军水寨只有一里左右的时候，黄盖下令让各个船只上的人同一时间点燃大火。"时风盛猛，悉延烧岸上营落。顷之，烟火张天，人马烧溺死者甚众，军遂败退。"

曹操留下了曹仁让其镇守江陵，自己则率军返回了北方。而周瑜则和程普向南郡进军，与曹仁形成了隔江相持的局面。两军还没有进行交锋，周瑜先派甘宁前去占领了夷陵。曹仁分出一些兵马将甘宁包围。甘宁立即向周瑜告急，请求救援。这时，大将吕蒙献计，周瑜接受了吕蒙的计谋，将凌统留下守卫后方，自己带着吕蒙亲自去救甘宁了，最终将甘宁之围彻底解除了。

随后，周瑜回军南郡，亲自骑上战马上前线进行督战，很不幸地被飞箭射中右胁，伤势非常严重，在无奈之下，退兵回了营帐。曹仁听说周瑜中箭卧病在床之后，非常高兴。他亲自上阵，命令手下的兵士大骂周瑜。这个时候，周瑜忽然从群骑内而出，大声地呵斥，"曹仁匹夫！你可见周郎否！"曹军看到这一场景，都非常惊讶与害怕。而吴军这边却为之一振，兵士们见到他们的大都督周瑜在受了重伤的情况下，还是那么地英俊威风，一时间，士气大增。周瑜激励将士，拼命进行杀敌，曹仁没有办法抵抗只能撤退了。

之后，孙权又任命周瑜担任偏将军，兼任南郡太守，并且将下隽、汉昌、刘阳以及州陵作为他的奉邑，让他在江陵屯兵。

总而言之，赤壁之战，周瑜是总指挥，指挥将士们奋勇抗曹，而黄盖的计谋为夺取最终的胜利也起到了巨大的作用。

劝降周瑜

看过《三国演义》的人，都应该还记得这么一个故事：曹操派遣长得又小又丑的蒋干去劝说周瑜，让其向曹操投降。蒋干不但没有成功，反被周瑜捉弄，两番中计。

其实，历史上真实的蒋干长得不小也不丑。他仪容过人，才气过人，而且还十分擅长辩说，据说在江淮没有人能够与之相媲美。当时，曹操被打败之后，对于周瑜是没有一点儿办法，于是就派遣蒋干前去劝说周瑜投降。蒋干以旅游探亲的名义，前去拜访周瑜。但是周瑜一眼就猜出了蒋干的目的，于是，他劈头盖脸地问道："子翼远涉江湖，不是为了替曹操做说客的吧？"被周瑜一开口就道破了机关，蒋干感觉非常尴尬，只好用其他的理由搪塞过去了。

周瑜将蒋干请进了营帐，为其摆上了非常丰盛的酒宴，并且盛情款待了蒋干。在酒席之上，周瑜还曾经高歌一曲：

丈夫处世兮立功名，

立功名兮慰平生。

慰平生兮吾将醉，

吾将醉兮发狂吟！

第二天，周瑜又带着蒋干参观了自己的军营，检视仓库与军资器仗。周瑜对蒋干说道："大丈夫为人处世，遇到知己之主，外托忠臣之义，内结骨肉之亲，言听计从，祸福共之。即使苏、张更生，郦叟复出，犹抚其背而折其辞，岂足下幼生所能移乎！"

蒋干听完周瑜的话，一句话也说不出来，只好起身告辞。蒋干回去之后，告诉曹操："周瑜器量端雅，趣致高卓，言词根本说他不动。"

劝降周瑜的计谋没有实现，曹操又想到了一条离间计。他给孙权写了一封信，在信中说道："赤壁之战，正好遇上我的将士们的身体都染上了疾病，于是我自己烧船退却，万万没有想到，这下倒成全了周瑜的名声，使他名扬四海。"不过，孙权并没有中计，仍然一如既往地信任与器重周瑜。

后赤壁的战略

在赤壁大战中，曹操大败，撤走了。但是，刘备还在，这成为了东吴一个非常烫手的山芋。到底是应该收降刘备，还是消灭刘备，抑或继续联合刘备呢？还得认真地进行一番具体的分析。

第一，收降刘备。从当时的情况来说，刘备的实力还十分弱小，也可以视为依附着东吴。但是，刘备一直都是非常独立的人。谁要是阻碍他的发展，他就会与谁为敌。通常来说，他依附于谁，谁就离灭亡不远了。由此可见，收降刘备的计划几乎不可能实现。

第二，消灭刘备。刘备只是暂时的朋友，却是永远的敌人。消灭刘备是一种必然，但是需要正确的时间与方法。现在，刘备的实力虽然还非常弱小，只要东吴的大军一到，就能够将刘备从荆州赶出去，但是，如果东吴与刘备开战的话，曹操必定会坐山观虎，寻找机会突然发难，那么，东吴将会危在旦夕。可见，这个办法也是不可行了。当然了，还有一种办法，那就是将刘备引诱过来，然后直接将他杀了。但是，这个办法太卑鄙无耻了，恐怕会引起人心不稳，对江东的稳定产生不良的影响。

第三，继续联合刘备。继续与刘备联盟，共同抵抗曹操，应该是一个相对比较可行的办法。那么，怎样继续联合呢？

恰巧在这个时候，刘备主动找来了。他以江南四郡地少，不能安民作为理由，请求孙权能够将南郡借给他，使他可以对荆州进行全面的控制。

对此，鲁肃的意见是，赤壁之战并没有改变敌强我弱的局面。现在的东吴还没有能力单独对抗曹操。我们应当资助刘备，让刘备驻在荆襄，不仅可以增强孙刘联盟，而且还可以让其为东吴守住大门，成为保护东吴的防火墙。

周瑜认为，吴国的战略是立足江东，攻击荆襄。原本荆襄之主的刘表毫无能力，不堪一击，但是，谁也没有想到，东吴还没有出手，就让曹操抢先占了便宜。现在的刘备要比当初的刘表强很多，而且刘备手下的关羽与张飞等人都是熊虎之将，早晚都会成为威胁东吴的隐患。我们应该打起十二分精神警惕刘备、关羽、张飞三兄弟，尽可能地阻止他们做大。割地让土以资助刘备，更万万不可以执行的。

周瑜的建议是"分而治之"。将刘备调到吴地来，将他和关羽以及张飞进行隔绝。在这里，用声色犬马对刘备进行迷惑，来一个温水煮青蛙，不断地消灭他的斗志与意志力。在前线，再将关羽和张飞调离分开，然后再一一击破。

周瑜并没有想过要直接将刘备杀掉，也不想与刘备兵戎相见。他的建议是把刘备的势力进行分解，然后逐渐地融化到东吴帝国中。对待刘备是不杀，不放，而是囚禁。周瑜的这一招可以说是非常高明。

其实，鲁肃与周瑜的意见都是有一定道理的。鲁肃有大局观，他一心想着安全第一，先将实力积蓄够了。在他看来，刘备是借来的士兵，早晚都是要走的，因此必须竭尽一切可能去用。而周瑜则不同，东吴的江山基本上都是他给打下来的。他知道占领荆州的难度，也知道刘备的为人。在他看来，刘备就是一颗炸弹，时间越长，就越容易爆炸。

就这样，问题最后又摆到了孙权的面前。在孙权看来，曹操在北方的势力还是太大了，的确应该广泛地招揽天下英才，才能够与之进行抗衡。但是，刘备又绝对不是一个可以轻易地制服的人。对待刘备既要用，又要防。用，就需要给他一点儿支持；防，就是绝不能给他地盘与兵马。孙权既没有接受周瑜的建策，也没有采纳鲁肃的意见。

其实，在这当中，孙权是最不容易的一个。这个时候，他已经28岁了，他还能不能继续"内事不能决定就问张昭，外事不能决定就问周瑜"呢？如今，周瑜手中掌控着全国的军事权力与将领。倘若他脱离东吴自专，那么孙家应该往哪里摆呢？

所以，孙权经过慎重地考虑之后，最终决定不仅要对付刘备，也要防备着周瑜。其实，孙权对周瑜进行防备，也是合情合理的。有一次，孙权、张昭等人在为刘备送行的时候，张昭等人先离开之后，刘备以提醒的口吻，叹了声气说道："公瑾文武筹略，万人之英。只是他器量太大了，恐怕不是长期居于人下的人！"所以，在对待刘备的问题上，关于东吴的战略，孙权要比他们每一个人都看得更高一些，更远一些。

周瑜新战略规划

周瑜扼制刘备的计谋没有被孙权采纳，心中非常不甘："如今，刘备挡在门前不让走，也不能打。身为东吴的大都督，我应该怎样攻城略地，怎样扩大东吴的版图呢？没有战争，我就没有了用武之地。"

孙策在临终的时候曾经对周瑜说："如果举江东之众，决机于两阵之间，与天下争衡，卿比不上我；举贤任能，使各尽力以保江东，我比不上卿。"想到这里，周瑜的心中也是非常难过，心想："孙策大哥啊，倘若你现在还在，你绝不会在赤壁之战前犹豫半分，你一定会与我一样敢与曹操进行对抗。刘备那个人，最没有信用与义气了，他比刘表还要阴险。大哥，倘若你现在还在，我们两个人联手，直接将刘备杀掉，即使曹操敢再来进犯江东，我们也不会怕他半分。"

周瑜看到北边没有什么指望了，就将眼光转移到了西南。那个时候，刘璋担任益州牧，与北边的张鲁不断摩擦起火，这里或许还有机会。于是，周瑜向孙权提出了他的新战略规划：第一步西进取蜀。第二步得蜀之后，再合并张鲁。第三步与马超结援，这样一来，就形成了对曹操与刘备的包围圈。倘若成功之后，东吴据襄阳北上，马超东征，两路夹击曹操，天下可定。

周瑜的这个计划，可以说是十分宏大。为此，周瑜曾经与孙权当面商量。但是，孙权却担心如果周瑜果真取得了西蜀，自立为王，那么，自己就不知道怎么办了。所以，他犹豫着不敢立即答应。而周瑜自然也看出了孙权的顾虑，为了表示自己的忠心，周瑜提出和孙家宗室孙瑜一起攻蜀。倘若真的取得了成功，就让孙瑜管辖西蜀地区。周瑜的这个建议，彻底打消了孙权的顾虑，所以，孙权最终同意了周瑜的计划。

英年早逝

周瑜想要尽快赶回江陵，为出征做好一切准备工作。然而，让人没有想到的是，周瑜在半路上感染了疾病，居然在巴丘（今湖南岳阳）病逝了，年仅36岁。

周瑜的死因并不是十分明确的。有的人说，周瑜是箭伤发作而死；有的人说，周瑜是得了传染病而死；还有的人说，周瑜是水土不服而亡，反正就是因病痛而亡了。不过，关于周瑜的遗嘱，现在又两个版本：

版本一："当今天下，方有事役，是瑜乃心夙夜所忧，原至尊先虑未然，然后康乐。今既与曹操为敌，刘备近在公安，边境密迩，百姓未附，宜得良将以镇抚之。鲁肃智略足任，乞以代瑜。瑜陨踣之日，所怀尽矣。"

版本二："瑜以凡才，昔受讨逆殊特之遇，委以腹心。遂荷荣任，统御兵马，志执鞭弭，自效戎行。规定巴蜀，次取襄阳，凭赖威灵，谓若在握。至以不谨，道遇暴疾，昨自医疗，日加无损。人生有死，修短命矣，诚不足惜。但恨微志未展，不复奉教命耳。方今曹公在北，疆场未静，刘备寄寓，有似养虎，天下之事未知终始，此朝士旰食之秋，至尊垂虑之日也。鲁肃忠烈，临事不苟，可以代瑜。人之将死，其言也善，傥或可采，瑜死不朽矣。"

在第一个版本中，周瑜在临终之前的建议是"边境密迩，百姓未附，宜得良将以镇抚之"，强调了东吴对于荆州的控制力还远远不够，需要交给一个良将进行管理，而他提出的这个人选就是鲁肃。

第二个版本被《三国演义》采纳，但是，似乎写得有一些复杂了。给《三国志》作注的裴松之感觉这个版本的遗言太过富丽堂皇，"其辞乖异耳"。在这其中，有一个非常明显的疑点，那就是周瑜在遗书中将曹操称为"曹公"。说得好听一点，应该叫曹操，而说得难听一点，则应该叫曹贼。那么，周瑜怎么可以将曹操称为公呢？其实，到底哪一份才真的是周瑜的遗嘱，只有孙权一个人知道。在这里就不过多叙述了。

对于周瑜的意外去世，孙权非常伤心，他痛哭流涕，亲自前往芜湖将周瑜灵柩迎接了回来，全权负责周瑜丧葬的一切事务，而且还善待周瑜的子女。所以，周瑜的子女长大之后，不是嫁给了太子，就是娶了公主。就连周瑜的仆人，也获得了免除税赋的特权。即使孙权在称帝之后，仍然念念不忘周瑜，他曾经这样对公卿们说："如果没有周公瑾，我怎么可能称尊称帝呢？"由此可见，周瑜在孙权心中是多么重要啊。

无论哪一版本是真的遗嘱，推荐后续任者，都是鲁肃。周瑜与鲁肃是非常要好的朋友，但是在对待刘备的问题上，曾经产生过非常大的分歧，但是这并不影响他们之间的友谊以及周瑜对鲁肃的才华的欣赏。

周瑜考虑到，在自己死了之后，将会极大地削弱东吴对外用兵的能力，与曹操之间的差距会变得更大，几乎已经不可能单独与曹操进行抗衡了。这个时候，对于刘备的依赖很可能需要加强，而鲁肃是处理这些事情的最佳人选。所以，他在遗嘱中大力推荐鲁肃。

南宋思想家陈亮曾经为周瑜感叹道："使斯人不死，当为操之大患，先主无处矣！"周瑜的战略思想非常高，战略能力也相当强，然而，可惜的是，他身为将帅，却没有注意自己的身体。如果周瑜能够再多活十年，刘备还能够当得上皇帝吗？只要刘备敢攻打西蜀，有公瑾在，他是肯定守不住荆州的。

第十二章

胆略兼人的旷世儒将——陆逊

谋士档案

☆姓名：陆逊

☆别名：陆议、伯言

☆出生地：吴郡吴县（今江苏苏州）

☆出生日期：公元 183 年

☆逝世日期：公元 245 年 3 月 19 日

☆主要成就：夷陵破刘备，石亭败曹休

☆爵位：华亭侯、娄侯、江陵侯

☆谥号：昭侯

☆生平简历：

公元 183 年，陆逊出生在吴郡吴县，也就是今天的江苏苏州。

公元 203 年，陆逊应召进入孙权的幕府，先在东、西曹担任令史，不久，又出任海昌屯田都尉，兼海昌县令。

公元 216 年，陆逊担任定威将军。

公元 219 年，陆逊献计打败关羽，拿下荆州。

公元 221 年，陆逊担任大都督、假节，率领朱然、韩当、徐盛、潘璋以及孙桓等部五万人对抗蜀军。

公元 222 年，陆逊率军在夷陵打败刘备大军。

公元 228 年，陆逊担任大都督、假黄钺，与朱桓、全琮一起大败曹休。

公元 229 年，陆逊担任上大将军、右都护。

公元 236 年，陆逊率军平定吴遽等人起义。

公元 244 年，陆逊代顾雍为丞相。

公元 245 年，陆逊含恨而死，终年 63 岁。

人物点评

　　吴国自从开拓江东以来，先有了周瑜、鲁肃以及吕蒙，后来又有了陆氏父子，都是世之名将。

　　而周瑜之于赤壁、吕蒙之于江陵、陆逊之于夷陵、陆抗之于西陵以及鲁肃之于畴谋，也都可以称之为世之奇策。而众人都是文武双全，风流儒雅，而不是一介武夫。

　　周、鲁、陆都是江东的大族，孙氏政权在江东立足，对于江东大族从最开始的无情屠戮到后来的真心任用，才使这些人能够成就其功名，同时也让吴国长久地立于不败之地。

　　陆逊是东吴继周瑜、鲁肃与吕蒙之后，又一个拥有非常高的声望，卓绝功绩的谋士。他智勇双全，文能治国，武能安邦，并且品质也十分高尚。孙权曾经将他比做成汤之伊尹与周初之姜尚。

　　西晋历史学家陈寿曾经评价陆逊："刘备天下称雄，一世所惮，陆逊春秋方壮，威名未著，摧而克之，罔不如志。予既奇逊之谋略，又叹权之识才，所以济大事也。及逊忠诚恳至，忧国亡身，庶几社稷之臣矣。抗贞亮筹干，咸有父风，奕世载美，具体而微，可谓克构者哉。"

　　吕蒙是这样评价陆逊的："陆逊意思深长，才堪负重，观其规虑，终可大任。"

　　而诸葛亮则认为陆逊："伯言多智略，其当有以。"

生平故事

数次平乱

陆逊出身于江东的大族，他的祖父陆纡曾经官至城门校尉。他的父亲陆骏，担任过九江（今安徽寿春东）都尉。

在陆逊10岁的时候，父亲去世了，他只好跟着从祖父庐江太守陆康，在他任职地读书。袁术和陆康不和，就怂恿孙策进攻庐江。一个多月之后，陆康因病去世。这个时候，陆逊只有十二岁。而他的从祖父陆康有一个儿子陆绩才8岁。换句话说，陆逊比他叔叔大四岁。不过，虽然陆逊的这位叔叔陆绩只有8岁，但是在当时已经有了很大的名气了。他在6岁的时候，就出席过袁术的宴会，偷偷地藏了三个桔子，说是要带回去给他的母亲吃，袁术奇之。

建安八年（203），21岁的陆逊应召进入孙权的幕府，成为了孙权统治集团幕僚。先在东、西曹担任令史，没有过多久，就出任海昌屯田都尉，兼海昌县令。

海昌境内连续好几年都遭受旱灾。陆逊主持召开了会议，了解了当地的灾情。他开仓赈济贫民，组织百姓进行生产以便自救，使得灾情得到了缓和，所以深得当地百姓的爱戴。

因为贫穷的原因，有很多农民为了逃避赋役，投靠了豪强大族。这些豪强把农民武装起来，扰乱地方。势力很大的，与北方的曹操遥相呼应，坚决地反抗孙吴政权。

官府将他们称之为山贼或山寇，也可以称其为山寨。每当有官兵对他们进行围剿的时候，他们就会立即逃跑，然后藏起来。等到官兵都走

了，他们又会出来，进行捣乱。所以，经过好几年的征讨，也没有取得什么实质性的效果。鉴于这种情况，陆逊建议：第一，派遣大部队前去围剿，一定要斩草除根，一定要一户挨着一户地进行检查整顿，而不是像割韭菜那样草草了结；第二，把山寨中身体强壮的农民带走，将其招募为官军，这样一来，山大王就招不到兵马了。

通过这样的措施，陆逊有效地平定了数年叛乱的会稽山贼大帅——潘临。

建安二十一年（216），鄱阳的贼帅尤突出来作乱，陆逊率领军队配合奋武将军贺齐平定了这场作乱，将数千贼子斩首示众。

第二年，费栈被曹操策动反叛，在丹杨山区故意煽动居民出来闹事，充当曹军的内应。陆逊带兵过去之后才发现，费栈人多势众，自己所带来的军事力量根本就不能与之正面对抗，但是，如果再回去征兵已经来不及了。于是，陆逊就采用疑兵之计，让将士们多插旌旗牙幢、多布鼓角，而且在夜里还派人潜入山谷吹号击鼓等，没用多长时间就将费栈的这个山寨给攻破了。

嘉禾五年（236）十月，吴遽等人聚集大众起义，将中郎将周祗杀死之后，攻下好几座县城。豫章与庐陵，也就是现在南昌与江西吉安，这两个郡的民众也群起响应。陆逊率领大军顺利将其平定。陆逊从山越族居民中召集强壮的人，鼓励他们从军，手下拥有精兵良将过万。但是，会稽太守淳于式却向孙权上表，控告陆逊"枉取民人，愁扰所在"。

陆逊知道这件事情之后，没有去找孙权为自己进行辩解，反而为淳于式说好话。孙权对此感觉非常奇怪，就问陆逊："这是为什么呢？"陆逊说："（淳于）式想要养民，所以才会告我，他本身并没有过错。倘若我也诋毁式，那样只会让事情变得更加严重。"孙权说道："你为人十分厚道，是一个实在人。"

陆逊在国内频频对农民起义进行镇压，不仅积累了十分宝贵的战争经验，而且也培养了一支强劲的队伍。但是，东吴的领导们一直在考虑着怎么与曹操、刘备进行斗争。而曹操与刘备也只是知道周瑜、鲁肃以及吕蒙等少数将帅，他们谁也没有注意到陆逊。

其实，在赤壁之战的时候，陆逊也曾经参加过战斗。但是，那个时候，周瑜只是任命陆逊为第五小队队长。孙权从后方为周瑜助战的时候，又派陆逊作为先锋官。所以，当时谁也没有人在意陆逊这个小角色而已。不过，这也恰恰是陆逊的优势所在。

争夺荆州

建安二十四年（219），孙权派遣吕蒙攻打关羽的后方，以便夺取荆州。

吕蒙到了前线之后，才发现关羽已经做好了非常充分的防备，自己根本找不到机会动手。为此，吕蒙非常着急，结果就病倒了。

这个时候，陆逊前来探望吕蒙，一见面，就准确地说出了他的病根所在，并且为他开了"药方"：他建议吕蒙在家好好休息养病，然后派一个不知名的人来替代他与关羽进行联系，从而更好地麻痹关羽。听完陆逊的话之后，吕蒙觉得这是一个可以实施的妙计，而陆逊也是一个不可多得的人才。于是，他就向孙权进行汇报。孙权欣然同意了陆逊的方案，并且拜36岁的陆逊为偏将军右部督。

陆逊来到陆口之后，所做的第一件事就是给关羽写了一封信。在信中，陆逊将关羽吹捧到了天上。说关羽的战功，远远地超过了晋文公城濮之战以及韩信拔赵之略。同时，他还非常"好心"地提醒关羽，徐晃这人非常不容易对付，让关羽千万小心，并且保重身体。他还表示自己愿意把关羽作为自己学习的榜样。总而言之，陆逊在信中将关羽夸成了一朵最美丽的花。除此之外，陆逊还将很多礼物随着这封信一起送到了关羽那里。

关羽看完信之后，照单全收。陆逊的吹捧，已经让他感觉飘飘然了。他还错误地认为孙权这次派来的陆逊是一个毫无才能的废物，从心里就看不起陆逊。于是，关羽对其降低了防范，将原来防范东吴的主力部队全部调到了前线，全力与曹军作战。

听到这个消息之后，陆逊马上上报给了孙权与吕蒙。孙权立即命令吕蒙与陆逊分道进攻荆州。吕蒙率领大军攻打公安与江陵，这两地的守将没多久就主动投降了。

而陆逊则长驱直入，率领大军直下南郡。陆逊被孙权任命为宜都太守，拜抚边将军，封华亭侯。随后，陆逊派遣李异率领水军，谢旌率领步兵击败了蜀军詹晏，俘虏了陈凤。紧接着，又打败了房陵太守邓辅以及南乡太守郭睦。秭归大族文布以及邓凯等集结数千夷兵，想要与吴军进行抗衡。陆逊再一次命令谢旌讨伐文布与邓凯，这两个人见情况不妙都逃走了。于是，陆逊就派人前去诱降，文布率领部众向吴军投降了。

陆逊指挥的吴军可以说是所向披靡，势如破竹，拿下了秭归枝江、夷道，守住了峡口，将关羽退回西蜀的大门给堵住了。关羽率领少数骑兵从麦城突围，但是却被东吴擒获，并且最终被斩首。两年之后，在陆逊占领的秭归、夷道，陆逊再一次将刘备击败，书写了三国一段令人称赞的传奇。

击败刘备

蜀汉章武元年（221）七月，也就是刘备称帝三个月之后，用替大将关羽报仇作为理由，挥兵东征。

孙权和刘备原本并不是这样反目成仇，他先后两次向刘备讲和，都遭到了刘备的拒绝。在万般无奈的情况下，孙权就陆逊担任大都督、假节，率领朱然、韩当、徐盛、潘璋以及孙桓等部五万人对蜀军进行对抗。

如此重用陆逊也是实在没有办法了，因为孙权实在是找不到一个可以独当一面的帅才了。而对于陆逊的任命，大多数人都表示坚决反对，一致认为陆逊没有那个能力担当此重任。最后，还是孙权力排众议，坚决支持陆逊。

陆逊对孙权说道："如今的江东文武几乎都是我的老前辈了，他们怎么可能会服从我这样一个后生的指挥？我就是担任大都督之职，也是有名无实罢了。"孙权立即将自己的佩剑取了出来，交给了陆逊，对他说道："如果有不听从你号令的人，你可以先斩后奏。"但是，陆逊却说："大王，你这把剑现在没有什么作用。我希望明天大王召集文武百官，当着他们的面赐给我。"

孙权认为陆逊考虑得十分有道理，于是就效仿汉高祖刘邦当年给韩信授权的过程，搭建高台，当着文武百官的面赐给陆逊宝剑与印绶。孙权对陆逊说，也是对群臣说，阃以内孤主之，阃以外将军制之。所谓阃，指的是门槛，同时也指城门。也就是说，在门槛内，城门内，由孙权管。其他的国土，由陆逊管。

就这样，陆逊顶着各种压力，在众人怀疑的目光中来到了前线。这个时候，吴军已经接连败了好几阵，手下人都在想尽一切办法想尽快打一场胜仗以便提升士气。他们听说陆逊来了，士气没涨反而泄了。在众将领眼中，他们都是跟随孙策、孙权身经百战，也没能击败刘备，陆逊一个文弱书生，怎么可能行呢。

陆逊在对双方兵力、士气以及地形等条件进行了一番十分详细的分析之后，发现刘备兵势强大，居高守险，锐气正盛，现在不适合与之交战。于是，陆逊发布的第一道命令就是撤退。

这下子，东吴的将领们都炸了锅。他们纷纷议论道："瞧瞧怎么样，我说陆逊根本不行吧。秀才用兵，他根本什么都不懂，现在胆子都被吓破了吧？"

面对众将领的不理解，陆逊耐心而且细致地做他们的思想工作，最后说服了东吴的诸位将领，果断地采取了撤退的战略。东吴大军一直向后撤，撤到了夷道、猇亭一线。然后在那里转入了战略防御阶段。

章武二年（222）二月，刘备十分顺利地率领主力大军到达猇亭，在那里建立了自己的大本营。而陆逊则让吴军坚守要地，拒不出战。为了

让陆逊出兵迎战，刘备派遣张南率领兵将对驻守夷道的孙桓进行围攻。孙桓是孙权的侄子，这一下，吴军的诸位将领都急了，纷纷要求率兵前去救援。而陆逊却回答："无需出兵。孙桓一向得士众之心，夷道城池坚固，粮草充足，肯定没有问题。"众将领听了之后，非常生气，但是也没有办法。孙桓也非常担心、害怕，但是最终他还是坚持住了。

就这样，四个月过去了，两军依旧僵持着，不交战。刘备着急了，这都离开蜀地快一年的时间了，一点儿进展都没有。他不断地派人到阵前进行辱骂、挑战。对方根本没有人搭理，坚决不出战。于是，刘备又想到了一个计谋，他派遣吴班率领几千人在平地扎营，另外，又在山谷中埋伏了八千兵士，想要将吴军引诱出来作战。但是，结果还是没有人搭理。

气候逐渐地变热，蜀军将士们苦不堪言。刘备在无可奈何的情况下，不得不下令，让水军舍船都转移到了陆地上，所有的军营都设在深山密林里，以便更好地避暑。蜀军的士气变得十分沮丧，他们已经放弃了水陆并进，对吴军形成夹击的作战方案。

陆逊看到这些之后，感觉时机到了。于是，他立刻召集众将领开会。陆逊说道："现在时机已经成熟，到了我们反攻的时候，大决战马上就要拉开序幕了，但是刘备与我们已经数月没有开展，我们还需要摸一下他们的底。你们谁愿意去？"

众将领纷纷争着前往，最后陆逊决定派淳于丹去，其他将领对此很不看好。结果，淳于丹果然被刘备打得大败而归。陆逊召集众位将领说道："大家不用沮丧，实际上，我要的就是这个效果。相信经过这一次对战，刘备一定会放松警惕。那一战，我们只是挠他一下。现在，我们是时候给他一记重拳了。众将领听令：朱然率领一支兵马，从水路进兵；韩当率领一支兵马从大江北岸进军；周泰率领一支兵马，从大江南岸进攻。兵分三路，所有士卒都手里拿着一把茅草，趁着黑夜对蜀军营寨发动突然袭击，顺风放火。晚上吃上一顿饱饭，然后再带上一些干粮。因为这一走，就会连续进行作战，一路向前。没有我的允许，谁也不准停下来。什么时候将刘备抓到了，什么时候才能够休息。众位将领，建功立业，就在今天晚上了，现在出发。"

吴军趁机袭击，并且大火烧了蜀军营帐，大火一起，蜀军立即全线崩溃了，刘备大败，逃往了夷陵西北的马鞍山。陆逊见状立即集中兵力，进行四面围攻。晚上的时候，刘备突出重围逃遁，到了石门山时，吴将孙桓又追了上来。原来刘备大败之后，蜀将张南不得不撤退。孙桓从城中冲了出来，加入了追击刘备的队伍中。刘备一直在山区逃窜，道路非常难走，逃跑的速度也十分缓慢，孙桓越追越近了。在这相当危急的时刻，刘备命令手下把溃兵所丢弃的装备都堆在山道上，然后点燃了一把火，这样才挡住了追兵的道路。刘备随即逃到了永安城中，算是暂时安全了。

蜀军将领张南、冯习、傅彤以及土著部族首领沙摩柯阵亡，杜路与刘宁等卸甲向吴军投降。蜀军镇北将军黄权回来的路被吴军所截断，于是，他率领部将投降了曹魏。

夷陵之战算是刘备的最后一战，也是最大的一战，投入兵力七万多，可以说是倾国之兵，因为蜀国的兵力一共十多万。纵观刘备的一生，有很多失败，每次都能够收拾残局，然后继续奋斗。但是，这一次失败，刘备再也起不来了，居然在白帝城因病去世。

刘备逃到白帝城之后，吴国将领潘璋与徐盛等人都认为应该乘胜追击。陆逊担心曹魏方面可能会乘机袭击其后方，于是就下令停止了追击，主动撤回了兵力。同年九月，曹魏果真向东吴进攻，但是，由于陆逊早有了准备，魏军最终无功而返了。

陆逊经过这一战成名，令敌人闻风丧胆，后人听到陆逊的大名也都非常尊敬。陆逊的成功，除了他审时度势，制定合理的战策战略之外，还有一些偶然的因素。这个偶然是曹丕所赐。当时，刘晔极力劝说曹丕尽早向陆逊的后方进行突袭，直捣东吴的腹地。倘若魏军一出动，陆逊就是再有本事，也是抵抗不住的，东吴大军必定会失败的。但是，曹丕没有接受刘晔的意见。

陆逊避开了刘备的锐气，在他懒惰，想要归蜀的时候，突然袭击。曹丕不仅没有学到陆逊的计谋，反而在吴军凯旋而归，士气最高的时候，对其出兵了。结果，曹丕很快就回来了，不是胜利而归，而是被吴军打败而归了。

吴魏交战

黄武七年（228）五月，吴鄱阳太守周鲂派人给扬州牧曹休送了一封亲笔信，谎称他受到了吴王的责难，准备放弃东吴，向曹魏投降，请求曹休派兵接应。

曹休没有能够分辨出真假，就率领十万人马出发了，前往皖城，也就是今天的安徽潜山进行接应。魏明帝曹叡命令大将军司马懿率领大军向江陵，也就是今天的湖北江陵进发，建威将军贾逵率军向东关，也就是今天的安徽含山西南前进，与曹休策应。

八月，孙权前往皖口也就是今天的安徽怀宁，并且在那里驻扎下了，派遣陆逊担任大都督、假黄钺，并且派朱桓、全琮为左、右督，各自统兵三万向曹休发动袭击。曹休已经发现情况不对，但是，他为自己被骗感到非常羞耻，并且自恃兵强马壮，仍然坚持与吴军作战。双方在石亭交战，陆逊自为中部，令朱桓、全琮为左右，打败了魏军，斩擒魏军一万多人，缴获牛马骡驴车乘万余辆以及无数的军资器械。曹休的残部幸亏得到了贾逵的接应，曹休这才保住了一条命，但是没有过多久，就因为气愤发病而亡。

孙吴嘉禾元年（232），陆逊率领大军向魏地庐江前进。魏扬州都督、征东将军满宠得到吴军舍弃战船，登上陆地，长驱两百里而来的消息之后，认为这是一个诱敌深入、聚而歼之的大好机会。所以，他并没有派兵对庐江进行支援，而是督率精锐部队在杨宜口设下埋伏，打算迎击吴军。陆逊得知魏军的动向之后，就连夜率领部众撤退了。

有一次，巡逻的魏军士兵将送信途中的陆逊的亲信——韩扁抓住了，从而知道了陆逊兵力很少的实情。陆逊得知这个情况之后，没有丝毫慌张，继续与诸位将领弈棋、射戏，他还增派人手前去开荒种菜。诸葛瑾亲自前来见陆逊，极力劝说他退兵。但是，陆逊却说："魏军得知我们的虚实之后，必定会派重兵对付我们。我军把守着要害之处，倘若因为这个原因而调动，就会导致人心混乱，对付魏军的进攻就会变得更加困难了。因此，我们现在更需要安定人心，经过深思熟虑，制定相应的计策之后再行动。"于是，陆逊与诸葛瑾商量之后制定计谋，仍然按照原计划向襄阳进军。魏军原本就对陆逊十分忌惮，本来想着趁虚进攻，不料陆逊竟然主动出击了。他们立即回城进行防守，不再出击。

陆逊和诸葛瑾一方面进军前行，一方面虚张声势。来到白围，也就是今天的湖北白河口之后，对外宣称要集体狩猎，对内则暗中分兵，派遣将军周峻、张梁等对江夏、新市、安陆以及石阳等地发动进攻。吴军所到的地方，魏人都吓得带着各种财物一同进入城中。大量的民众与财物堵住了城门，城门怎么也关不上。魏军最后只能将那些百姓斩杀，然后才将城门关上了。这一仗，吴军斩俘一千多人，之后，安全地撤了回来。

尽管陆逊数次与魏军进行战斗，但是在对待俘虏的时候，总是宽大处理，严禁吴兵对他们进行虐待。陆逊的这个举措使得很多魏人都感慨万千，江夏功曹赵濯、弋阳备将裴生及夷王梅颐等人都前来归附，陆逊不得不将自己的财产拿出来，对他们进行周济。

反对冒进

夷陵之战后，不少东吴老将建议继续前进，直至入川，然而陆逊却没有同意。陆逊考虑到，他们除了要担心后方曹丕的骚扰之外，还要想到进入蜀地之后，是否能够继续延续胜利。战线拉得太长，进攻的力量就会被大大削弱。蜀国的地势十分险峻，不像东吴。蜀人对于刘备的恩德十分感激，但是不一定愿意臣服于东吴。东吴想要消灭蜀国还是有很大风险的。所以，陆逊才反对继续前进。

五年后，陆逊在皖城将魏将曹休打败。这个时候，又有人建议陆逊继续追击曹休，直到进入魏境。这个人就是吴将朱桓，他说："曹休是由于与曹操是亲戚的原因才得到任命的，他并不是一个智勇双全大将。这一战，他一定会战败，战败之后一定会逃走，逃走的时候，一定会经过夹石与挂车。这两条道都是非常险隘的道路，只需要用一万兵将道路堵住，就可以将敌军全部歼灭，同时还能够生擒曹休。请让我率领一支人马将这两条道路截断。倘若承蒙主上的威名，将曹休生擒，就能够乘胜追击，直取寿春，从小处看可以割据淮南，从大处看就能够谋图许昌、洛阳。我军与魏军已经交战了很多年，但是并没有占到什么便宜。这一战是个百年不遇的大好时机，是对东吴的未来有着决定性的作用，必须要战。"

朱桓的冲劲非常大，这也是一个十分不错的计谋，所以孙权有一点儿心动了，想要支持这个计划，但是陆逊却对此表示反对，以至于这个计谋最终没有实施。曹休败得非常惨，听说朱桓这样评价自己，万分恼怒，最后发病而死。

陆逊两次都反对进军，考虑的是以江东为本，限江自保。他并没有统一全国的雄心，也从来不主动劝说孙权攻城略地。其中的原因有两个：第一，考虑到实际的利益。孙吴政权如果大规模地使用兵力，一定会耗费江东的大量资源，这个付出的承担者，自然就落到了当地大族身上，而陆逊就是江东大族的主要代表；第二，在综合国力上，江东政权不如曹魏，并且两者之间存在非常明显的差距，与之交战不能保证一定获胜，而和平则可以增强自己的实力。

陆逊是一个军事奇才，但是他并不是一个战争狂人。那些对国家战略有很大意义的战争，他表示赞同，但是对于那些空耗国力，劳民伤财的战争，他绝对是坚决反对的。十分具有代表性的有两次——反对征服台湾与反对征讨公孙渊。

黄龙二年（230）春天，孙权打算派军队攻取夷州，他特意向陆逊询问意见。陆逊表示反对。他说："我国接连好几年一直都在征战，将士们都非常疲惫，就连陛下您也经常累得废寝忘食。目前我们需要的是休息调整，而不是千里远征。即便我军漂洋过海，攻取了那里，又能够得到一些什么呢？那里都属不毛之地，既没有人也没有钱，再加上我们的将士到了那里必定会水土不服，到时候，疾疫也一定会盛行。在耗费了众多人力与物力之后，我军最终还是得撤退回来。如今我们的国内还没有完全稳定，应该育养士民，宽其租赋，畜力以图中原，那么河渭可平，九有一统矣。"但是，孙权根本不听陆逊的劝说，派去了一两万人，结果只有一两千人回来，并且收获也十分微小。于是，孙权下令处死了卫温、诸葛直两位将军。

嘉禾二年（233），辽东公孙渊背叛了东吴。孙权听到这个消息之后非常生气，打算亲自率兵前去征讨。陆逊急忙劝阻。他说："公孙渊就是一个小人，可气可恨。但是，他同时也是一个粗人。陛下您怎么能够牺牲自己十分宝贵的时间与精力，浪费在这么一个人的身上呢？如今，天下乱扰，陛下您在乌林大破曹操，在西陵大败刘备，在荆州擒杀关羽，功绩相当卓著。接下来，你需要的是圣化百姓，荡平华夏，而不是与那个小人公孙渊斗气。"

与此同时，张昭等群臣也对此表示反对。在众位大臣的一致劝说下，孙权总算放弃了这个念头，没有犯下错误。不过，由于陆逊一而再地对冒进的进取政策表示反对，孙权已经逐渐地对他产生了意见，只不过由于没有人能够代替陆逊，才勉强维持现状的。

政见不同

尽管陆逊是一位十分出色的将帅，但是作为江东儒学世族的代表人物，陆逊最本质的身份还是一个政治家。他既担任韩信的角色，又扮演着萧何的角色。

陆逊主张德政、仁政，也就是施德明礼，宽法缓刑，宽赋息调。他始终认为东吴对内法令太稠，刑罚有点重，对于民生不利。对外，他主张要尽可能地少动干戈，一定要将养本保民作为根本。只有与民休息，轻徭薄赋，才能够富国强兵，统一全国。

陆逊的主张，与顾雍、张昭以及诸葛瑾等士大夫代表人物的态度是相同的。陆逊原本认为孙权一定会接受这种观点。但是，慢慢地，他发现孙权已经变了。他不再是以前那个大度的，可以信任臣子，放权给臣子，让臣子说了算的主公了，而成为了怀疑、刚愎、孤独的皇帝了。

孙权的年纪一年比一年大了，对于自己越来越没有信心了，对于身边之人也是越来越不放心了。他非常推崇曹操的法术专制之道，与其以德服人，不如以刑吓人。孙权认为曹魏在管理上有一样非常好，那就是"校事"制度，用我们现代话来说，就是特务政治。孙权建立了类似于后世的"锦衣卫"的机构，专门对大族名士进行摧残。其中，他任用了最凶恶的酷吏吕壹。他可以算是吴国的魏忠贤，经常四处出击，把矛头指向了所有的儒学朝臣，滥杀无辜，这引发了士大夫社会的强烈不满，最终，在万般无奈的情况下，孙权只好将他处死以便堵住臣民的责备。

在孙权的眼中，过去那个文武兼备的东吴顶梁柱，看着就让人喜欢的陆逊，逐渐地变成了经常与自己做对，越看越不顺眼的，呆在一起就感觉非常难受的诤臣。由于政见的不同，使得陆逊与孙权之间的矛盾变得越来越大了。

争夺太子位

陆逊作为太子首辅，非常严格地按照儒家礼义观念来要求太子孙登、次子孙虑等人。孙登在射猎的过程中，经常回避良田，从不践踏苗稼。

在中午休息的时候，会严格找空闲的地方呆着，从来不损害老百姓的利益。

在陆逊的谆谆教导之下，孙登从德行修养、行政能力以及其大儿子的身份上，都是继承人的最佳人选。但是，不幸的是，孙登"所生庶贱"，养母失宠。而孙权十分宠爱的步夫人也瞧不上孙登。为了巩固孙登的地位，陆逊曾经多次建议孙权，准许孙登返回首都，但是，每一次得到的回复都是孙权的拒绝。

这样一位优秀的太子孙登，一直都不太得势，最后居然在赤乌四年（241），因为疾病去世了。在死之前，孙登还给孙权上疏，建议朝对士大夫加以重用，宽刑轻赋，以顺民望。孙登死了之后，陆逊继续支持孙权的儿子，也就是新太子孙和。孙和也是一位非常聪明的皇太子，但是，处在这样的敏感的位置上，他从来不会刻意地表现自己，一直显得非常内向保守。这个时候，他同父异母姐姐孙鲁班与心怀鬼胎的四弟孙霸联起手来，多次对孙和进行诬陷与打击。日积月累，最后，孙权听信了女儿孙鲁班与四儿子孙霸的谗言，硬是将皇太子孙和废掉了。

在此之前，陆逊曾经劝说孙权不要废黜太子。为了能够打动孙权，他还要求到建业来当面陈述自己的意见。太子太傅吾粲、太常顾谭也曾经多次上疏，支持太子孙和。但是，孙权根本听不进去，他不允许陆逊到首都来，又用亲附太子的罪名，对陆逊外甥顾谭、顾承、姚信等人实行了流放之刑。太傅吾粲因为与陆逊通信，居然被下狱处死了。

孙权这样做，实际上是为了打击以陆逊为首的士大夫集团。孙权认为，如果这些人结成联盟，勾结太子，将来孙氏后人根本不能主政。孙权最后把希望放在在江东根本没有什么根基的诸葛恪身上。而陆逊早就对诸葛恪下了结论，他说："在我前者，吾一定恭奉。在我下者，我一定扶持。但是诸葛恪为人，气陵其上，意蔑乎下。绝对不是一个巩固江山的人选。"后来，诸葛恪在朝中一手遮天，对外作战也接连失利，最后被夷灭家族。这也加速了东吴的衰落与灭亡。

悲愤而亡

想当初，在东吴的关键时刻，孙权拜陆逊为大都督等要职，之后，又让陆逊辅佐太子，并且掌管荆州及豫章三郡事务，主持吴军国的大事，使之一度成为了江东第一实权之臣。孙权曾经"令左右以御盖覆逊，入出殿门。凡所赐逊，皆御物上珍，于时莫与为比"。可以说，陆逊是荣宠之极。即便是周瑜、鲁肃、吕蒙以及张昭等人也都基本上没有享受过这么高的待遇。孙权还特意刻了他的大印，将其交给陆逊，以便他在平常处理吴蜀之间的事务时使用。君臣之间的相互信任程度，在历史上是非常罕见的。然而，后来，两个人相互猜忌的程度，在历史上也十分罕见的。

赤乌七年（244）正月，孙权在前任丞相顾雍死了之后，任命陆逊担任丞相之职。从这一刻起，孙权就开始对陆逊进行防备了。孙权喜欢陆逊，因为他拥有大才，能够帮助东吴解决危难、快速发展。而当孙权猜忌陆逊的时候，完全忘记了他所有优点。当然了，他疑忌陆逊也是有原因的，主要包括以下五个方面：

第一，陆逊属于"世江东大族"，不管是他的祖父辈、父辈，还是兄弟辈、子侄辈中，都有很多人担任非常重要的职位，而且他的家族在当地具有非常高的声望。对于孙权来说，这样的一个大家族实在太可怕了。因此，孙权过去利用陆家的声望，而现在，他却要捣毁陆家的根基。

第二，陆逊在吴国上和太子孙登，下到步骘、诸葛瑾、潘浚以及朱据等将相都十分要好，这让孙权感到非常不安。

第三，在孙权统治的后期，三国的疆域基本上已经定下来了，虽然对外进攻不足，但是坚守已经绰绰有余了。既然危险已经解除了，那么，陆逊自然也就显得没有原来那么重要了。

第四，孙权最开始将孙策的女儿嫁给陆逊的时候，是为了更好地拉拢陆逊。但是，孙权一直没有忘记，自己基业是从兄长孙策手中继承而来的。所以，对于孙策的子女后代以及亲戚朋友，孙权一直都没有给予重用。

第五，这是最为关键的一个原因，那就是陆逊太强大了。孙权觉得自己可以对付陆逊，但是，自己的儿子却不一定能够镇住陆逊。那个时候，孙权已经年过 60 了，身体逐渐地衰弱，并且一再出现病危的症状。如果满朝文武都是陆逊的朋友，孙权就觉得自己喜欢的儿子孙亮根本不可能坐稳江山。

因为这些，孙权一而再，再而三地对陆逊等朝臣进行压制。他先将陆逊的亲党翦除。只要是陆姓之人与顾姓之人，都一概不用。孙权原本想要直接杀了陆逊，但是，他又害怕别人骂他是昏君暴君，再说，文武大臣也不可能同意。于是，孙权就想了一个非常阴险的计谋——派人去责骂陆逊。陆逊一个 63 岁的老人，国家的大功臣，天天被人骂，肯定滋味不好受。

赤乌八年（245）二月，陆逊悲愤而死。他死了之后，家里没有剩下什么财产。陆逊的大儿子陆延早亡，二儿子陆抗袭爵。陆抗有着大将之才，成为了吴国后期非常著名的将领。直到孙休继位的时候，才追谥陆逊为昭侯。